LITERATURSTUDIUM

INTERPRETATIONEN

Kleists Erzählungen

Herausgegeben von
Walter Hinderer

Philipp Reclam jun. Stuttgart

Die Deutsche Bibliothek – CIP-Einheitsaufnahme

Kleists Erzählungen / hrsg. von Walter Hinderer. –
Stuttgart : Reclam, 1998
  (Universal-Bibliothek ; Nr. 17505 : Literaturstudium :
  Interpretationen)
  ISBN 3-15-017505-4

Universal-Bibliothek Nr. 17505
Alle Rechte vorbehalten
© 1998 Philipp Reclam jun. GmbH & Co., Stuttgart
Gesamtherstellung: Reclam, Ditzingen. Printed in Germany 1998
RECLAM und UNIVERSAL-BIBLIOTHEK sind eingetragene Marken
der Philipp Reclam jun. GmbH & Co., Stuttgart
ISBN 3-15-017505-4

Inhalt

Vorwort

Als im Herbst 1810 bei Reimer in Berlin der erste Band der *Erzählungen* von Heinrich von Kleist erschien (er enthielt *Michael Kohlhaas, Die Marquise von O. . ., Das Erdbeben in Chili*), konnte man in den *Miszellen für die Neueste Weltkunde* am 6. Oktober lesen: »Goethes Wanderjahre seines Wilhelm Meister, H. von Kleists Erzählungen und Lafontaines neue Romane werden am meisten die Aufmerksamkeit der Unterhaltungssüchtigen anziehen«.[1] Wilhelm Grimm zählt in einer ausführlichen Besprechung in der *Zeitung für die elegante Welt* (24. November 1810) Kleists drei Erzählungen »unstreitig« zu den besten, »welche unsere Literatur aufzuweisen hat«, und rühmt sie »besonders in Rücksicht der Gründlichkeit, der Tiefe und des reinen Lebenssinnes, sowie der kraftvollen, anschaulichen und tiefwirkenden Darstellung«.[2] Im Gegensatz zu der Ankündigung in den *Miszellen* merkt er allerdings im Hinblick auf die Leserschaft an: »Für die Menge sind sie freilich nicht geschrieben, die sich nichts lieber wünscht, als empfindungsselige Liebesgeschichten oder triviale Szenen aus dem häuslichen Leben, mit breiten Reflexionen und moralischen Nutzanwendungen ausstaffiert, oder tolle Abenteuerlichkeiten, von einer fieberkranken Phantasie ausgeboren.«[3] An Kleists Erzählungen dagegen ist nach Grimm »alles außerordentlich, in Sinnes- und Handlungsart wie in den Begebenheiten; aber diese Außerordentlichkeit ist immer natürlich«. Die Darstellung selbst »spricht stets durch sich selbst, klar und verständlich, und so bedarf sie der kümmerlichen Aushülfe von Betrachtungen und Zurechtweisungen nicht,

---

1 Zit. nach: *Heinrich von Kleists Lebensspuren. Dokumente und Berichte der Zeitgenossen*, hrsg. von Helmut Sembdner, erw. Neuausg., Frankfurt a. M. 1977, S. 302.
2 Zit. nach: ebd., S. 305.
3 Ebd., S. 305 f.

womit die gemeinen Erzähler ihren leblosen Produkten aufzuhelfen suchen«.[4]

Obwohl Wilhelm Grimm in seiner Rezension des zweiten Bandes von Kleists *Erzählungen* (*Der Findling, Der Zweikampf, Die Verlobung von St. Domingo, Die heilige Cäcilie oder die Gewalt der Musik, Das Bettelweib von Locarno*), der im August 1811 veröffentlicht wurde, an seine Besprechung des ersten Bandes anknüpft und mit klischeehaften ästhetischen Begriffen das »außerordentliche Talent« des Verfassers lobt, muß er doch bald gestehen, daß ihn diese Novellen in mehr als in einer Hinsicht irritiert haben. Am Ende des zweiten Abschnitts seiner Rezension kann er seine kritische Einstellung nicht mehr zurückhalten und stellt fest: »Überhaupt ist es etwas auffallend, daß die sämtlichen Erzählungen ins Gräßliche gehen, und ein überwiegender Hang zum Düstern und Schauderhaften ist an der Wahl des Stoffs wie an der Behandlung nicht zu verkennen.«[5] Grimm nennt das *Bettelweib* »eine schauerliche Gespenstergeschichte«, im *Findling* sieht er »ein höchst düstres, grausenhaftes Gemälde wilder Leidenschaft und teuflischer Bosheit aufgestellt«, im *Zweikampf* findet er den Vortrag »etwas schwerfällig und gezwungen« und in der *Cäcilie* scheint ihm »der wahre Ton überhaupt nicht getroffen«.[6] Mit dergestalt abwertenden Urteilen relativiert Grimm auch seine positive Einschätzung zu Anfang der Rezension und demonstriert, daß selbst einfühlsamen und wohlmeinenden zeitgenössischen Lesern die formale und sprachliche Originalität der Erzählweise weniger aufgefallen ist als die befremdlichen Zumutungen des Inhalts und der Thematik.

Max Kommerell hat zu Recht in einem immer noch lesenswerten Beitrag beobachtet, daß sich Kleist »die sprachliche Form der Novelle auf eine neue und kühne Weise zu-

---

4 Ebd., S. 306.
5 Ebd., S. 395.
6 Ebd.

geeignet hat«.[7] Sie »veräußerlicht das Geheimnis«, das
heißt sie verlegt »es aus der Person in das Faktum«.
Man könnte in diesem Zusammenhang an die bekannte Defini-
tion Goethes aus *Maximen und Reflexionen* erinnern:
»Auf ihrem höchsten Gipfel scheint die Poesie ganz äu-
ßerlich; je mehr sie sich ins Innere zurückzieht, ist sie auf
dem Wege zu sinken«[8] – oder an eine epigrammatische,
verwandte Äußerung von Hugo von Hofmannsthal aus
dem *Buch der Freunde*: »Die Tiefe muß man verstecken.
Wo? An der Oberfläche«.[9] Oft freilich beweisen die Texte
Kleists eine solche Enthaltsamkeit an Innenansichten der
dargestellten Personen, daß der falsche Eindruck entstehen könnte, sie seien ganz außenbezogen. Das ließe sich
an Kohlhaas notieren, am Rotbart im *Zweikampf*, am
Verhalten des Grafen in der *Marquise* oder an der Äbtissin in der *Cäcilie*. Auf der anderen Seite finden sich in den
Erzählungen Kleists durchaus exzessive Affektdarstellun-
gen wie etwa bei dem sich in der Reue »ganz konvulsi-
visch« gebärdenden Kommandanten und seiner Tochter,
der Marquise, in Veit Gotthelfs Beschreibung seiner Empfindungen in der *Cäcilie* oder bei den extremen Gefühls-
umschwüngen Gustavs in der *Verlobung*. »Es ist wie bei
Stendhal«, so erläutert Kommerell die Erzählhaltung
Kleists, »der Dichter, der an sich selbst die Eigenschaft des
Rätsels kennt, ehrt das Rätsel an seinen Geschöpfen. Daher kehrt sich die wahre Parteinahme um in die schein-
bare Parteilosigkeit der Berichterstattung; ja die Maske
dieser Umkehrung übertreibt sich selbst, und der Dichter
übernimmt geflissentlich Ton und Bezeichnung des welt-
läufigen Meinens, wenn er, etwa bei den Kohlhaasischen

---

7 Max Kommerell, *Geist und Buchstabe der Dichtung*, Frankfurt a. M. 1940,
  S. 240.
8 In: *Goethes Werke*, Bd. 12, Hamburg ⁶1967, S. 510 f.
9 In: Hugo von Hofmannsthal, *Gesammelte Werke in zehn Einzelbänden.*
  Reden und Aufsätze III, 1925–1929: Buch der Freunde. Aufzeichnungen
  1889–1929, Frankfurt a. M. 1980, S. 268.

Mandaten, von einer ›Schwärmerei krankhafter und mißge-
schaffener Art‹ spricht.«[10]

Kleists narrative Strategie arbeitet mit Widersprüchen
und bringt verschiedene Erzählperspektiven durchaus ziel-
strebig miteinander in Kollision. Behauptungen werden oft
als bloße Meinungen entlarvt, Aussagen durch bestimmte
Vorfälle oder über eine »gegensätzische Poetik« einge-
schleuste Leerstellen in Frage gestellt. Vorschnell gezogene
Schlüsse führen nicht selten im prozessualen Fortschreiten
der Geschichten direkt ins Paradoxon oder zu scheinbaren
Gleichungen, die nicht aufgehen. Es ist nicht nur die »Wurzel« der Musik, die er in einem Brief an Marie von Kleist
vom Sommer 1811 (SW 2,875)[11] »als die algebraische Formel aller übrigen« Künste versteht, sondern auch das »Gesetz des Widerspruchs«, dem eine zentrale Funktion in seiner Dramaturgie und seiner Erzähltechnik zukommt. In
dem *Allerneuesten Erziehungsplan* von 1810 heißt es programmatisch: »Das gemeine Gesetz des Widerspruchs ist jedermann, aus eigner Erfahrung bekannt; das Gesetz, das
uns geneigt macht, uns, mit unserer Meinung, immer auf die
entgegengesetzte Seite hinüber zu werfen« (SW 2,330). Dieses Gesetz, aus dem Kleist frei nach Adam Müllers *Lehre
vom Gegensatz* eine »gegensätzische Schule« auch in moralischer Hinsicht entwickelt, wobei er nicht ohne Ironie die
propagierte Tugendschule durch eine Lasterschule ersetzt
wissen will, gilt seiner Ansicht nach »nicht bloß von Meinungen und Begehrungen, sondern, auf weit allgemeinere
Weise, auch von Gefühlen, Affekten, Eigenschaften und
Charakteren« (SW 2,331). Was die »gegensätzische Kunst«
betrifft, »die besonnene Umwechslung der algebraischen
Zeichen«, so enthält Adam Müllers *Lehre vom Gegensatz*,
die Kleist durchaus als verwandt empfunden hat, deutliche

10 Kommerell (Anm. 7), S. 241 f.
11 Mit der Sigle SW sowie Band- und Seitenzahl zit. nach: Heinrich von
   Kleist, *Sämtliche Werke und Briefe*, hrsg. von Helmut Sembdner, 2 Bde., 9.,
   verm. und rev. Aufl., München 1993.

Vorgriffe zu diesem ästhetischen Konzept. Es ist sicher kein Zufall, daß sowohl in dem Brief Kleists, in dem er seine Gedanken von der Musik als der »Wurzel« aller Künste darlegt, als auch in den Ausführungen Müllers über die »gegensätzische Kunst« Goethe als exemplum dient. Nicht von ungefähr hat dieser später im Hinblick auf seine ästhetische Verfahrensweise von einem »Parallelismus im Gegensatz« (vgl. Brief an Karl Friedrich Zelter vom 25. August 1824; an Karl Jakob Ludwig Iken vom 27. September 1827) gesprochen, von einem komplizierten System von Verweisen, Konfigurationen und Konstellationen. Allerdings verschärfte Kleist die bei Goethe noch symmetrisch angelegte und auf Harmonie zielende »gegensätzische Kunst« und ließ sie deutlich aus dem idealistischen Rahmen fallen. Bei Kleist erschüttert sie die tradierten Ordnungen, Grundsätze, Denkgewohnheiten und gesellschaftlichen Normen. »Tausendfältig verknüpft und verschlungen sind die Dinge der Welt«, erklärt er in einem Brief an Wilhelmine von Zenge (15. August 1801), »jede Handlung ist die Mutter von Millionen andern, und oft die schlechteste erzeugt die besten«. Von der Relativität moralischer Grundsätze heißt es prononciert kantfern: »Dieselbe Stimme, die dem Christen zuruft, seinem Feinde zu vergeben, ruft dem Seeländer zu, ihn zu braten, und mit Andacht ißt er ihn auf.« (SW 2,683)

Kleists Lehre vom Gegensatz ist auch eine Lehre der Relativität, die nicht nur für die »gebrechliche Einrichtung der Welt« gilt, sondern ebenso für unsere Erfahrungen und Vorstellungen, unser Denken und unsere Gefühle, unseren Glauben und unsere Meinungen. In seiner Anekdote *Unwahrscheinliche Wahrhaftigkeiten* (SW 2,277 f.) vermerkt Kleist ähnlich wie schon früher im *Kohlhaas* (SW 2,96): »die Leute fordern, als erste Bedingung von der Wahrheit, daß sie wahrscheinlich sei; und doch ist die Wahrscheinlichkeit, wie die Erfahrung lehrt, nicht immer auf Seiten der Wahrheit«. Man könnte Kleists Erzählungen deshalb auch als fiktionalisierte »unwahrscheinliche Wahrhaftigkeiten« bezeichnen, obwohl damit nur ein Aspekt abgedeckt wäre. Zweifelsohne lehnt er ein Konzept der Wahrscheinlichkeit ab, das mit dem der Wahrheit verknüpft ist. Im traditionellen Wahrheitsdiskurs hält er es weniger mit Lessing, Kant oder Schiller als vielmehr mit dem verständnisvollen kritischen Realisten Christoph Martin Wieland, der in seinen *Fragmenten von Beiträgen zum Gebrauch derer, die sie brauchen können oder wollen* (1778) das Phänomen Wahrheit folgendermaßen beschrieben hat: »Die Wahrheit ist [...] etwas verhältnismäßiges [...]. Die Wahrheit ist weder hier noch da [...]. Keinem offenbart sie sich ganz; jeder sieht sie nur stückweise, nur von hinten, oder den Saum ihres Gewandes; aus einem andern Punkt, in einem andern Lichte [...].«[12] In dem bekannten Brief vom 22. März 1801 (SW 2,630–636) spricht Kleist nicht nur von dem Einfluß Wielands, sondern auch im Anschluß an die erschütternde Erfahrung der Kantischen Philosophie von folgender Einsicht: »Wir können nicht entscheiden, ob das, was wir Wahrheit nennen, wahrhaft Wahrheit ist, oder ob es uns nur so scheint.« (SW 2,634)

In dem dialogischen Text *Über das Marionettentheater* bezieht sich Kleist nicht nur kritisch auf das romantische Muster des Sündenfalls, sondern auch auf den Mündigkeitsdiskurs der Aufklärung von Kant bis Schiller. Preist der von Kleist bewunderte Autor des *Wallenstein* in der Vorlesung *Etwas über die erste Menschengesellschaft nach dem Leitfaden der mosaischen Urkunde* (1790) den Sündenfall als »die glücklichste und größte Begebenheit in der Menschengeschichte«, weil hier der Mensch zum erstenmal seine »Selbsttätigkeit« und die Autonomie seiner Vernunft erfahren hat,[13] so meinen die Romantiker wie Tieck im *Blonden Eckbert*, es sei »ein Unglück für den Menschen, daß er sei-

---

12 Christoph Martin Wieland, *Werke*, Bd. 3, hrsg. von Fritz Martini und Hans Werner Seiffert, München 1967, S. 416, 420.
13 Friedrich Schiller, *Sämtliche Werke*, Bd. 4, hrsg. von Gerhard Fricke und Herbert G. Göpfert, München ³1962, S. 769.

nen Verstand nur darum bekömmt, um die Unschuld seiner Seele zu verlieren«.[14] Erhofft sich Schiller auf dem sogenannten zweiten Weg kraft der Vernunft eine Rückkehr zu diesem »Stand der Unschuld«, so stellt Kleist zumindest seit dem Jahre 1801 diesen optimistischen Glauben an die menschlichen Erkenntnisvermögen in Frage. Er entwickelt nicht ohne Ironie die private Mythologie vom zweiten Sündenfall, derzufolge »wir wieder von dem Baum der Erkenntnis essen« müssen, »um in den Stand der Unschuld zurückzufallen« (SW 2,345). Die im Idealismus so hoch veranschlagten Vermögen will Kleist gleichsam »durch ein Unendliches« schicken, um diesen ursprünglichen Zustand, den er mit Wielands Lieblingsbegriff der Grazie bezeichnet, wieder zu erreichen. In seiner »gegensätzischen« Argumentation macht er jedoch deutlich, daß dieser Zustand »in demjenigen menschlichen Körperbau am reinsten erscheint, der entweder gar keins, oder ein unendliches Bewußtsein hat«, d. h. entweder in der Marionette oder in dem Gott (SW 2,345).

In dem Maße, in dem Kleist sich gezwungen sah, den Glauben an das Ideal und die Autonomie der menschlichen Vernunft aufzugeben, setzte er seine Hoffnungen auf die Kunst, auf das »Gebiet der Einbildungskraft« (SW 2,703), auf dem er sich dereinst »den Kranz der Unsterblichkeit« zusammenpflücken wollte. Je radikaler Kleist in seinen Erzählungen bei aller Sprach- und Zeichenskepsis den Blick auf eine mehrdimensionale, widerspruchsvolle Realität hin öffnet, desto deutlicher zeigt sich paradoxerweise in seiner »gegensätzischen« Darstellung der »entzweiten Welt«, von Chaos und Ordnung, Schein und Sein, Zufall und Notwendigkeit, Abgrund und Grund, Illusion und Wirklichkeit die Erklärung des Unerklärlichen im Medium der Sprache. Kleist verdankt nicht zuletzt der radikalen Optik seiner

14 Ludwig Tieck, *Der blonde Eckbert, Der Runenberg, Die Elfen,* Stuttgart 1967, S. 13.

Dichtung sowohl im Drama als auch in den Erzählungen seinen Ruf der Modernität, dem er sich selbst – wenigstens bis zu einem gewissen Grad – bewußt gewesen zu sein scheint und der ihn auch heute noch im In- und Ausland zu einem Zeitgenossen macht. An Friedrich de la Motte Fouqué schrieb Kleist am 25. April 1811, also im Todesjahr, durchaus in eigener Sache: »Denn die Erscheinung, die am meisten, bei der Betrachtung eines Kunstwerks, rührt, ist, dünkt mich, nicht das Werk selbst, sondern die Eigentümlichkeit des Geistes, der es hervorbrachte, und der sich, in unbewußter Freiheit und Lieblichkeit, darin entfaltet« (SW 2,861). Von der »Lieblichkeit« des Geistes freilich liefert er in seinen Erzählungen nur wenig Beispiele, um so mehr dafür von der »Eigentümlichkeit« seines modernen Geistes.

Mit diesem Band legt der Verlag zum ersten Mal Interpretationen der sämtlichen Erzählungen Heinrich von Kleists vor. Er wird eröffnet mit einer Darstellung des bekannten Essays *Über das Marionettentheater*, bei dem es sich genau genommen um einen raffiniert erzählten Text handelt. Alle in dem Band versammelten neun Beiträge wurden eigens für diese Publikation geschrieben. Wie bei dem kürzlich erschienenen Band *Interpretationen: Kleists Dramen* (Stuttgart 1997) stammen die Interpretationen von kleistkundigen Autoren der älteren und jüngeren Generation aus dem In- und Ausland. Die Darstellungen beziehen sich auf den neuesten Stand der Forschung, doch richten sie sich nicht nur an Fachleute und Studenten der deutschen Literatur, sondern ebenso an Schüler und den interessierten Laien. Sie sind allgemeinverständlich geschrieben und enthalten jeweils ausgewählte weiterführende Literaturhinweise. Die Texte der interpretierten Erzählungen folgen der von Helmut Sembdner herausgegebenen zweibändigen Ausgabe der Kleistschen Werke bei Hanser (SW), mit der die Ausgaben in der Universal-Bibliothek bei Reclam identisch sind. Zitate aus den Erzählungen werden mit den Sei-

tenzahlen der Einzelausgaben in der Universal-Bibliothek
nachgewiesen. Alle übrigen Hinweise auf Werke von Kleist,
insbesondere seine Briefe, erfolgen nach SW (9. Aufl. 1993).
Am Ende des Bandes faßt eine Auswahlbibliographie zum
Thema die wichtigsten Publikationen zusammen.

Der Sammelband hat vor allem zwei Ziele: er sucht das
Gespräch mit dem Leser, möchte zwischen ihm und dem
Text vermitteln und zur erneuten Lektüre dieser »außergewöhnlichen Gebilde« anregen. In dem Vortrag *Heinrich
von Kleist und seine Erzählungen* (30. November 1954) charakterisierte Thomas Mann diese »Gebilde« und die singu-
läre Erzählsprache seines bewunderten Zunftgenossen dergestalt: »Sind seine Stoffe herausfordernd, sein Vortrag ist
es nicht minder [. . .]. Ein Impetus, in eiserne, völlig unlyri-
sche Sachlichkeit gezwungen, treibt verwickelte, verknotete,
überlastete Sätze hervor, in denen immer wieder mit ver-
schachtelten ›dergestalt, daß‹-Konstruktionen gewirtschaf-
tet wird und die geduldig geschmiedet und zugleich von
atemlosem Tempo gejagt wirken.«[15] Hier urteilt, das spürt
man, ein Fachmann, der rückhaltlos die sprachlichen Kunst-
stücke eines Kollegen bewundert. »In diesem außerordent-
lichen Stil sind Geschichten erzählt«, so rühmt Mann, »von
denen keine es an Außerordentlichkeit fehlen läßt«, und
bringt dann mit einem letzten Satz seine Leseerfahrungen
von Heinrich von Kleists Erzählungen auf diese Pointe: »Es
ist nicht zuviel gesagt: Er weiß auf die Folter zu spannen –
und es fertigzubringen, daß wir's ihm danken.«[16]

W. H.

---

15 In: Thomas Mann, *Werke*, Taschenbuchausg. in acht Bänden, Bd. 3, hrsg.
  von Hans Bürgin, Frankfurt a. M. 1968, S. 304 f.
16 Ebd., S. 312.

Über das Marionettentheater

Von Kurt Wölfel

In den *Berliner Abendblättern*, die Kleist mit kurzlebigem Erfolg 1810–11 redigierte und herausgab, erschien, in vier Stücke aufgeteilt und mit den Initialen seines Namens unterzeichnet, vom 12. bis 15. Dezember 1810 *Über das Marionettentheater*. Zwei Männer, der Ich-Erzähler und Herr C., ein Tanzkünstler, führen ein Gespräch: über Marionettenspiel und seine Technik, Marionette und ihren Tanz, über Tanzkunst, Tänzer und die Grazie; von da kommen sie auf die Bildungsgeschichte der menschlichen Gattung, von deren Anfang, für den Sündenfall und Verlust des Paradieses stehen, bis zu ihrem Endziel, »das letzte Kapitel von der Geschichte der Welt« (92,23 f.).[1] Es ist – suggestiv geschrieben wie alle Kleistsche Prosa – kein augenscheinlich dunkler Text und doch einer der intrikatesten unserer klassischen Literatur. Seine Interpretationsgeschichte erinnert an den Mythos von Sisyphos: jeder Interpret findet sich wieder am Fuß des Berges, das dem (Be-)Griff entgleitende Stück Prosa vor sich und in seinem Bewußtsein die kaum mehr absehbare Reihe der Vorgänger, die es auf den Gipfel der Erkenntnis zu wälzen unternommen haben.

Von einem bemerkenswerten Echo bei der nicht sehr zahlreichen Leserschaft der *Abendblätter* ist nichts bekannt. Vier Jahrzehnte später machte ein Neudruck das *Marionettentheater* einem weiteren Publikum zugänglich, aber fand im Verlauf des Jahrhunderts, von vereinzelten Stimmen abgesehen, noch immer keine sonderliche Beachtung. Erst am Anfang des 20. Jahrhunderts wurde es als ein außerordent-

---

1 Zitiert wird mit Seiten- und Zeilenzahlen nach der Ausgabe: Heinrich von Kleist, *Der Zweikampf, Die heilige Cäcilie, Sämtliche Anekdoten, Über das Marionettentheater und andere Prosa*, Stuttgart 1984 [u. ö.] (Reclams Universal-Bibliothek, 8004), S. 84–92.

licher Text erkannt, zu einem Schlüsseltext in und für
Kleists Gesamtwerk befördert, und in den Kanon klassi-
scher deutscher Prosa aufgenommen: so von Hugo von
Hofmannsthal in sein *Deutsches Lesebuch*, wo er von ihm
sagt, »nicht Engländer noch Franzosen noch Italiener, ja
überhaupt niemand seit Platons Mythen, habe ein so net-
tes von Verstand und Anmut glänzendes Stück Philosophie hervorgebracht wie Kleists Aufsatz über die Marionetten«[2].

Ein »Aufsatz«, ein »Stück Philosophie«: Die Interpretationsgeschichte ist bis heute damit beschäftigt, ob das die
richtigen Benennungen seien. Bis über die Jahrhundertmitte
hinaus hielt man an ihnen fest und sprach von Aufsatz, Abhandlung, Traktat, Essay. Solches Verständnis schien plausibel angesichts des weitgehend räsonierenden Diskurses, in
welchem ein Problemfeld ausgefaltet, erkundet und – wie
knapp auch immer – vermessen wird; daß der Text thematisch ins ›Philosophische‹ reichte, war ebenfalls einsichtig.
Eine ideen- und geistesgeschichtliche Literaturwissenschaft
fand in einem so gearteten Text die ihren Interessen gemä-
ßen und genügenden Antworten. Sie erkannte die Marionette als anthropologisches Modell und in dem geschichts-
philosophischen Prospekt, in den das Gespräch einmündet,
eine Variante der triadischen Geschichtsspekulationen zeitgenössischer Philosophie. Im anthropologischen Modell
entdeckte sie darüberhinaus ein poetologisches, das sie als
Schlüssel deutete, den Kleist, in einer späten Selbstexegese,
zur Erschließung des Wesens seiner poetischen Gestalten
darbot (womit die Rede vom »Marionettencharakter« einiger dieser Gestalten sich einbürgerte). Interpretationen dieser Art schlugen die Ideengoldadern aus den Gängen des
Textes heraus und schoben, was übrig blieb, ungebraucht
und unbrauchbar für die eigenen Deutungszwecke, beiseite.

---

2 Hugo von Hofmannsthal, *Gesammelte Werke in Einzelausgaben, Prosa IV*,
  hrsg. von Herbert Steiner, Frankfurt a. M. 1955, S. 138.

Im Widerspruch dagegen dominierte in den Studien der letzten Jahrzehnte die Tendenz, den Text Satz für Satz, ja Wort für Wort auf die Goldwaage zu legen. Ein Verstehenskonzept neuer Art ging daraus hervor. Über die beiden Binnenerzählungen hinaus konstatierte man nun den narrativen Charakter des ganzen Textes und seine Fiktionalität. Damit verband sich die Problematisierung der Thesen und Gedanken, die man zuvor als vom Autor affirmierte, d. h. dessen Fürwahrhalten mitteilend, aufgefaßt hatte. Es wurde offenbar, daß Herr C. seine Argumentation auf recht stolpernde Weise führte. Von dem »Netten«, das Hofmannsthal rühmend hervorhob (er gebrauchte das Wort in der Bedeutung seiner französischen Herkunft, wo es die Klarheit des Denkens bezeichnet), blieb nicht viel übrig angesichts einer durchaus prekären gedanklichen Konsistenz, argumentativen Stringenz, ja sogar sachlichen Stimmigkeit dessen, was Herr C. vorträgt.

Wollte man nicht wie Walter Silz, der einen Katalog solcher ›Fehlleistungen‹ zusammenstellte, diese als »Zeichen für die Hast des Zeitungsschreibens ansehen« und den ganzen Text als zwar »glänzendes Feuilleton«, aber nicht als eine »durchdachte, grundlegende Abhandlung«[3], dann bot es sich an, der Perspektive zu folgen, die sich aus dem fiktionalen Charakter des Textes ergab. Wenn man die beiden Gesprächspartner nicht mehr als bloße Vehikel eines einsinnigen Ideentransportes verstand, sondern als ›Personen der Handlung‹, dann machte man damit sie selbst, nicht aber mehr ihren Autor, für ihre Reden und Thesen verantwortlich. Sie stellten sich nicht mehr als dessen Sprachrohr dar, sondern als seine Spielfiguren, mit denen er einen Zweck verfolgte, der sich nicht in den vorgetragenen Gedanken erfüllte, sondern diese transzendierte.

---

3 Walter Silz, »Die Mythe von den Marionetten«, in: *Kleists Aufsatz über das Marionettentheater. Studien und Interpretationen*, hrsg. von Helmut Sembdner, Berlin 1967, S. 99–111, hier S. 105 und 110.

In den Erörterungen dieser neu zu bestimmenden Autorintention wurde »Ironie« zum Schlüsselwort.[4]

Interpretationsgeschichte ist keine Einbahnstraße, wo die Falsifikation alter Problemlösungsvorschläge zum Fortschritt in einen problemfreien Raum führt. Die neuen Lesarten überholten zwar die früheren Deutungen, indem sie deren Antworten als solche, die an der Oberflächenstruktur hängen blieben, zurückwiesen; aber damit war zugleich die Frage nach der Substruktur gestellt. Wovon spricht der Text, wenn das in ihm Gesagte nicht mehr die ›bare Münze‹ ist? Was stellt sich in ihm mittelbar dar, wenn sein unmittelbares Bedeuten als problematisch vorläufiges gelten soll? Der Frage nachgehend macht sich der Interpret als neuer Sisyphos an die Arbeit.

Nur mit äußerster Verknappung, unter Verzicht auf alle epische Umständlichkeit, leistet der Ich-Erzähler den konventionellen Erfordernissen eines Erzählanfangs Genüge. Er fixiert Zeit und Ort des Geschehens, erst weiträumig, dann engführend (Tageszeit und Lokalität); das muß ausreichen, um die ›Szene‹ zu markieren. Die Einführung der Aktanten kommt hinzu. Über sich selbst teilt der Ich-Erzähler nichts mit, was ihn näher bestimmte oder gar charakterisierte; er geht als Person darin auf, das anwesende Subjekt des Satzes zu sein, dessen größerer Teil dagegen der Vorstellung des bürgerlichen Charakters von Herrn C., dem Tänzer, eingeräumt wird. So ist von Anfang an beider Verhältnis festgestellt: In den Vordergrund gerückt, Protagonist und ›Held‹ der Erzählung (in einer Art, die an E. T. A. Hoff-

---

4 Vor allem: Wolfgang Binder, »Ironischer Idealismus. Kleists unwillige Zeitgenossenschaft«, in: W. B., *Aufschlüsse. Studien zur deutschen Literatur*, Zürich/München 1976, S. 311–329. Neuerdings ist die Verbindung des Ironiebegriffs mit der Frage nach der Autorintention gelöst, und das *Marionettentheater* befindet sich fest in der Hand der Dekonstruktivisten, die nicht müde werden, es dem jungen Mann der Dornausziehergeschichte gleichzutun: Kleists Text ein Spiegel, der ihnen das erfreuliche Bild eines Dekonstruktivisten zeigt.

manns *Ritter Gluck* denken läßt) ist Herr C., während der Erzähler als eigentümliche, für sich selbst bedeutende Person so wenig interessiert, daß der Text ihn geradezu als quantité négligeable behandelt. Sogar wo wir provoziert werden, nach einer Erklärung für sein Verhalten zu fragen, wird uns diese verweigert: so wenn er sich über C.s wiederholte Besuche des Marionettentheaters »erstaunt« (84,7) zeigt, ohne sich über die Motivation seines eigenen gleichen – also wohl ebenfalls erstaunlichen – Tuns zu äußern; oder wenn er seiner letzten Äußerung im Text die kryptisch bleibende Anmerkung vorausschickt, er habe sie »ein wenig zerstreut« (92,20) gemacht. Die Selbstverschweigung des Ich-Erzählers ist Methode. Sie regelt die Gesprächspartnerschaft weithin so, daß er sich zum unbeschriebenen Blatt macht, auf das Herr C. ausführlich seinen Text schreibt. Der eine »erkundigt« (84,28) sich, der andere gibt Auskunft, jener fragt und zweifelt, dieser häuft Erklärungen und Argumente. C. agiert als Vordenker, der Erzähler ist willig, als Nachdenkender Schritt zu halten, ohne viel von seinen Gedanken zu verraten. Nachdrücklicher als seine denkende Teilnahme drückt er seine affektive aus: verwundert, erstaunt, lachend – bis zum plötzlichen Umschlag »mit freudigem Beifall« (91,37).

Es liegt nahe, in dieser Kurve seines Reagierens, vom erwachenden Interesse über Skepsis und Widerspruch zum Beifall, die Rhetorik des Textes am Werk zu sehen: Der Ich-Erzähler macht als Vorturner bei der Denkgymnastik des Lesers vor, was dieser nachmachen soll. Offenbar kommt solcher Strategie der Leserlenkung aber eine andere in die Quere, und erweist den Ich-Erzähler als das Gegenteil eines Wegweisers, eher als ein Irrlicht. Die ›Kurve‹ seines Reagierens nimmt de facto keinen so abgerundeten Verlauf. Zum einen ist nicht der Beifall das letzte Wort des Erzählers im Gespräch, sondern eine Frage, die zwar die Gedanken C.s aufgreift, aber eben ›fraglich‹ sein läßt, und der überdies durch die Zerstreutheit, in der sie gesprochen wird, gewissermaßen eine Beschädigung zugefügt wird. Zum anderen haftet dem ›freudigen Beifall‹ selbst bereits eine eigene Befremdlichkeit an. Er gilt der Bärengeschichte des Tänzers und deren, vom Ich-Erzähler emphatisch akklamierten, ›Wahrscheinlichkeit‹ – mit der es so bestellt ist, daß das Urteil ›si non è vero, è ben trovato‹ weit eher am Platz ist. Beda Allemann hat sie eine Münchhauseniade genannt, mit gutem Grund.[5] Der Bär, der in ihr agiert, kann sich mit seiner fabulösen Fechtkunst den mancherlei Exemplaren seiner Gattung, mit denen Münchhausen es zu tun bekommt, an die Seite stellen, so daß die Frage »Glauben Sie diese Geschichte?« (91,36), mit der Herr C. seine Erzählung beendet, eine rechte Zumutung ist, und das »Vollkommen!« des Ich-Erzählers, »jedwedem Fremden, so wahrscheinlich ist sie: um wie viel mehr Ihnen!« (91,37–92,2), den Charakter eines belustigten Mitspielens bei einem Fiktionsspiel bekommt. Tatsächlich wird das aber von keinerlei Signalen eines ironischen Vorbehalts begleitet,[6] und wir finden uns wieder einem Erzähler gegenüber, dem nicht daran liegt, als verläßliche Instanz im Gespräch zu fungieren.

Das formale Pendant solcher Weigerung ist die Erzählhaltung. Das *Marionettentheater* ist der einzige unter den erzählenden Texten Kleists, der einen Ich-Erzähler hat; aber eine wesentliche Differenz entsteht dadurch nicht. Wie in den anderen Erzählungen läßt die szenisch-situative Verge-

---

5 Beda Allemann, »Sinn und Unsinn von Kleists Gespräch *Über das Marionettentheater*, in: *Kleist-Jahrbuch* (1981/82) S. 58. Die Geschichte spielt nicht nur, wie Allemann bemerkt, in einer von Münchhausen bevorzugten Gegend, Livland, sie zitiert sogar, in ihrem ersten Satz, den Anfang von dessen Lügengeschichten: »auf meiner Reise nach Rußland« (90,29). Vgl. Gottfried August Bürger, *Werke und Briefe. Auswahl*, hrsg. von Wolfgang Friedrich, Leipzig 1958, S. 659.

6 Dagegen James A. Rushing, »The Limitations of the Fencing Bear: Kleist's *Über das Marionettentheater*, as Ironic Fiction«, in: *The German Quarterly* 61 (1988) S. 535: der Beifall des Erzählers sei »facetious and ironic – ein Urteil, zu dem Rushing kommt, weil er dem Ich-Erzähler eine eindeutige, nämlich durchgängig ironisch-skeptische Einstellung Herrn C. gegenüber zuspricht.

genwärtigung dessen, was stattfindet, die Ausbildung eines eigenen Raumes des Erzählens, in welchem sich der Erzähler personalisierte und dem Erzählten gegenüberstünde, nicht zu. So wird auch dieser Ich-Erzähler nicht zweifach, als erzählendes und als erzähltes Ich, manifest. Abstandslos und ohne Rest geht er in dem auf, was er innerhalb des Gesprächs ist, spricht und denkt[7] – so vollständig, daß er, trotz der anfänglichen Zeitangabe »Winter 1801« (84,2), nicht davon Notiz nimmt, daß er rückblickend von lange Vergangenem erzählt. Er macht es, um noch einmal Münchhausen zu zitieren, wie das Posthorn, in welchem die vom Postillon beim unbändigen Frost geblasenen Lieder umgehend einfrieren, um dann, in der warmen Stube aufgetaut, getreu, wie der Postillon sie blies, zu ertönen.

Der Ich-Erzähler des *Marionettentheaters* ist mit seiner Weigerung, Erzählerautorität zu zeigen, ein genuiner Beförderer jener besonderen – um nicht zu sagen: sonderlichen – »Perspektivenkunst« Kleists, die beim Leser »einen hohen Grad von Irritation und Herausforderung« bewirken kann, weil sie statt auf Sinnversicherung auf Verwirrung angelegt ist.[8] Der Ich-Erzähler weist, indem er sich von ihm abkehrt, den Leser auf sich selbst zurück. Er macht sich weder zum Kommentator noch zum Korrektor des auffallend Abwegi-

---

7 Auch innerhalb des Gesprächs ist der Erzähler abstandslos: nur an einer Stelle macht er eine antizipierende Bemerkung (»Inzwischen ahndete ich bei weitem die Folgerungen noch nicht, die er späterhin daraus ziehen würde«, 85,16–18), ansonsten blickt er über den jeweiligen Gesprächsaugenblick und -stand nicht hinaus.

8 Jochen Schmidt, *Heinrich von Kleist. Studien zu seiner poetischen Verfahrensweise*, Tübingen 1974, S. 149. Auch die von Schmidt als »dramatischste Form« des Kleistschen »Perspektivenwechsels« im Erzählen bezeichnete findet sich im *Marionettentheater* – bezeichnenderweise in der Binnenerzählung. Der Erzähler lasse sich vom Erzählten »zu Prädikationen hinreißen, die mit der in der Darstellung durchscheinenden Realität offensichtlich wenig zu tun haben« (ebd., S. 148). Er gebe sich dann »der Verführung des von ihm selbst Erzählten hin, weil es so bewegend ist, daß er sich in seiner Distanz scheinbar nicht mehr zu halten vermag«, und gibt dann »Wertungen, die von seinem menschlichen (aber erzählerisch konstruierten) Hingerissensein zeugen« (ebd., S. 214). Das liegt offensichtlich in der Dornaus-

gen im Argumentationsgang des Tänzers, trägt vielmehr dazu bei, daß sich eine gewisse Diffusion bildet, die das Bedeuten verundeutlicht – zugleich aber auch erweitert. Der Text betreibt eine Art produktiver Selbstsabotage, deren Effekt ist, das, was der gedankliche Diskurs an Plausibilität einbüßt, durch ästhetische Evidenz wettzumachen. Es ist ein Verfahren, das sich in den vereinzelten Gebärden der Verlegenheit und des Verstummens manifestiert (»da ich den Blick schweigend zur Erde schlug«, 86,32 f., »indem er eine Prise Tabak nahm«, 89,8 f.) und das in dem »ein wenig zerstreut« (92,20) nachhaltig hervortritt. Was diese Zerstreutheit bedeute, bleibt unbestimmt; aber unsere Einbildungskraft sagt uns, sie gehöre unentbehrlich zu der folgenden Frage, und erst beides zusammen ergebe das, dem eigentlich und wesentlich nachzudenken sei. Die Zerstreutheit hat einen höheren ästhetischen Realitätsgrad als der Satz, den sie begleitet, wenngleich wir nicht sagen können, was denn ihr Realitätsgrund ist. Sie verunsichert zwar beim Nachvollzug der gedanklichen Operation des Textes, nimmt uns dafür aber hinein in einen poetischen Erzählraum, dessen Konsistenz und Überzeugungskraft von der Frage nach logischer Stringenz nicht mehr abhängig ist. Deren Platz hat die ästhetische Evidenz eingenommen. Das Bauprinzip eines so im Poetischen aufgehobenen Diskurses könnte Kleists Brief vom 16. November 1800 über das Torgewölbe in Würzburg benennen: »Warum, dachte ich, sinkt wohl das Gewölbe nicht ein, da es doch *keine* Stütze hat?

---

ziehergeschichte vor, wenn der Erzähler von der »unbegreiflichen Veränderung« des jungen Mannes spricht: »Eine unsichtbare und unbegreifliche Gewalt schien sich, wie ein eisernes Netz, um das freie Spiel seiner Gebärden zu legen« (90,17–19). In der Vorbemerkung zu seiner Erzählung bringt der Ich-Erzähler den Vorgang selbst bereits auf den Begriff und erzählt ihn als Exempel. Er hat also die »Veränderung« ebenso begriffen wie die bewirkende Gewalt. Das Prädikat »unbegreiflich« erklärt sich allein aus dem Perspektivenwechsel: nicht mehr das erzählende Ich spricht da, sondern das erzählte, das sich noch *in* dem Geschehen befindet, das für das erzählende Ich »vor etwa drei Jahren« (89,24) stattfand.

Es steht, antwortete ich, *weil alle Steine auf einmal einstür-
zen wollen«* (SW 2,593).[9]

Fragen der Kunst als Probleme der Anthropologie zu
erörtern, ist eine typische Gedankenbeschäftigung des
18. Jahrhunderts, das die Ästhetik als philosophische Disziplin begründete. Herr C. erweist sich also als Kind seines
Zeitalters, wenn er ästhetische Phänomene zu Kriterien des
›Weltzustands‹ und der Geschichte »aller menschlichen Bildung« (89,11) macht. Freilich ist er zugleich ein sozusagen
störrisches Kind: er liebt – wie sein Autor als Dramatiker
und Erzähler – die Provokation, d. h. die Enttäuschung, ja
Beleidigung der konventionellen Erwartungen des Publikums. Schon der Ausgangspunkt des Gesprächs, das Marionettentheater, »das auf dem Markte zusammengezimmert
worden war, und den Pöbel [. . .] belustigte« (84,9–11), ist
eine solche Provokation, und sie wiederholt und steigert
sich in der ›Nobilitierung‹, die er der Marionette zukom-
men läßt.

Es ist nichts Neues, daß die Marionette in Diskursen
über die Tanz- oder auch über die Schauspielkunst auftaucht; aber sie dient dort ausnahmslos als negatives Krite-
rium. Mit ihren ›hölzernen‹, ›ausdruckslosen‹ Bewegungen
ist sie das Gegenbild des wahren Tänzers und des »Schönen
im Tanz« (85,21).[10] »Tanzmaschinen« nennt Noverre jene

9 Heinrich von Kleist, *Sämtliche Werke und Briefe*, hrsg. von Helmut
  Sembdner, 2 Bde., München ⁹1993 [zit. als: SW], hier Bd. 2, S. 593.
10 Lessing in der *Hamburgischen Dramaturgie*, 4. Stück, über den verkehrten
  gestischen Gebrauch der Hände bei den heutigen Schauspielern, wo »besonders das Frauenzimmer, sich das vollkommene Ansehen von Draht-
  puppen gibt«: »mit beiden Händen zugleich die Luft von sich wegrudern,
  heißt ihnen, Aktion haben; und wer es mit einer gewissen Tanzmeisterg-
  razie zu tun geübt ist, o! der glaubt uns bezaubern zu können« – Jean-Geor-
  ges Noverre, *Briefe über die Tanzkunst und über die Ballette*, Hamburg/
  Bremen 1769 (übers. von Bode und Lessing): »Lassen Sie uns nicht länger
  den Marionetten gleichen, die am Drahte regiert werden, und nur den unwissenden Pöbel täuschen. Wenn unsere Seele die Triebfedern unserer Ma-
  schiene in Bewegung setzet, so werden alsobald die Füße, Schenkel, Körper, Physiognomie und Augen richtig spielen« (10. Brief, S. 217).

Tänzer, deren Bewegungen nur in der Mechanik des physischen Vorgangs gründen und nicht zum Spiegel seiner Seele werden.[11] Herrn C.s Provokation liegt darin, daß er das bislang als evident Erachtete umkehrt und behauptet, gerade weil die Marionette hölzern sei, sei ihr Tanz schöner, d. i. »anmutiger«[12], als jeder, auch noch der kunstvollste, des Menschen. Das ist die »Paradoxe [. . .], daß in einem mechanischen Gliedermann mehr Anmut enthalten sein könne, als in dem Bau des menschlichen Körpers« (88,33–36), die der Erzähler, die konventionelle Meinung vertretend, nicht zu akzeptieren bereit ist.

Dreh- und Angelpunkt der Argumentation, mit der Herr C. seine »Paradoxe« verficht, ist die Rede vom »Schwerpunkt der Bewegung« (87,28). Der Begriff hat zunächst seinen Platz in der Beschreibung der Mechanik des Marionettenspiels: der »Maschinist« (85,19), d. h. der Puppenspieler, regiert diesen Schwerpunkt im Innern der Figur, und deren Glieder folgen als »Pendel« »auf eine mechanische Weise von selbst«. So ergibt sich der Tanz der Marionette nach Maßgabe der »Linie, die der Schwerpunkt zu beschreiben hat« (85,27); sie wird von den dirigierenden Händen des Maschinisten bestimmt.

Aber Herr C. hat weit mehr als eine bloß mechanische Erklärung für die Anmut der tanzenden Marionette im Sinn. In einem zweiten Schritt fügt er zum »Schwerpunkt« die »Seele«, und damit gewinnt der eine neue Qualität: Die »Linie, die der Schwerpunkt zu beschreiben hat«, nennt er nun »etwas sehr Geheimnisvolles«; sie sei »nichts anders, als der *Weg der Seele des Tänzers*« (86,2).[13] Es ist also die Kongru-

11 Noverre, ebd., S. 221.
12 Eine der zentralen Bedeutungen von »Anmut« oder – in diesem Bezug synonym gebraucht – »Grazie« ist: Schönheit in der Bewegung. Das »Schöne im Tanz« (85,21) heißt entsprechend im Fortgang des Gesprächs »Anmut« oder »Grazie«.
13 Die Formulierung antizipiert, was C. später entwickelt: »Seele« als »vis motrix« (Bewegkraft). Mit »Tänzer« kann nicht die Marionette, von der bisher die Rede war, gemeint sein, sondern der menschliche Tänzer. Der

enz von Schwerpunkt und Seele, des physischen und des personalen Zentrums des Tänzers, die dessen Bewegungen anmutig erscheinen lassen. Aber nun formuliert Herr C. nicht einen solchen Satz, sondern im Gegenteil dessen negative Fassung: »wenn sich die Seele (vis motrix) in irgend einem andern Punkte befindet, als in dem Schwerpunkt der Bewegung« (87), erklärt er, dann erscheine statt der Anmut bloße »Ziererei« (87). Er illustriert das an zwei Beispielen: an der Tänzerin, die, als Daphne, »sich, verfolgt vom Apoll, nach ihm umsieht; die Seele sitzt ihr in den Wirbeln des Kreuzes; sie beugt sich, als ob sie brechen wollte, wie eine Najade aus der Schule Berninis«; und an dem Tänzer, der, »als Paris, unter den drei Göttinnen steht, und der Venus den Apfel überreicht: die Seele sitzt ihm gar (es ist ein Schrecken, es zu sehen) im Ellenbogen« (87,36–88,5).[14]

Da die Marionette sich immer aus dem Schwerpunkt heraus bewegt – er ist es ja, der vom Maschinisten regiert wird –, ist sie von solchen Verunstaltungen frei. Beim menschlichen Tänzer aber sind diese kein bloß akzidentieller – also behebbarer –, sondern ein notwendiger Defekt; denn nun kommt Herrn C.s gewaltiger Sprung aus der Tanzkunst in den Mythos, aus der ästhetischen in die anthropologische Problematik: »Solche Mißgriffe [...] sind unvermeidlich, seitdem wir von dem Baum der Erkenntnis gegessen haben« (88,6–8).

Maschinist, von dem verlangt wird, daß er sich »in den Schwerpunkt der Marionette versetzt, d. h. mit andern Worten, *tanzt*« (86,4 f.), ist insofern mit dem »Tänzer« vergleichbar, als er für die Marionette die vis motrix ist: die ›Seele der Marionette‹ liegt in seinen Händen – »d. h. mit andern Worten, [er] *tanzt*«.

14 Beide Beispiele beziehen sich auf Werke Noverres, des bedeutendsten Ballettmeisters des 18. Jahrhunderts: *Apollo und Daphne* und *Das Urteil des Paris*. Im übrigen: Herr C. spricht nun von pantomimischen Tänzen, während die Marionetten eine »Ronde« (84,26) tanzten. Der Vorwurf der – gar »unvermeidlichen« – »Ziererei« wäre kaum plausibel, bezöge er sich auf Tänzer, die eine »Ronde« tanzen.

»Mißgriffe« heißen die »Ziererei« statt »Anmut« produzierenden Bewegungen und Gesten, weil sich in ihnen der (Miß-)Griff nach dem Apfel vom »Baum der Erkenntnis« wiederholt; und sie sind »unvermeidlich«, weil die Tänzer unter Wiederholungszwang stehen. Was sie zwingt, wird im Fortgang des Gesprächs benannt: »Geist« (88,12), »Bewußtsein« (89,16), »Reflexion« (92,6).

Wenn Herr C. in seine Rede die »Seele« einführt, folgt er der vom 18. Jahrhundert favorisierten Deutung der Anmut: »Wo also Anmuth statt findet, da ist die Seele das bewegende Princip, und in ihr ist der Grund von der Schönheit der Bewegung enthalten« (Schiller)[15]. Auch die »Ziererei«, Ausdruck der von der »Reflexion« derangierten Seele, gehört zum herkömmlichen Diskurs. Neu aber ist die rigorose Erklärung von deren Unvermeidlichkeit, mit welcher der Mensch und die Anmut vom Anfang der menschlichen Geschichte an geschieden werden. Dem menschlichen Tänzer ist es verwehrt, zu jener vollständigen Übereinstimmung von Seele und Körper zu gelangen, die dann erreicht ist, wenn eine Bewegung aus dem Schwerpunkt heraus zugleich ihren Beweggrund in der Seele hat. So aber deutete das 18. Jahrhundert Anmut/Grazie: als die Aufhebung des Widerstreits unserer in Leib und Seele geteilten »Natur«. Das machte ja die hohe Bedeutung der Anmut innerhalb der Humanitäts- und Bildungsidee des Zeitalters aus, daß mit ihrer Behauptung des ›Sündenfall‹, der unsere Entzweiung bewirkte, annuliert wurde, und der Mensch, befreit von den Entstellungen, die ihm die ›Kultur‹ zufügt, in der Ganzheit und Einheit seiner wahren ›Natur‹ erschien. Paradigmen solcher Natur waren das Kind (gegenüber dem Erwachsenen), der »Wilde« (gegenüber dem Zivilisierten), die Frau (im Gegensatz zum Mann); oder auch, von Winckelmann

---

15 *Über Anmuth und Würde; Schillers Werke*, Nationalausgabe, begr. von Julius Petersen, fortgef. von Lieselotte Blumenthal und Benno von Wiese, hrsg. von Norbert Oellers und Siegfried Seidel, Bd. 20, Weimar 1962, S. 255.

an, der den Begriff »Grazie« in die ästhetische Terminologie
der Deutschen einführte, die griechischen Bildwerke, von
denen er sagte, daß ihre »Bewegung den notwendigen
Grund des Wirkens in sich« haben, wogegen die neueren
Künstler – »aus der Schule Berninis« – »eine Seele in ihren
Figuren« verlangten, »die wie ein Komet aus ihrem Kreise
weicht«[16] – offenbar von der gleichen Krankheit befallen wie
die gezierten Tänzer des Herr C. In reflexiver Selbstbezo-
genheit dirigieren sie die Seele dorthin, wo sie sie sehen lassen wollen, in den »Ellenbogen«, in die »Wirbel des Kreuzes«. Ein einzelner Teil des Körpers verselbständigt sich,
macht sich ›wichtig‹ um den Preis der Seelenverlassenheit
des übrigen Ganzen, das seinen Schwerpunkt verloren hat
und damit »den notwendigen Grund des Wirkens in sich«.

Herrn C.s ruinöse Kritik der Tanzkunst erlaubt, weil sie
dem Menschen verweigert hat, was der Tanz bedürfte, um
anmutig zu sein, keine menschlichen Gegenbilder, an denen
sich die in ihrer Integrität bewahrte Natur mit Anmut zur
Erscheinung bringt. Und so tritt als Nachfolger der vom
18. Jahrhundert genannten Paradigmen der Grazie der »mechanische Gliedermann« ein als paradoxer Bruder jener antiken Statuen, von denen Herder emphatisch geschrieben
hat: »Wenn unsre Art je so entartet werden sollte, daß wir
diese innere Kraft und Anmuth der Menschheit, das hohe
Siegel unserer Existenz, gar nicht mehr erkennten, dann
zerbrich, o Natur, die Form deines ausgearteten edelsten
Geschöpfes; oder vielmehr sie zerbräche von selbst und zer-
fiele in Staub und Scherben.«[17]

Herr C. folgt in seiner Rede durchweg Brechts Maxime,
daß die Wahrheit konkret sei: jeder Begriff verbindet sich
mit einer umständlichen Beschreibung, einem illustrieren-

16 Johann Joachim Winckelmann, *Ausgewählte Schriften und Briefe*, hrsg.
  von Walther Rehm, Wiesbaden 1948, S. 47 und 22.
17 Johann Gottfried Herder, *Sämtliche Werke*, hrsg. von Bernhard Suphan,
  Bd. 17, Berlin 1881, S. 354.

den Hinweis auf die Sachen selbst. Das schafft den poetischen Charakter des Textes: mittels sinnlicher Wahrnehmbarkeit, d. h. ästhetisch, stellt sich der Gedanke vor. Nur fehlte bislang in der Gesprächserzählung, was zur Essenz eines erzählenden Textes gehört, die ›Geschichte‹. Sie kommt nun zweifach ins Spiel mit der ›Dornauszieher‹- und der ›Bären‹-Erzählung. Sie sind eine Fortsetzung des Meinungsstreites über die Anmut, in den das Gespräch geraten ist, ›mit anderen Mitteln‹ – solchen, die aus der Tradition des novellistischen Erzählens vertraut sind, wo dissentierende Erzähler mittels exemplarisch gemeinter Geschichten einander widerlegen (Kellers *Sinngedicht* z. B. ist so beschaffen).

Den Beginn macht der Ich-Erzähler, der bisher im Gespräch wenig mehr als seine Fragen und Vorbehalte vorbrachte. Nun, provoziert vom Zweifel des Tänzers an seiner Kompetenz, darüber mitreden zu können, was »das dritte Kapitel vom ersten Buch Moses« (89,9) eigentlich bedeute, zeigt er, daß er »gar wohl wüßte« (89,14), wovon da die Rede ist. Er erzählt eine von ihm selbst miterlebte Geschichte von einem 16jährigen, der seine Anmut verliert. Nach einem gemeinsamen Bad sich abtrocknend, sieht der junge Mann, »über dessen Bildung damals eine wunderbare Anmut verbreitet war« (89,25 f.), im Spiegel sein Bild, das ihn an die antike Statue des dornauziehenden Knaben erinnert.[18] Das sagt er seinem Begleiter, dem Ich-Erzähler, der, obwohl er die gleiche Beobachtung gemacht hat, lachend widerspricht, und damit den jungen Mann veranlaßt, seine Bewegung zu wiederholen und die gleiche Positur noch einmal einzunehmen. Es mißglückt und gerät bei abermals wiederholten Versuchen immer schiefer. Von da an ist seine »natürliche Grazie« (89,15) von einer Art Aussatz befallen. Aus dem ersten zufälligen Blick in den Spiegel wird ein »ta-

---

18 Die Beschreibung der Stellung, die der junge Mann einnimmt, stimmt nicht mit der des ›Dornausziehers‹ überein.

gelang vor dem Spiegel«-Stehen (90,15), »und als ein Jahr verflossen war, war keine Spur mehr von der Lieblichkeit in ihm zu entdecken« (90,19 f.).

So genau der Ich-Erzähler mit seiner Geschichte bei der Sache – der Mythe vom Baum der Erkenntnis und Paradies-verlust – zu bleiben scheint, so unverkennbar ist es nicht mehr die gleiche Sache. Er will einen exemplarischen Fall er-zählen für die »Unordnungen«, die, »in der natürlichen Grazie, das Bewußtsein anrichtet«, wobei der junge Mann »seine Unschuld verloren, und das Paradies derselben [...] nachher niemals wieder gefunden« habe (89,14–20). Aber das scheinbar identische Vokabular hat, fast unmerklich, sein Bedeuten verändert.

In einer frühen Abhandlung *Über Mythen* hat der junge Schelling den Mythos vom Paradiesverlust, als dem »Ur-sprung des menschlichen Elends«, die Erfindung eines der ältesten Philosophen genannt, der, noch nicht zum begriffli-chen Denken befähigt, darin »seine eignen Gefühle, seine eignen Ahnungen aufzuhellen« suchte, »indem er sich selbst gleichsam seine eigne Geschichte erzählte«: die vom Para-dies seiner Kindheit und von seinem Heraustreten aus »dem glückseligen Stande der Unschuld«[19]. *Mythisierend* also übersetzt er seine individuelle lebensgeschichtliche Erfah-rung in ein menschheitsgeschichtliches Ereignis – und der Ich-Erzähler geht, den Mythos *psychologisierend*, den um-gekehrten Weg, der vom Schicksal der Gattung zurück zum individuellen Fall führt.

Nichts an diesem Fall steht im Widerspruch zu dem, was von Winckelmann bis Hegel über die Grazie geschrieben wurde. Es ist ja nicht die Geburt des Bewußtseins, sondern vielmehr seine Inversion, die die »Veränderung« (90,14) des jungen Mannes bewirkt. Der Deformationsprozeß setzt nicht dadurch ein, daß er sein Bild im Spiegel sieht, sondern

---

19 Friedrich Wilhelm Joseph Schelling, *Über Mythen, historische Sagen und Philosopheme der ältesten Welt*; *Werke*, hrsg. von Manfred Schröter, Bd. 1, München 1927, S. 30.

weil er das gesehene Bild mit Absicht reproduzieren will.[20] Zunächst findet nur eine zufällige, vom Willen nicht herbeigeführte Spiegelung statt; erst dann wird daraus, vom Ich-Erzähler provoziert, ein intentionaler und selbstbezogener Akt, eine Selbstbespiegelung – die den Verlust der Anmut bedeutet. »Je mehr diese Schönheit in der Bewegung mit Bewußtsein verbunden und ein Werk des Vorsatzes zu sein scheint, desto mehr [...] erlangt [sie] den Charakter des Gesuchten, [...] des Affectirten«, heißt es bei Mendelssohn.[21] Ein zweites Moment tritt hinzu und vervollständigt die Destruktion der Anmut des jungen Mannes: Er wird aus dem, der sich im Bild sieht, zu dem, der sich dem anderen als Bild zeigen will. Er wird zum Mimen seiner selbst, und während es »die schöne Nachlässigkeit der Grazie ausmacht«, daß sie »unmittelbar keinen Wert in [...] ihre Erscheinung legt« und »von jeder Sucht zu gefallen frei« ist, verliert er nun seine Selbstgenügsamkeit, macht den anderen, auf Wirkung bedacht, auf sich aufmerksam als einer, der »sich herauskehrt und den Zuschauer gleichsam zu sich heranruft«.[22]

Die Geschichte des Ich-Erzählers erzählt von der Pathologie der Grazie, die sie seit ihrer Verinnerlichung im 18. Jahrhundert bedroht, und die, mit letalem Ausgang, sich aktualisiert, sobald, was anmutig *ist*, dieses eigene Sein zu einem Haben macht und sich damit den anderen vorführt, um im Angeschaut-Werden sich selbst zu genießen. Aber von der Verletzlichkeit der Anmut eines Menschen zu sprechen, ist eines, von der Unvermeidlichkeit ihres Verlustes ein anderes. Die Frage an Herrn C., die der Ich-Erzähler

---

20 Die Unterscheidung entspricht Kleists Brief an Rühle von Lilienstern vom 31. August 1806: »Jede erste Bewegung, alles Unwillkürliche, ist schön; und schief und verschroben alles, sobald es sich selbst begreift« (SW 2,769).

21 Moses Mendelssohn, *Über das Erhabene und Naive in den schönen Wissenschaften*; *Gesammelte Schriften*, hrsg. von G. B. Mendelssohn, Bd. 1, Leipzig 1843, S. 341.

22 Georg Wilhelm Friedrich Hegel, *Vorlesungen über die Ästhetik*; *Werke*, Bd. 14, Frankfurt a. M. 1970, S. 250 und 252.

mit seiner Geschichte verbindet: »Doch, welche Folgerungen [. . .] können Sie daraus ziehen?« (89,21 f.) ist aus dem
Bewußtsein dieser Differenz gestellt; aber sie erhält keine
Antwort. Statt dessen erzählt C. nun seine Geschichte, »von
der Sie leicht begreifen werden, wie sie hierher gehört«
(90,27 f.).

Wie gehört sie »hierher«? Liest man den Satz als ›Ironie‹,
dann ist er zunächst einmal die Ankündigung eines replizie-
renden Gegenexempels im Erzähl-Agon. Der Ich-Erzähler
konfrontierte einen anmutigen Menschen mit einem, der es
nicht mehr ist. Herr C., der zuvor »Materie« (89,3) – die
Marionette –, dem Menschen entgegensetzte, konfrontiert
jetzt ein Wesen aus der »organischen Welt« (92,6) – einen
Bären – mit dem Menschen; und wie er sich als Tänzer von
der Marionette weit übertroffen erklärte, so findet er nun
als Fechtkünstler in dem Bären seinen Meister. Herr C.
bleibt mit seiner Erzählung bei der fundamentalontologi-
schen Version der Rede über Anmut.

Von ihr ist freilich darin nur mehr mittelbar die Rede;
denn um eine Demonstration der Anmut eines Bären geht
es ja nicht. (Dessen alle Stöße parierende »Tatze« (91,20) als
anmutig bewegt zu denken, etwa in Analogie zu den pen-
delartigen Gliedern der Marionette, wäre ein Unfug.) Hätte
Herr C. sie behaupten wollen, er hätte mit einem Tanzbären
näher beim Thema bleiben können. Statt um die Grazie
geht es um deren »Sicherheit« (90,2), von der in der Geschichte vom jungen Mann die Rede war. Herr C. geht hinter die Grazie zurück zu dem Grund, auf dem sie beruht
und von dem sie versichert wird – so wie er zuvor von der
Ziererei zurück zu deren Grund, dem Sündenfall, ging.

Die Frage nach diesem Grund ist die nach dem Exempel-
charakter der Geschichte – ohne den sie nur Anekdote wäre,
die von einem extraordinären Fall handelte, und zu der
man, wie der Wirt in der *Anekdote aus dem letzten preußischen Kriege*, nur sagen könnte: »So einen Kerl« von Bären
»habe ich zeit meines Lebens nicht gesehen« (61,18 f.).

Worin aber liegt der Bedeutungsmehrwert, der aus einem sonderlichen einen exemplarischen Fall macht? Worauf es Herrn C. ankommt, ist die Demonstration eines Vermögens, das den Bären mit jener untrüglichen Sicherheit des Agierens begabt, die auch die Marionette, als »Materie«, hat, weil sie unter der absoluten Verläßlichkeit der Gesetze der Mechanik sich bewegt. Der Bär zeigt diese Sicherheit nicht nur darin, daß er alle Angriffe reaktionsschnell abzuwehren weiß, sondern, weit darüber hinaus, durch sein Vermögen, alle »Finten« seines Gegners bereits im Ansatz als solche zu erkennen, »was ihm kein Fechter der Welt nachmacht« (91,31).[23] Herr C. schränkt die Erklärung, die er dafür bietet, mit einem »als ob« ein; aber da er keine andere hat, behält sie ihr Gewicht: »Aug in Auge, als ob er meine Seele darin lesen könnte, stand er, die Tatze schlagfertig erhoben, und wenn meine Stöße nicht ernsthaft gemeint waren, so rührte er sich nicht.« (91,32–35)

Es ist der Punkt, wo die Bärengeschichte, ohne daß das explizit würde, das von Herrn C. eingeführte Thema der Paradiesvertreibung wieder einholt. Der Bär, reflexionsloser Bewohner der »organischen Welt«, der vom »Baum der Erkenntnis« nicht gegessen hat, liest im Auge des Fechters C. dessen Seele kraft eines Verstehens, das nicht aus dem Verstand stammt, sondern aus intuitiver Anschauung. Er beherrscht die »physiognomische Sprache«, die »Ursprache«, in welcher auch der prälapsale Mensch kommunizierte, ehe er durch das Essen vom Baum der Erkenntnis zum Bewußtsein seiner selbst, zur Ich-Bezogenheit und zur Wortsprache kam, die ihm Mittel wurde, sein Inneres in der Äußerung zu verbergen[24] – was zugleich die Entzweiung

---

23 Über den Tanz einer perfektionierten Marionette hieß es, daß ihn »weder er [i. e. Herr C.], noch irgend ein anderer geschickter Tänzer seiner Zeit, Vestris selbst nicht ausgenommen, zu erreichen imstande wäre« (86,29–31).

24 Vgl. Ernst Benz, »Swedenborg und Lavater. Über die religiösen Grundlagen der Physiognomik«, in: *Zeitschrift für Kirchengeschichte* 57 (1938) S. 153–216, hier S. 169.

von Innen und Außen, Geist und Leib, voraussetzte. Der Bär hingegen ist in seinem eigenen Leib, wie in der Leiblichkeit überhaupt, ›zuhause‹, und so kann er »aus dem Angesicht sehen [...], welches die Gesinnung oder das Gemüth eines (Andern) sey«[25]. Hinter dem rätselhaften Vermögen, das Herr C. dem Bären zuspricht, tauchen die metaphysischen Spekulationen über den sündenfreien Körper und seine Sprache, über die Transparenz des Leibes und das unmittelbare Erscheinen der Seele am und im Körper auf, die auch in Lavaters Physiognomik eingingen. So wird der Bär zum unbesiegbaren Fechter, weil ihm, dem perfekten Physiognomiker, Herr C. transparent gegenübersteht.

»Wir sehen, daß, in dem Maße, als, in der organischen Welt, die Reflexion dunkler und schwächer wird, die Grazie darin immer strahlender und herrschender hervortritt« (92,5–8), lautet der Satz, in welchem Herr C. die Lehre seiner Exempelgeschichte zusammenfaßt. Die nun wieder eingeführte Grazie hat sich, am Ende des Gesprächs, ›zur Kenntlichkeit verändert‹: sie steht nicht mehr nur für das »Schöne im Tanz« bzw. die Schönheit der Bewegung, sondern für eine ungebrochene, unentstellte Verfassung der Existenz, die dem Menschen versagt ist, und zu der er nur unter der Bedingung wieder gelangen könnte, daß er ein »unendliches Bewußtsein« gewönne, d. h. den Geistleib eines »Gottes«. Das wäre dann »das letzte Kapitel von der Geschichte der Welt« (92,23 f.).

Kleists »unwillige Zeitgenossenschaft« bestehe darin, schreibt Wolfgang Binder, daß er zum idealistischen Denken seiner Zeit »kein Zutrauen fassen kann. Gleichwohl ist er genötigt, dessen Kategorien samt der dazugehörigen Sprache zu verwenden, weil ihm andere nicht zur Verfügung stehen«.[26] *Über das Marionettentheater* ist wie kaum

25 Ebd., S. 167 (Swedenborg-Zitat).
26 Binder (Anm. 4), S. 311.

ein anderer Kleistscher Text davon geprägt: kein Begriff, kaum ein Bild, deren Filiation nicht nachweisbar wäre. Die ›Unwilligkeit‹ aber ist Person geworden. Herr C., der Tänzer, führt ihre Sache, und der Ich-Erzähler begleitet dessen Rede, schwankend zwischen Ablehnung und Beifall.

Kleists Umarbeitung des Textes, den Brentano für die *Abendblätter* über C. D. Friedrichs *Mönch am Meer* schrieb, hat Christian Begemann als eine Reaktion auf die in diesem Gemälde geschehende »Verletzung« des Konzepts des Erhabenen beschrieben. Kleist reagiert mit »Irritation« angesichts der Bildwerdung eines entgrenzten Raumes, der das Subjekt »überwältigt«, d. h. ihm die spirituelle Selbstbehauptung verweigert, die zum Gefühl des Erhabenen gehörte. Kleist hält im Sinne des Erhabenheits-Konzepts fest an dem »Anspruch, den mein Herz an das Bild machte«, und er empfindet den »Abbruch, den mir das Bild tat«, und den er in dem unüberbietbar treffenden Vergleich markiert: »so ist es, wenn man es betrachtet, als ob einem die Augenlider weggeschnitten wären« (*Empfindungen vor Friedrichs Seelandschaft*).[27]

Beides, die Negation des Geltungsanspruchs einer herkömmlichen ästhetischen Wahrnehmungsweise und die »Irritation« über diese Negation, kehrt im *Marionettentheater* wieder, hier auf das Konzept der Grazie bezogen (von welchem man gleichfalls, wie Begemann über das der Erhabenheit, sagen kann, daß »seine Zeit im Ablaufen ist«[28]). Im

---

27 Christian Begemann, »Brentano und Kleist vor Friedrichs *Mönch am Meer*. Aspekte eines Umbruchs in der Geschichte der Wahrnehmung«, in: *Deutsche Vierteljahrsschrift für Literaturwissenschaft und Geistesgeschichte* 64 (1990) S. 54–95, hier S. 91. Die Zitate aus Kleists *Empfindungen vor Friedrichs Seelandschaft*: SW 2,327.

28 Begemann, ebd., S. 91: »Kants ›Kritik der Urteilskraft‹ und Schillers Aufsätze aus den 90er Jahren sind die letzten Höhepunkte der Erhabenheitsdebatte, denen nur noch wenig Bedeutendes folgt.« Mit Schillers *Anmut und Würde* gilt das gleiche für die Grazie, die in der zweiten Hälfte des 18. Jahrhunderts zusammen mit Schönheit und Erhabenheit eine Art ästhetischer Dreifaltigkeit bildete.

Dialog treten sie einander entgegen in einem Wortführer des Herkömmlichen und einem, dessen Rede nicht mehr gelten läßt, was doch allgemeine Übereinkunft ist. Aber es ist evident, daß dieser, Herr C., es ist, von dem der Text sein Interesse und seine ästhetische Energie empfängt. Er lebt aus dem Geist des Widerspruchs und der Negation, obgleich dieser Geist sich gefallen lassen muß, als ›paradox‹ vorgeführt zu werden. Aus solcher Verbindung und Mischung entsteht ein komplexes poetisches Gebilde, dessen Konstruktion und Beschaffenheit sich mittels eines Textes eines anderen »unwilligen Zeitgenossen« verdeutlichen läßt: nämlich Jean Pauls *Rede des toten Christus vom Weltgebäude herab, daß kein Gott sei.* Hier auferstehen die Toten; aber die überlieferte Bedingung dafür, daß ihre Auferstehung geschehen kann, gilt nicht mehr – die Existenz ihres göttlichen Schöpfers. So sind sie, obgleich auferstanden, tot, obgleich tot, auferstanden; und Christus, der ihnen verkündet, daß kein Gott sei, ist ein toter Christus. Alle sind da kraft einer überlieferten Geschichte, aber wie sie im Text da sind, setzt voraus, daß diese Geschichte außer Kraft gesetzt ist. So wird, was der Text negiert, zum Nährboden dessen, was in der Form der Negation seine poetische Existenz gewinnt. Neben dieser Negation hat Jean Paul aber auch die Affirmation der überlieferten Geschichte in seinen Text gebracht: Indem er ihn als Traumerzählung ausgibt, schafft er sich das Recht, das Behauptete – daß kein Gott sei – für ungültig zu erklären, und das in der Behauptung für ungültig Deklarierte – daß Gott sei – wieder affirmieren zu können. Aber poetisch gesehen ist diese affirmative Stimme die schwächere. Sie kommt nur im Selbstkommentar des Autors zu Wort, der (mit Kleists Worten) den »Anspruch, den mein Herz [...] machte«, das Bedürfnis nach dem überlieferten Gottesglauben, reklamiert. Daß auch dieser Text Jean Pauls aus der Paradoxie lebt, sagt bereits sein Titel: eine Rede des toten Christus vom Weltgebäude herab, von dem Ort, von wo er in der überlieferten Geschichte die Toten und die Lebendigen richtet, und den er nur innehaben könnte, wenn er der Sohn des Gottes wäre, dessen Nichtexistenz er in seiner Rede verkündet.

Wie hier die Poesie des Traumbildes und die Prosa der Glaubenswahrheit auseinandertreten, ohne daß diese sich gegen die Bildmächtigkeit jener zu behaupten vermag, so stellt im *Marionettentheater* Herr C. den Ich-Erzähler in den Schatten und läßt dessen Gegenposition poetisch verblassen, mag sie gleich mit ihrem Vorwurf der Paradoxie im Recht sein. Tatsächlich ist ja Herr C. ein naher Verwandter des paradox predigenden toten Christus, und man könnte seine Rede, analog zum jeanpaulschen Titel, als die des Tanzkünstlers C., daß keine Tanzkunst sei, benennen. Nicht allein seine These, die tanzende Holzpuppe sei jedem menschlichen Tänzer überlegen und Grazie dem Menschen überhaupt versagt, sondern auch er selbst als Person ist eine Paradoxie: in dem Prozeß, den er als Richter der Grazie des Menschen führt, ist er, indem er siegt, der Verlierer. Er gehört in seiner Paradoxie dem Typus eines Widerspruchs seiner selbst zu, den Kleist so beständig erfindet: den im Zweikampf als Verlierer Siegenden (und umgekehrt); den angelischen Teufel oder teuflischen Engel; die Geschwängerte, die an ihre unbefleckte Empfängnis glaubt; die im Ehebruch unverbrüchlich Treue und dem allmächtig ohnmächtigen Gott; die küssend den Geliebten Zerfleischende; den Kriegshelden, der nichts als leben will; und schließlich den Richter, der über sich selbst zu Gericht sitzen muß und seinen Prozeß verliert.

Übersetzte man sich Herrn C.s Paradoxie aus seiner Rede in seinen Tanz, dann kehrte sich seine literarische Modernität auch im anderen Medium sinnfällig hervor als eine von geradezu adornoschem Gepräge. Sein Tanz müßte die Demonstration dessen sein, daß das »Schöne im Tanz« nicht sein könne. Eine Gestaltung menschlicher Verunstaltetheit. Die negative Folie des nicht tanzbaren ›wahren‹ Tanzes.

Ästhetische Positivierung von Negativität. Erstaunlich wäre nur, wenn er damit »bei dem Publiko außerordentliches Glück« (84,5 f.) gemacht hätte. Bei der Leserschaft des *Marionettentheaters* hatte er dieses Glück nicht; denn der Text ging spurlos an ihr vorbei.

40   *Kurt Wölfel*

Literaturhinweise

H[einrich], v[on]. K[leist]: Ueber das Marionettentheater. In: Berliner Abendblätter. 63., 64., 65., 66. Blatt. 12.–15. December 1810. Faks.-Ausg. Hrsg. von Julius Petersen mit einem Nachw. von Georg Minde-Pouet. Leipzig 1925. [Photomech. Nachdr. dieser Ausg., hrsg. von Helmut Sembdner, Darmstadt: Wissenschaftliche Buchgesellschaft, 1965.]

Allemann, Beda: Sinn und Unsinn von Kleists Gespräch *Über das Marionettentheater*. In: Kleist-Jahrbuch (1981/82) S. 50–65.

Binder, Wolfgang: Ironischer Idealismus. Kleist unwillige Zeitgenossenschaft. In: W. B.: Aufschlüsse. Studien zur deutschen Literatur. Zürich/München 1976. S. 311–329.

Brown, H[ilda] M.: Kleist's *Über das Marionettentheater*: ›Schlüssel zum Werk‹ or ›Feuilleton‹? In: Oxford German Studies 3 (1968) S. 114–125.

Bubner, Rüdiger: Philosophisches über Marionetten. In: Kleist-Jahrbuch (1980) S. 73–85.

Cox, Jeffrey: The Parasite and the Puppet. Diderot's *Neveu* and Kleist's *Marionettentheater*. In: Comparative Literature 38 (1986) S. 256–269.

Daunicht, Richard: Heinrich von Kleists Aufsatz *Über das Marionettentheater* als Satire betrachtet. In: Euphorion 67 (1973) S. 306–322.

Durzak, Manfred: Über das Marionettentheater. Bemerkungen zur literarischen Form. In: Jahrbuch des Freien Deutschen Hochstifts 1969. S. 308–329.

Dyer, Denis G.: Kleist und das Paradoxe. In: Kleist-Jahrbuch (1981/1982) S. 210–219.

Greiner, Bernhard: *Der Weg der Seele des Tänzers*. Kleists Schrift *Über das Marionettentheater*. In: Neue Rundschau 98 (1987) S. 112–131.

Heller, Erich: Die Demolierung eines Marionettentheaters oder: Psychoanalyse und der Mißbrauch der Literatur. In: Merkur 31 (1977) S. 1071–85.

Janz, Rolf-Peter: Die Marionette als Zeugin der Anklage. Zu Kleists Abhandlung *Über das Marionettentheater*. In: Kleists Dramen. Neue Interpretationen. Hrsg. von Walter Hinderer. Stuttgart 1981. S. 31–51.

Kanzog, Klaus: Heinrich von Kleists *Über das Marionettentheater*. Wirklich eine Poetik? In: Poetik und Geschichte. Hrsg. von Dieter Borchmeyer. Tübingen 1989. S. 349–362.

Kathan, Anton: Der Vorgang des Erkennens und die Formen des Bewußtseins in Kleists Gespräch *Über das Marionettentheater*. In: Vergleichen und Verändern. Festschrift für Helmut Motekat. Hrsg. von Albrecht Goetze und Günther Pflaum. München 1970. S. 114–139.

Keith-Smith, Brian: Heinrich von Kleist's *Über das Marionettentheater*. Coincidence of opposites or dialectical structure? In: New German Studies 12 (1984) S. 175–199.

Kurz, Gerhard: *Gott befohlen*. Kleists Dialog *Über das Marionettentheater* und der Mythos vom Sündenfall des Bewußtseins. In: Kleist-Jahrbuch (1981/82) S. 264–277.

Lixl, Andreas: Utopie in der Miniatur. Heinrich von Kleists Aufsatz *Über das Marionettentheater*. In: German Quarterly 56 (1983) S. 257–272.

Man, Paul de: Ästhetische Formalisierung: Kleists *Über das Marionettentheater*. In: P. de M.: Allegorien des Lesens. Frankfurt a. M. 1988. S. 205–233.

Ray, William: Suspended in the Mirror. Language and the Self in Kleist's *Über das Marionettentheater*. In: Studies in Romanticism 18 (1979) S. 521–546.

Röper, Hella: Grazie und Bewußtsein bei Heinrich von Kleist. *Über das Marionettentheater*. Versuch einer komplexen Analyse. Aachen 1990.

Rushing, James A. Jr.: The Limitations of the Fencing Bear. Kleist's *Über das Marionettentheater* as ironic fiction. In: German Quarterly 61 (1988) S. 528–539.

Schneider, Helmut J.: Deconstruction of the Hermeneutical Body: Kleist and the Discourse of Classical Aesthetics. In: Body and Text in the Eighteenth Century. Hrsg. von Veronica Kelly und Dorothea E. von Mücke. Stanford 1994. S. 209–226 und 329–333.

Sembdner, Helmut (Hrsg.): Kleists Aufsatz über das Marionettentheater. Studien und Interpretationen. Berlin 1967. [Darin zehn Aufsätze.]

Weigel, Alexander: Der Schauspieler als Maschinist. Heinrich von Kleists *Über das Marionettentheater* und das *Königliche Nationaltheater*. In: Heinrich von Kleist. Studien zu Werk und Wirkung. Hrsg. von Dirk Grathoff. Opladen 1988. S. 263–280.

Weiss, Syndra Stern: Kleist und Mathematics. The Non-Euclidian Idea in the Conclusion of the Marionettentheater-Essay. In: Heinrich von Kleist-Studien. Hrsg. von Alexej Ugrinsky. Berlin 1981.

Michael Kohlhaas

Von Dirk Grathoff

Eröffnungsfragen: Revolutionärer Geist und Identität?

Der historisch verbürgte hieß Hans Kohlhase;[1] aus ihm ließ Kleist die literarisch-fiktionale Figur des Michael Kohlhaas werden, die wiederum den Sprung in ein Reallexikon des 19. Jahrhunderts schaffte, was von Rechts wegen ja eigentlich nur historischen Personen zusteht. Allerdings ist dieser Schritt auch einigen mythischen Figuren gelungen. Die 9. »Originalauflage« des Brockhaus kam als *Allgemeine deutsche Real-Encyklopädie für die gebildeten Stände* von 1843 bis 1848 heraus, war dementsprechend vom Geist der Vor-Achtundvierziger-Zeit geprägt und wurde später auch als »Revolutions-Brockhaus« bezeichnet. 1845 erschien im 8. Band ein Artikel: »*Kohlhaas* (Michael), ein Roßkamm aus der Altmark, geb. 1521, der, da er gegen ungerechte Behandlung kein Recht zu finden vermochte, sich dasselbe selbst verschaffte, freilich aber auch nun weiter ging, als recht war. Als er einst mit seinen Pferden auf die leipziger Messe ziehen wollte, wurde er von den Leuten des Junkers Tronka wegen Mangels an Ausweis festgehalten, nach der Tronkaburg gebracht und hier durch den Junker und dessen Genossen ohne alles Gehör genöthigt, zwei seiner schönsten Pferde nebst einem Knecht zurückzulassen. Dies hätte nun weiter nichts zu bedeuten gehabt; allein der Junker ließ die Pferde zu den schwersten Arbeiten gebrauchen und halb

1 Vgl. die Quellen jetzt bei: Klaus-Michael Bogdal, *Heinrich von Kleist: Michael Kohlhaas*, München 1981, S. 76 ff. Und bei: *Kleists Kohlhaas. Ein deutscher Traum vom Recht auf Mordbrennerei*, hrsg. von Friedmar Apel, Berlin 1987, S. 104 ff. Letzte Quellenuntersuchung von Malte Disselhorst im *Kleist-Jahrbuch* (1988/89) S. 334 ff. Vgl. danach den Kommentar von Klaus Müller-Salget zu Bd. 3 der Kleist-Ausgabe des Deutschen Klassiker Verlages, Frankfurt a. M. 1990, bes. S. 707 ff.

verhungern, den Knecht aber zum Thor hinauswerfen. Kaum hatte K. solches erfahren [. . .]«.[2] Im folgenden wird in dem Lexikonartikel die Geschichte dieses K. in gekürzter Form so weitererzählt, wie sie Kleist für seine Novelle erdacht hatte. Helmut Sembdner hat den Anfang des Artikels in seiner Sammlung *Heinrich von Kleists Nachruhm* nach der 10. Auflage des Brockhaus von 1853 wie ein bloßes Kuriosum gedruckt,[3] wodurch aber der ursprüngliche Zusammenhang mit dem Vor-Achtundvierziger-Geist nicht mehr sichtbar wird. Und bekanntlich ist die erste Frage, die Kleists *Michael Kohlhaas* immer wieder aufgeworfen hat: wie es um die mindestens rebellische, wenn nicht gar revolutionäre Haltung dieser Erzählung bestellt sei? Den Achtundvierzigern ist sie jedenfalls lexikonwürdig gewesen, wobei dahingestellt bleiben muß, ob Kleists subversives Erzählen im *Kohlhaas* hier einen subversiven Akt der Brockhaus-Redaktion provoziert haben könnte.

In den rechtshistorischen Beiträgen zum Berliner Kleist-Kolloquium von 1986, besonders denen von Monika Frommel und Joachim Rückert,[4] ist deutlich herausgearbeitet worden, daß der *Kohlhaas* auf der Folie der zeitgenössischen philosophischen Diskussionen um das Widerstands- und Rebellionsrecht, zumal der sogenannten Kant-Gentz-

---

2 Allgemeine deutsche Real-Encyklopädie für die gebildeten Stände, 9. Orig.-Aufl., Bd. 8, Leipzig (Brockhaus) 1845, S. 291 f. Die Verfasser, unter ihnen z. B. Willibald Alexis und J. B. Pfeilschifter, sind zwar im letzten Band des Lexikons namentlich genannt, können aber nicht bestimmten Artikeln zugeordnet werden (vgl. ebd., Bd. 15, 1848, S. XVI ff.). In der vorangegangenen 8. Auflage ist noch kein »Kohlhaas«-Artikel zu finden (vgl. Allgemeine deutsche Real-Encyklopädie für die gebildeten Stände, 8. Aufl., Bd. 6, K bis Lz, Leipzig 1835).

3 Vgl. *Heinrich von Kleists Nachruhm*, hrsg. von Helmut Sembdner, Bremen 1967, S. 645.

4 Vgl. Monika Frommel, »Die Paradoxie vertraglicher Sicherung bürgerlicher Rechte. Kampf ums Recht und sinnlose Aktion«, in: *Kleist-Jahrbuch* (1988/1989) S. 357 ff. Sowie Joachim Rückert, »›. . . der Welt in der Pflicht verfallen . . .‹. Kleists ›Kohlhaas‹ als moral- und rechtsphilosophische Stellungnahme«, in: ebd., S. 375 ff. Diskussionsbericht ebd., S. 432 ff.

Rehberg-Debatte von 1792 bis 1794,[5] zu lesen ist. In Kleists Erzählung, dies haben Frommel und Rückert gezeigt, ist die vor allem durch Schriften von Christian Garve ausgelöste und in der *Berlinischen Monatsschrift* ausgetragene Debatte der preußischen Spätaufklärung stets virulent. Wie aber, so bleibt zu fragen, verhält sich Kleists Erzählung in ihrem Aussagegehalt letztlich zu der zeitgenössischen Diskussion um das Widerstandsrecht? Läßt sich eine womöglich gar klare Position ausmachen? Und zwar nicht nur hinsichtlich der widerstandsartigen Rachefehden des Kohlhaas, sondern bis hin zu der Frage, wie der Schluß der Novelle, das Aufessen des Zettels vor der Hinrichtung, sich zur Rebellionsthematik verhalte? Bekanntlich waren es gerade marxistische Revolutionsverehrer, die sich über den Schluß, der mit der »Zigeunergeschichte« eingeleitet wird, empört haben; so Franz Mehring: »Zur Hälfte oder zu zwei Dritteln ist sie [die Erzählung] über jedes Lob erhaben, [...] aber dann zerfasert sie sich in eine abgeschmackte Zigeunergeschichte [...].«[6] Auch solche Einwände werden bei der Einschätzung des rebellischen Geistes von Kleists *Kohlhaas* zu bedenken sein.

In ihrem viel beachteten Buch *Das Textbegehren des »Michael Kohlhaas«* hat Helga Gallas eine zweite zentrale »Frage« des *Michael Kohlhaas* herausgestellt, die »nach der Identität des Subjekts«.[7] Damit kommt ihr das Verdienst zu, gegenüber älteren, mehr oder minder hilflosen Deutungsversuchen, und zwar nicht nur den von ihr denunzierten marxistischen, mit dem Identitätsproblem einen entscheidenden Weg gewiesen zu haben, der in der Tat zur Lösung der bis dato ungeklärten Fragen und zu einem tie-

---

5 Die einschlägigen Texte hat Dieter Henrich 1967 in einer Sammlung neu herausgegeben: *Kant, Gentz, Rehberg: Über Theorie und Praxis*, Einl. von Dieter Henrich, Frankfurt a. M. 1967.

6 Franz Mehring, »Heinrich von Kleist«, in: F. M., *Aufsätze zur deutschen Literatur von Klopstock bis Weerth*, Berlin 1961, S. 314 ff., hier S. 321 f.

7 Helga Gallas, *Das Textbegehren des »Michael Kohlhaas«*, Reinbek bei Hamburg 1981, S. 80 ff.

fergreifenden Textverständnis führen kann. Helga Gallas selbst griff ihrerseits auf poststrukturalistische Verfahren zur Textuntersuchung, gestützt auf die Psychoanalyse von Jacques Lacan, zurück. Der dabei entwickelte Methoden-solipsimus führte leider dazu, daß ihr viele Angebote entgingen, die Kleists Text gerade auch einem poststrukturalistisch geschulten Auge hätte machen können.[8]

Dialektik von Herrschaft und Knechtschaft

Kleists Erzählung *Michael Kohlhaas* bereitet der Forschung nach wie vor Probleme, die Helga Gallas vor allem an drei Fragen festzumachen suchte: (1) an Kohlhaas' Tod, (2) an den beiden Kurfürsten und der verdoppelnden Wiederholung des Prozesses gegen Kohlhaas in Brandenburg und (3) an der Zigeunerin und dem Zettel am Schluß.[9] Der Vorschlag, Fragen der Motivgebung (Kapsel mit dem Zettel der Zigeunerin bzw. dem durchgängigen Leitmotiv der Rappen) und der Gestaltung (verdoppelndes Erzählen) mit dem zentralen thematischen Feld der Identität des Menschen in Beziehung zu setzen, erscheint einleuchtend, die Klärung dieser Fragen sollte jedoch nicht durch äußere theoretische Vorgaben überlagert, sondern aus Kleists Text selbst heraus versucht werden.

Kohlhaas persönlich widerfährt in der Erzählung zunächst keine direkte, sondern nur eine indirekte Kränkung: seinen Pferden wird Gewalt angetan, dann seinem Knecht Herse und schließlich am brandenburgischen Hof seiner Frau Lisbeth, danach erst, nach ihrem Tod, übernimmt er, wie es heißt, »das Geschäft der Rache« (29,36).[10] Während

---

8 Vgl. näher meine Besprechung im *Kleist-Jahrbuch* (1985) S. 170 ff. Im folgenden greife ich mehrfach auf meine Ausführungen in dieser Rezension zurück.

9 Gallas (Anm. 7), S. 23 ff., 27 f. und 29 ff.

10 Textzitate mit Seiten- und Zeilenangaben hier und im folgenden nach der Ausgabe: Heinrich von Kleist, *Michael Kohlhaas*, Stuttgart 1993 (Reclams Universal-Bibliothek, 218).

im Phöbus-Fragment von 1808 die Geschichte noch einlinig erzählt ist, so daß seine Frau mit der Bittschrift einfach »nach der Hauptstadt« geht, im dortigen Kontext also nach Dresden, ist in der Buchfassung von 1810 die Verdopplung schon an dieser Stelle eingeführt, indem Kleist sie »nach Berlin« gehen läßt.[11] Die Pferde und der Knecht Herse waren zu Objekten der junkerlichen Gewalt und Willkür gemacht worden, Lisbeth wird in der Buchfassung zum Objekt der verdoppelten kurfürstlichen Gewalt, stellvertretend ausgeführt von der Leibwache des brandenburgischen Kurfürsten. Dementsprechend ordnete Kohlhaas auch nicht mehr, wie noch in der Phöbus-Fassung, ein »für seinen Stand ungewöhnlich prächtiges, Leichenbegängnis an«,[12] sondern in der Buchfassung präzisiert: »ein Leichenbegängnis, das weniger für sie, als für eine Fürstin, angeordnet schien«.[13] Auch wenn der Erzähler mit der Wendung »schien« seine Ungewißheit zum Ausdruck bringt, wird die verstorbene Lisbeth sprachlich auf eine Ebene mit den beiden Kurfürsten gebracht, wodurch das »Geschäft der Rache« eine erweiterte Stoßrichtung erhält und zugleich gewissermaßen auf eine staatliche Ebene gehoben und befördert wird.

Bestimmend ist am Anfang der Erzählung also ein Thema, das in vielen Werken Kleists zu finden ist: Subjekte, seien es Pferde, ein Knecht oder die Ehefrau, werden zu Objekten von Gewalt gemacht, mithin geht es um das, was Hegel etwa zur gleichen Zeit in seiner *Phänomenologie des Geistes* als Herr–Knecht–Dialekt untersucht hat, oder anders formuliert, um die Täter–Opfer–Dialektik. Dieser Vorgang wird von Kleist meist auf gesellschaftlich-epochaler Ebene in Beziehung zur Französischen Revolution ge-

11 Ausgabe des Deutschen Klassiker Verlages, Bd. 3, hrsg. von Müller-Salget (Anm. 1), S. 54, Z. 32 (Phöbus) und S. 55, Z. 32 (Buchfassung im Parallel-druck).
12 Ebd., S. 58, Z. 28 f.
13 Ebd., S. 59, Z. 37–61, Z. 1 f.

bracht, die den Menschen den Subjektstatus versprach, um, dialektisch verschränkt, doch wieder Objekte zu produzieren.[14] Diese epochale Dimension fehlt im *Michael Kohlhaas* auffälligerweise, wenngleich doch gerade diese Erzählung so vielfältige Berührungspunkte mit revolutionären Vorgängen aufweist.

Die Identitätsproblematik, die nicht nur in psychoanalytischer, sondern ebenso in historischer Hinsicht für die Erzählung zentral ist, findet ihren ersten Ausdruck also in der Aufspaltung von Subjekt und Objekt, in der Dialektik von Herrschaft und Knechtschaft. Kohlhaas muß schmerzlich erfahren, daß der Mensch nicht nur das ist, was er aus sich macht, sondern auch das, was aus ihm gemacht wird. Er definiert sich nicht nur selbst, sondern er wird ebenso definiert. Die Herrschenden, hier also zunächst die Tronkas, später die beiden Kurfürsten, scheinen von solcher Dialektik zunächst ausgenommen, sie sind bloß Täter, denen als Opfer die Pferde, der Knecht und die Ehefrau gegenüber stehen. Es steht zu vermuten, daß Kohlhaas mit seinen Rachefeldzügen an diesen Verhältnissen etwas ändern möchte.

Was aber will er genau? Will er den dialektisch zersetzten Subjektstatus rückgängig machen? Die Fremdbestimmung abschütteln? Für beides könnte es psychoanalytische wie historisch-revolutionäre Lösungen geben. Vorher scheint es aber ratsam, den Identitätsproblemen sprachlich noch näher auf die Spur zu kommen.

---

14 Vgl. meine früheren Untersuchungen zum *Zerbrochnen Krug* und zur *Penthesilea* – zusammenfassend jetzt in: »Heinrich von Kleist und Napoleon Bonaparte«, in: Gerhard Neumann (Hrsg.), *Heinrich von Kleist. Kriegsfall – Rechtsfall – Sündenfall*, Freiburg i. Br. 1994, S. 31–60, hier bes. S. 44 ff.

Namensgebungen

Die Identität einer Person wird zuallererst durch den Namen ausgewiesen, hier also durch den von Kleist geformten des Michael Kohlhaas. Der Wechsel vom historischen Hans zum literarischen Michael wurde offenkundig vorgenommen, um ihn mit dem Erzengel Michael in Berührung zu bringen, wie er in einem »Mandat« sich selbst denn auch »einen Statthalter Michaels, des Erzengels« nannte, »der gekommen sei, [...] mit Schwert und Feuer, die Arglist, in welcher die ganze Welt versunken sei, zu bestrafen«« (42,5–10). Derartige biblische oder religiöse Namensgebungen begegnen häufig im Werk von Kleist, zu denken ist an Agnes in der *Familie Schroffenstein*, Adam und Eve im *Zerbrochnen Krug*, die heilige Katharina in der Gestalt des Käthchen von Heilbronn, mehrere Figuren im *Erdbeben in Chili*, bis hin zur Titelfigur der *Heiligen Cäcilie*. Michael Kohlhaas, der selbsternannte Racheengel, erhält so eine mythische Dimension, deren Funktion näher zu klären bleibt.

In dem Michael steckt zugleich aber der deutsche Michel, der ihn in Verwandtschaft mit nationalen Heroen wie Hermann den Cherusker oder den brandenburgischen Nationalhelden Prinz Friedrich von Homburg bringt. Auch dies wird zu beachten sein.

Der zweite Namensbestandteil »Kohlhaas« ist historisch vorgegeben, sollte insofern unverdächtig sein, doch bei einem Schriftsteller wie Kleist, der seine Namens- und Titelgebungen so außerordentlich durchdacht vorgenommen hat,[15] muß mindestens mit einer Reflexion auch des vorgegebenen Familien- oder Geschlechtsnamens gerechnet werden. Historisch nicht korrekt ist Kleists Herleitung des Ortsnamens Kohlhaasenbrück als »einem Dorfe, das noch von ihm den Namen führt« (3,7 f.), was die Kommentato-

---

15 Vgl. dazu näher meine Untersuchung zur *Marquise von O...*: »Die Zeichen der Marquise«, in: Dirk Grathoff (Hrsg.), *Heinrich von Kleist. Studien zu Werk und Wirkung*, Opladen 1988, S. 204–229, bes. 204 ff.

ren von Kleists Werken notieren[16] und was zum Aufhor-
chen ermuntert. Hier soll also ein Ort nach einer Person benannt sein, während umgekehrt das Käthchen von Heilbronn wie ihre Vorgängerin, die Jungfrau von Orleans, nach
einer Stadt benannt worden waren. Bei Schiller wie bei
Kleist läuft dieses Verfahren auf eine Popularisierung der
Titelheldin bei gleichzeitiger Identitätsverunsicherung hinaus. Käthchens vermeintlicher Vater Theobald stellt sie einleitend vor: »Ging sie in ihrem bürgerlichen Schmuck über
die Straße [. . .]: so lief es flüsternd von allen Fenstern herab:
das ist das Käthchen von Heilbronn; das Käthchen von
Heilbronn, ihr Herren, als ob der Himmel von Schwaben
sie erzeugt, und von seinem Kuß geschwängert, die Stadt,
die unter ihm liegt, sie geboren hätte.« (SW 1,433)[17]

Käthchen ist ein Kind der Stadt, so daß ihr leiblicher Vater später ausgetauscht werden kann: das soziale rangiert in
zivilisierten Welten ohnehin vor dem natürlichen Prinzip.
Daß Kohlhaas der sprachliche Vater und Namensgeber von
Kohlhaasenbrück sei, behauptet anfänglich nur der Erzähler, später erklärt »der Erzkanzler, Herr Heinrich von Geu-
sau«: »daß Kohlhaasenbrück, der Ort, nach welchem der
Roßhändler heiße, im Brandenburgischen liege« (87,22–
24), wodurch Kohlhaas also doch wieder das Kind einer
Ortschaft wird. Wie dem auch sei, gemeinsam ist Käthchen
wie Kohlhaas ein Namensgebungsprinzip auf sozialer, nicht
auf natürlicher Grundlage, was zur späten noch näher zu
betrachtenden Popularisierung der Figuren führt. Vor diesem Hintergrund ist es um so beachtenswerter, wenn Kleist
seinen Kohlhaas »mit einem etwas erzwungenen Scherz«
sagen läßt: »Kohlhaasenbrück sei ja nicht die Welt« (22,35).

Ist die Überlegung abwegig, daß Kleist bei dem Namen
»Kohlhaas« zugleich an die Redewendung »Da sitzt der

---

16 Helmut Sembdner in: SW 2,896. Klaus Müller-Salget in Bd. 3 der Ausgabe
    des Deutschen Klassiker Verlages (Anm. 1), S. 730.
17 Andere Werke Kleists werden in der Regel nach der Ausgabe von Helmut
    Sembdner mit der Sigle SW zitiert.

Has' im Kohl« erinnert wurde? Mir scheint es jedenfalls kein Zufall, daß der Junker von Tronka ausgerechnet »von der Hasenhetze kommend« (10,15) Kohlhaas die Rückgabe instandgesetzter Pferde verweigert. Und eine Hasenhetze steht diesem Krautjunker auch angemessen zu Gesicht, während der Kurfürst von Sachsen später standesgemäß auf »einem großen Hirschjagen« (88,29) Kohlhaas begegnet, womit ein weiterer Wendepunkt der Novelle eingeleitet wird. Über Jahrhunderte hinweg ist das Jagdprivileg des Adels bekanntlich ein Brennpunkt sozialer Spannungen, ja des Hasses niederer Stände geblieben, wovon noch Gerhart Hauptmanns *Biberpelz* und die Wilderer-Geschichten unserer Heimatfilme der fünfziger Jahre zeugen.

Über diese Jagdmotive wird im *Michael Kohlhaas* ein zweites Problemfeld von Identität sichtbar, in dem sich das Geschick seiner Pferde mit dem eigenen des Kohlhaas verquickt. Die Pferde erscheinen den Junkern beim ersten Anblick »wie Hirsche« (5,33), also wie höchste feudale Jagdobjekte, die den Horizont dieser ländlichen Hasenhetzer weit übersteigen sollten. Nach der Beschlagnahmung werden die Pferde von den Junkern in einen »Schweinekoben« gesteckt (14,10), aus dessen Dach sie »wie Gänse« (15,7) hervorguckten. Sie waren »das wahre Bild des Elends im Tierreiche« (8,33 f.) bei den Junkern geworden, und müssen nach Kohlhaas' Überfall auf die Tronkenburg ihre Reise durch das Tierreich fortsetzen. Erst geraten sie in den »Kuhstall eines Schäfers« aus Wilsdruf (61,20 f.), von dort, was aber nicht mehr sicher auszumachen ist, an den »Schweinehirte[n] von Hainichen« (63,15) und schließlich an den Abdecker von Döbbeln (62,15 f.), der sie, als unehrlich geworden, »abludern und häuten« soll (68,3). Auf der Reise der Pferde durchs Tierreich wird somit eine Signifikantenkette gebildet: von Hirschen zu Schweinen, Gänsen, Kühen, Schafen wieder zurück zu Schweinen – bis zum vorläufigen Ende in der Ehrlosigkeit. Über dem Signifikat (den Pferden) gleiten die Signifikan-

ten (Hirsche usw.), kann in Abwandlung der von Helga
Gallas favorisierten Analyse des Gleitens vom Signifikat
unter den Signifikanten formuliert werden, die Jacques
Lacan entwickelt hatte. Indem die tierischen Signifikanten
über den Pferden gleiten, verändert das Signifikat sich sub-
stantiell, ändert es seine Identität. Die Pferde bleiben in
diesem Prozeß nicht einfach Pferde, sie werden als Hir-
sche/Pferde zu Objekten der junkerlichen Jagd, sie werden
im Schweinekoben zu Schweinen degradiert, so daß sie
allenfalls noch wie dumme Gänse dreinschauen können,
und am Ende ist ihre leibliche Identität hinfällig bis zum
Gehäutetwerden. Kohlhaas betont denn auch nachdrücklich, daß die Pferde ihre Identität verloren haben: »das *sind*
nicht meine Pferde«, ruft er: »Das sind die *Pferde* nicht, die
dreißig Goldgülden wert waren« (10,25–27). Die leibliche
Identität ist bei den Pferden also die Voraussetzung für
ihre soziale Identität und ihren Wert. Spitzfindig wird im
Dresdner Kabinett später festgestellt: die Pferde »*sind* tot:
sind in staatsrechtlicher Bedeutung tot, weil sie keinen
Wert haben, und werden es physisch sein, bevor man sie,
aus der Abdeckerei, in die Ställe der Ritter gebracht hat«
(71,7 ff.). Der leibliche Tod erscheint in dieser Argumentation als zweitrangige Nachfolgeerscheinung des sozialen
Todes infolge Wertzerfalls.

Am novellistischen Leitmotiv der Rappen hat Kleist also
die thematisch zentrale Identitätsproblematik seiner Erzählung verortet – und über einen weiteren Signifikanten aus
dem Tierreich in Beziehung zur persönlichen Identitätsproblematik des Michael Kohlhaas gesetzt. Kohlhaas sei es
nicht um die Pferde zu tun, heißt es, »er hätte gleichen
Schmerz empfunden, wenn es ein Paar Hunde gegolten
hätte« (21,28–30). Dieselbe Metapher wendet Kohlhaas auf
sich selbst an: »Lieber ein Hund sein, wenn ich von Füßen
getreten werden soll, als ein Mensch!« (25,21 f.). Wie bei
den Pferden liegt also auch bei Kohlhaas eine Identitätsver-
schiebung unter dem Signifikanten vor: vom Menschen

zum Hund. Wie die Pferde zu Hirschen, Schweinen, Hunden usw. wird Kohlhaas zum Hund gemacht, wenn man ihn mit Füßen tritt. Dagegen rebelliert er.

Natürliche und soziale Identitäten

Der Zustand seiner Welt ist durch einen Widerstreit von natürlich-leiblichen und sozialen Identitätsbildungen, verquickt mit dem Widerstreit von Selbst- und Fremdbestimmung, von Subjekt- und Objektstatus gekennzeichnet. Bei den Pferden war die Lage noch recht einfach: ihre soziale war auf ihre leibliche Identität gegründet. Allein durch die leibliche Wiederherstellung, nachdem sie unehrlich geworden waren, wird ihre soziale Identität am Ende noch nicht wieder erlangt, dazu bedarf es eines symbolischen Aktes, sie müssen »durch Schwingung einer Fahne über ihre Häupter, ehrlich gemacht« werden (115,11 f.). Das Primat des Symbolischen vor dem Natürlichen bleibt also auch hier gewahrt, wobei darauf hingewiesen werden muß, daß fast alle Tiere in Kleists Erzählung als Haus- oder Nutztiere ohnehin bereits im zivilisatorischen Feld angesiedelt sind. Ausgenommen sind eigentlich nur die Hirsche, die der Kurfürst jagt, und der Rehbock, mit dem die Zigeunerin die Richtigkeit ihrer Weissagung beweist – aber der wandert auch in den Kochtopf (102,15 ff.).

Genauso rangiert die soziale vor der natürlichen Identitätsbildung im humanen Bereich, was Kleist sinnigerweise im *Kohlhaas* durch eine kleine Szene polizeilicher Identitätsfeststellung demonstriert. Nach seiner Ankunft in Dresden wird Kohlhaas, der dabei zudem noch »halb entkleidet an einem Tische« steht, vom Prinzen von Meißen mit einer Wache aufgesucht und gefragt, »ob er Kohlhaas, der Roßhändler wäre? worauf Kohlhaas, indem er eine Brieftasche mit mehreren über sein Verhältnis lautenden Papieren aus seinem Gurt nahm, und ihm ehrerbietig überreichte, antwortete, ja!« (58,1–5). Kohlhaas war sich also klar, daß der

Prinz von Meißen mit seiner Frage auf Papiere und Signifikanten zielte, nicht auf den halb entkleideten Körper, auf den er dann auch nur einen »flüchtigen Blick« warf (58,10), während er die Papiere gründlich studierte. Derartige Erfahrungen der Moderne hat Kleist schon während seines Parisaufenthalts 1801 machen können, als er einmal einen Brief der Verlobten von der Post holen wollte, aber seinen Paß vergessen hatte, so daß sich der »Postmeister« standhaft weigerte, ihm den Brief auszuhändigen: »Der Mann war unerbittlich. Schwarz auf weiß wollte er sehen, Mienen konnte er nicht lesen [. . .]« (SW 2,680).

Das Verhältnis der Signifikanten des Körpers zu den Signifikanten der Schrift und anderer Symbole hat Kleist also schon am Ende seiner vordichterischen Phase 1801 in Paris beschäftigt; im *Michael Kohlhaas* ist es stets virulent und findet am Ende der Novelle einen triumphalen Ausklang.

Ein fehlender »Paßschein« (4,26) war Kohlhaas schon am Anfang der Erzählung zum Verhängnis geworden, wobei die Frage des Roßhändlers berechtigt war, »was dies für ein Ding des Herrn sei« (4,28 f.), denn eine derart mythologisch besetzte Erfindung sollte man sich in einer Dresdner »Geheimschreiberei« (6,35) besorgen können, einer Institution, die auch das Grimmsche Wörterbuch nicht kennt, weil das Wort Geheimschreiberei bloß als Spionageschrift bekannt war, die nur Eingeweihte lesen konnten. So stellt sich in Dresden schnell heraus, »daß die Geschichte von dem Paßschein ein Märchen sei«, worauf sich Kohlhaas »einen schriftlichen Schein über den Ungrund derselben« von den »mißvergnügten Räte[n]« ausstellen ließ (8,5 ff.). Kleist läßt Kohlhaas hier noch nicht in den Sinn kommen, welches spezifische Verhältnis die Tronkas zum Mythos hatten, aber von Anfang an gibt er dem Leser kleine versteckte Hinweise auf »Märchen« und »Ding[e] des Herrn«, aus denen sich dann virtuelle Macht entfaltet.

Kohlhaas wird also vom Beginn der Erzählung an mit dem Begehren nach Signifikanten gequält, die er nicht beibringen kann. Am Ende der Erzählung ist er im Besitz eines Zettels mit Signifikanten, den er triumphierend aufißt und seinen Leib auf dem Schafott befriedigt hingibt. Diese Bewegung des Textes will erklärt sein.

Familie und Identität

Im letzten Viertel der Erzählung wird Kohlhaas mehr und mehr zum direkten persönlichen Gegenspieler des Kurfürsten von Sachsen, zwischen beiden entwickelt sich fast ein regelrechter Zweikampf, wenn Kohlhaas z. B. »über die Macht jauchzte, die ihm gegeben war, seines Feindes Ferse, in dem Augenblick, da sie ihn in den Staub trat, tödlich zu verwunden« (110,17–19). Man hat nicht verstanden, warum Kleist seiner Erzählung diese Wendung gegeben hat, die von einer verdoppelnden Wiederholung des Prozesses gegen Kohlhaas in Brandenburg begleitet war. Franz Mehring, wie viele vor und viele nach ihm, haben sich den Vorgang so erklärt, daß Kleist das gerechte Brandenburg habe hervorheben wollen, »um in einem bei den Haaren herbeigezogenen Zusammenhang den König von Sachsen als napoleonischen Vasallen mit dem schmählichen Untergang seines Geschlechts zu bedrohen.«[18] Zuletzt hat Paul Michael Lützeler diesen Erklärungsversuch mit guten Gründen als »unhaltbare Legende« zurückgewiesen.[19]

Eröffnet wird der Zweikampf mit der persönlichen Begegnung zwischen dem sächsischen Kurfürsten und Kohlhaas auf dem erwähnten »großen Hirschjagen« (88,29). Um seine Identität vor Kohlhaas zu verbergen, wird die Amtskette des Kurfürsten, »die ihm vom Halse herabhing, [. . .]

---

18 Mehring (Anm. 6), S. 322.
19 Paul Michael Lützeler, »Heinrich von Kleist: *Michael Kohlhaas*«, in: *Interpretationen. Erzählungen und Novellen des 19. Jahrhunderts*, Bd. 1, Stuttgart 1988, S. 133–180, Zitat S. 161 f. Von Lützeler wird auch die Rezeptions- und Interpretationsgeschichte ausführlich und gründlich erörtert.

in seinen seidenen Brustlatz« versteckt (90,27 f.). Kurz darauf bemerkt der Kurfürst bei Kohlhaas »eine kleine bleierne Kapsel, die ihm an einem seidenen Faden vom Hals herabhing« (91,18–20), und befragt ihn nach der Bedeutung und Bewandtnis der Kapsel, um dann die Geschichte von der Zigeunerin zu hören, die Kohlhaas den Zettel in der Kapsel übergeben hatte. Damit war bereits das Ende des Kurfürsten eingeleitet, der auch gleich »ohnmächtig auf den Boden« niederfiel (93,7 f.). Die Amtskette des Kurfürsten, das Zeichen seiner Macht und Herrschaft, wird in der Begegnungsszene also motivisch parallelisiert mit der Kapsel, die Kohlhaas vom Hals herabhing, und offensichtlich ebenfalls so viel Macht repräsentierte, daß der Kurfürst ohnmächtig niedersank.

Die kurfürstliche Amtskette repräsentiert ihrerseits in der Tat eine Kette, nämlich die genealogische Kette des Herrschergeschlechts, der sich die jeweilige Macht und Herrschaft verdankt. Die gesellschaftliche Identität des Kurfürsten wird also durch seine Zugehörigkeit zur herrschenden Familie, durch seinen Anschluß an deren genealogische Kette hergestellt. Kohlhaas ist mit dem Zettel im Besitz des Wissens um das Ende dieser genealogischen Kette: »dreierlei schreib ich dir auf«, hatte die Zigeunerin dem sächsischen Kurfürsten gesagt, »den Namen des letzten Regenten deines Hauses, die Jahrszahl, da er sein Reich verlieren, und den Namen dessen, der es, durch die Gewalt der Waffen, an sich reißen wird« (104,4–7). Der Leser soll nun gerade nicht wissen, was Klaus Müller-Salget in realistisch-historischer Auslegung der Kleistschen *Kohlhaas*-Fiktion ermittelt hat, daß nämlich »1. der eigene Name des Kurfürsten: Johann Friedrich; 2. das Jahr 1547; 3. der Name seines Vetters Moritz von Sachsen« auf dem Zettel stehen müßten.[20]

Warum kann das Wissen um das Ende der genealogischen Kette des Kurfürsten von Sachsen Kohlhaas eine derartige

20 Vgl. den Kommentar von Müller-Salget (Anm. 1), S. 764.

Macht verleihen? Die beiden Schlußsätze der Novelle spielen offensichtlich den Untergang der Familie des Kurfürsten gegen den Fortbestand und die Dauer der Familie des Kohlhaas aus: »Der Kurfürst von Sachsen kam bald darauf, zerrissen an Leib und Seele, nach Dresden zurück, wo man das Weitere in der Geschichte nachlesen muß. Vom Kohlhaas aber haben noch im vergangenen Jahrhundert, im Mecklenburgischen, einige frohe und rüstige Nachkommen gelebt.« (117,17–22). Es geht Kleist offenkundig nicht um die mögliche Ewigkeit, sonst hätten auch zu seiner Zeit noch Kohlhaase fortleben müssen, sondern wohl nur um die Frage der Dauer in der »gebrechlichen Einrichtung« (11,14) der Geschichte.

Wenn im letzten Satz auf die längere Dauer der Familie des Kohlhaas hingewiesen wird, dann mag die Vermutung gerechtfertigt sein, daß sie für die Person des Michael Kohlhaas eine ähnliche identitätsstiftende Funktion gehabt haben könne, wie das Herrschergeschlecht für den sächsischen Kurfürsten. Zumindest läßt Kleist Parallelen zwischen der bürgerlichen Familie und dem Adelsgeschlecht erkennen, wenn Kohlhaas seine verstorbene Frau wie eine »Fürstin« beerdigt, und wenn die beiden Söhne des Kohlhaas nach dessen Hinrichtung »zu Rittern« geschlagen werden (117,17). Was mit der Hasenhetze am Anfang begann, endete mit dem Tod von Lisbeth, endete also mit der Verletzung und Auflösung der bürgerlichen Familie des Kohlhaas, so daß er Haus und Hof verkaufte und seine Kinder »über die Grenze« schickte (30,21 ff.), um sich an die Verfolgung der Adelssippschaft der Hinz und Kunz von Tronka zu machen. Der Destruktionsbewegung der Novelle vom Anfang korrespondiert am Ende gewissermaßen eine (dennoch in Kohlhaas' Tod endende) Konsolidierungsbewegung, die bei der Begegnung mit dem sächsischen Kurfürsten auf dem »großen Hirschjagen« eingeleitet wurde. Kohlhaas ist dort erneut vereint »mit seinen fünf Kindern, die man auf seine Bitte aus Findel- und Waisenhäusern wie-

der zusammengesucht hatte« (88,19–21), denen er nun das
verlorene mütterliche Prinzip ersetzen mußte, indem er ein
»erkranktes Kind mit Semmel und Milch fütterte« (91,10).
Nach dem Willen des Textes soll die Mutter jedoch nur für
das Aufpäppeln erkrankter Kinder verloren sein, zugleich
soll sie – als Zigeunerin wiedergeboren – Kohlhaas mit dem
Amulett die Macht zum Widerstand gegen die fürstliche
Herrschaft verliehen haben.

Wem, wie dem realismusvernarrten Franz Mehring, diese
Wiedergeburtsgeschichte die Haare zu Berge stehen läßt,
der möge sich nur einmal die Struktur der Familie des
Kohlhaas näher anschauen, um weitere dreiste Narreteien
von Kleist zu entdecken. Die fünf Kinder des Kohlhaas entsprechen denen der Familie des Autors Heinrich von Kleist.
Kohlhaas hat zwei Söhne, Heinrich und Leopold mit Namen (73,17), so wie auch Kleists jüngerer Bruder Leopold
hieß, und drei namentlich nicht genannte Töchter, so wie
auch Heinrich von Kleist in Friederike, Auguste und Juliane
drei Schwestern hatte. Die Halbschwestern Wilhelmine und
Ulrike stammten aus der ersten Ehe von Kleists Vater. Die
Familiengleichheit bewirkt mithin, daß Michael Kohlhaas
der erschriebene Vater Heinrich von Kleists wird. Die oft
betonte Nähe zwischen Kleist und seiner Kohlhaas-Figur,
die sein Freund Friedrich Christoph Dahlmann wohl als
erster hervorgehoben hatte,[21] hat hier ihre Wurzeln. In
Michael Kohlhaas hat sich Kleist einen literarischen Vater
erschrieben.

Die solchermaßen vom Autor nobilitierte Familie des
Kohlhaas entwickelt im Text, ausgestattet mit der Macht um
das Wissen auf dem Zettel und mit dem Beistand der als Zigeunerin wiedergeborenen Lisbeth, die Kraft einer Gegenspielerin zur Familie des Kurfürsten von Sachsen. Kohlhaas
betont ausdrücklich, daß er das ihm übermittelte Wissen auf

---

21 Vgl. *Heinrich von Kleists Lebensspuren*, neu hrsg. von Helmut Sembdner,
   München 1996, S. 301 (im Dokument Nr. 317).

dem Zettel um seiner Nachkommen willen nicht preisgeben wolle, »daß die Kinder selbst, wenn sie groß wären, ihn, um seines Verfahrens loben würden, und daß er, für sie und ihre Enkel nichts Heilsameres tun könne, als den Zettel behalten.« (110,31–34). Die wiedergeborene Elisabeth scheint dem wortlos mit einem Kuß beizupflichten: »›lebt wohl, Kinderchen, lebt wohl!‹«, rief sie abschiednehmend, »küßte das kleine Geschlecht nach der Reihe, und ging ab« (111,30 f.). Das »kleine Geschlecht nach der Reihe« stellt also die genealogische Kette des Kohlhaas dar, und von ihm sollen mit dem Schlußsatz noch »rüstige Nachkommen gelebt« haben, während der sächsische Kurfürst nicht in den Besitz des Zettels gelangt, der »dem ganzen Geschlecht seiner Nachkommen« so wichtig war (111,36–112,1). Das »kleine Geschlecht« des Kohlhaas steht so dem »ganzen Geschlecht« des Kurfürsten gegenüber. Subjektiv gesehen ist Kohlhaas seine kleine bürgerliche Familie ebenso wichtig wie anderen das ganze Geschlecht, dem sie ihre Herrschaftsmacht und Identität verdanken. Durch das Fürstenbegräbnis seiner Frau bringt er diese subjektive Wertschätzung ja zum Ausdruck. Objektiv geht es in der Erzählung aber nicht darum, daß bürgerliche Familien nun an die Stelle von Adelssippschaften oder Herrscherdynastien treten. So etwas könnte zwar, wenn man so will, ein Ziel der Französischen Revolution gewesen sein, doch deren Resultaten stand Kleist eher skeptisch gegenüber, so daß auch die Zielsetzungen im *Michael Kohlhaas* abschließend in abgewandelter Richtung gesucht werden müssen.

Mythos, Macht und Masse

Kleist hat sich nicht gescheut, mit der als Zigeunerin wiedergeborenen Frau des Michael Kohlhaas ein märchenhaft-mythisches Element in den Text zu bringen, so wie er die Kohlhaas-Figur selbst durch den Namenswechsel von Hans

zu Michael mit dem biblischen Mythos in Verbindung
brachte. Warum dies riskante und so oft mißverstandene
Manöver aus subversiv-ästhetischen Gründen doch erforderlich war, wird erst sichtbar, wenn diejenige Figur im Text
mit in den Blick genommen wird, die gewissermaßen Sach-
verständigenfunktion in Fragen des christlichen Mythos
hatte: Martin Luther. Man kann andere Figuren in der Erzählung wie die beiden Kurfürsten zwar in einer historisch-
realistischen Lesart als geschichtliche Personen zu identifizieren versuchen, doch Kleist hat sie in seiner ironisch gebrochenen »alten Chronik«, wie der Untertitel lautet,
ebenso fiktionalisiert behandelt wie den abgewandelten Michael Kohlhaas – nur Martin Luther tritt in historischem
Gewand in der Erzählung auf. Als entscheidendes Argument im Gespräch mit Luther führt Kohlhaas den Tod seiner Frau an, von der er zu diesem Zeitpunkt noch nicht
wußte, daß sein mächtiger Autor Kleist sie hat auferstehen
lassen: »hochwürdiger Herr! es hat mich meine Frau geko-
stet; Kohlhaas will der Welt zeigen, daß sie in keinem ungerechten Handel umgekommen ist« (49,1–4). Luther will die
Argumente nicht gelten lassen, denn auch er weiß ja nicht,
was Kleist mit der Zigeunerin vorhat. So provoziert er mit
seiner Frage, ob Kohlhaas den ganzen Rachefeldzug nicht
hätte unterlassen sollen, dessen vielleicht wichtigste Antwort im Gefüge dieser Novelle: »Kohlhaas antwortete:
kann sein! indem er ans Fenster trat: kann sein, auch nicht!«
(49,18 f.). Am Ende des Gesprächs verweigert Luther dann
die erbetene Absolution: »Der Herr aber, dessen Leib du
begehrst, vergab seinem Feind.« (50,16 f.), was Kohlhaas
nicht kann, so daß ihm der begehrte Leib des Herrn nicht
zuteil wird. Den hatte in säkularisierter Variante auch seine Frau Lisbeth am brandenburgischen Hof nicht erreichen können, weil dort eine Leibwache des Kurfürsten tätig
wurde.

   Kleists subversives Erzählen stellt also untergründige Beziehungen her, die einer realistischen Lektüre zwangsläufig

verborgen bleiben müssen. Selbst die unverkennbare Ironie, mit der Kleist die Chronistenpflicht heraufbeschwört, um vorgeblich die absurdesten Unwahrscheinlichkeiten in der Geschichte der Zigeunerin zu entschuldigen (»wie denn die Wahrscheinlichkeit nicht immer auf Seiten der Wahrheit ist«, vgl. 108,32 f.), kann den Blick noch nicht in die tieferen Zonen des subversiven Erzählens lenken. Dazu ist es erforderlich, sich vom fesselnden Gang des Erzählten zu lösen und das gesamte ästhetische Konstrukt zu reflektieren.

Luther gebraucht weder in seinem »Plakat« noch in seinem Gespräch mit Kohlhaas wörtlich seinen bekannten Bibelspruch: »Gebt dem Kaiser, was des Kaisers ist«, seine gesamte Argumentation läuft aber auf die Rechtfertigung der installierten Machtverhältnisse als »von Gott gegeben« hinaus, denen sich die Bürger als Untertanen zu fügen hätten. Die kurfürstliche Macht, die sich der genealogischen Kette einer Dynastie verdankte, erhält durch Luther also ihre »offizielle« Legitimation als gottgegeben aus dem christlichen Mythos, wenngleich nicht erst aus dem Zettel der Zigeunerin bekannt war, daß solche Macht »durch die Gewalt der Waffen« (104,6 f.) erreicht wird. Kohlhaas setzt dem die »ihm angeborene Macht« (30,2 f.) entgegen, die er als »Statthalter Michaels, des Erzengels« (42,7) ausüben will. Die wichtigste mythische Legitimierung erhält Kohlhaas jedoch erst im letzten Viertel der Erzählung durch den Autor Kleist, der seinem Kampf gegen den sächsischen Kurfürsten die Zigeunerin mit dem Amulett zur Seite stellte. Die Zigeunerin soll Kohlhaas die Kapsel, wie er sagt, »genau am Tage nach dem Begräbnis meiner Frau« (91,27 f.) in Jüterbock übergeben haben. Dieses »Amts- und Machtzeichen« soll demzufolge den gesamten Kampf des Kohlhaas fortlaufend begleitet haben, was der Leser aber erst nach dem novellistischen Wendepunkt der Verurteilung in Dresden erfährt und rückwirkend rekonstruieren muß. Die große Differenz zwischen Erzählzeit und erzählter Zeit kann auch zu einer Unstimmigkeit im Text geführt haben, denn Kohlhaas hatte nach dem Begräbnis erst noch »drei Tage« in Kohlhaasenbrück warten müssen (30,5 ff.), es kann aber auch sein, daß Kleist mit einer gezielten Unstimmigkeit auf die besondere Macht und Bedeutung des Amuletts aufmerksam machen wollte.

Die Zigeunerin ist in Kleists Erzählung also nichts weniger als die Gegenspielerin zu Martin Luther. Mit der Wiedergeburt der verstorbenen Ehefrau in der volksmythologischen Variante einer weissagenden Zigeunerin hat Kleist der Familie des Kohlhaas das mythische Attribut beigegeben, das erforderlich ist, um einer Herrscherfamilie Paroli bieten zu können, deren gottgegebene Macht einen Luther zum Schirmherrn hat.

Martin Luther ist bekanntlich auch ein deutscher Revolutionär gewesen, der – wie es gesehen werden konnte – dem finsteren katholischen Mystizismus des Mittelalters entgegentrat. Aber Kleist hatte an der Geschichte der Französischen Revolution längst die Gegen- und Rückbewegungen studieren können, und so erscheint seine Luther-Figur im *Michael Kohlhaas* als Parteigänger und Verteidiger der etablierten Machtstrukturen, soviel Unrecht auch ausgeübt werden mochte. Den Argumenten Luthers kann Kohlhaas nur sein »kann sein, kann sein auch nicht« entgegenhalten, doch die ganze Schärfe der Kleistschen Luther-Kritik wird innerhalb der subversiv-ästhetischen Logik der Novelle erst sichtbar, wenn man die Zigeunerin als volksmythologische Gegenspielerin ernst nimmt. Auf Volksszenen, auf einem Jahrmarkt in Jüterbock, wo Kohlhaas »hinter allem Volk, am Eingang einer Kirche« (92,10 f.) stand, verleiht sie ihm das Zeichen seiner Macht, so daß er sie später sogar noch fragt, warum sie gerade ihn »unter so vielen tausend Menschen« ausgewählt habe (111,20). Man sollte sich zweifellos hüten, hier irgendwelche Demokratiegedanken anschließen zu wollen, Kohlhaas wird lediglich unter so vielen tausend Menschen zum »Helden« des Volkes erkoren, so wie im Mittelteil der Novelle die Dresdner Volksunruhen zu einer

»höchst gefährlichen Stimmung im Lande« führten (69,18).
Kohlhaas, der Städtenamen gibt oder empfängt, erreicht insofern Popularität und hat Teil am deutschen Michel. Mehr
läßt sich nicht sagen. Sein Rachefeldzug um die Einhaltung
des Rechts auch auf Seiten der Herrschenden erhält einen
volksmythologischen Beistand, hat aber keinerlei weitere
demokratische Stoßrichtung oder Zielsetzungen. Die Erhal-
tung des Rechtsstaats ist allerdings ebenfalls ein demokrati-
sches Gut, das in der deutschen Geschichte oft und lange
nicht recht ernst genommen wurde.

Universelle Ungewißheit

Zu beantworten bleibt die Frage, worauf der Zweikampf
zwischen Kohlhaas und dem sächsischen Kurfürsten, der in
dem Antagonismus beider Familien fundiert ist, hinauslau-
fen soll. Die Familien prägen die Identität der Subjekte mit,
durch sie wird zumindest die soziale Identität wesentlich
bestimmt, die, wie sich im Verlauf der Untersuchung mehrfach zeigte, den Vorrang vor der leiblichen Identität hat.
Werden die Familien verletzt, ist die soziale Identität einer
Person zumindest gefährdet, was Michael Kohlhaas dazu
antreibt, das, was ihm widerfahren ist, auch denen anzutun,
die direkt oder indirekt für die Verletzungen seiner Familie
und seiner Person verantwortlich sind.

Dann hätte er sich zuletzt aber an den Kurfürsten von
Brandenburg halten müssen, möchte man einwenden, denn
an dessen Hof wurde Lisbeth tödlich verletzt. Kohlhaas
kann das aber nicht, weil die wiedergeborene Elisabeth ihm
keine Macht über das Haus Brandenburg verliehen hat,
sondern über den Kurfürsten von Sachsen. Wer nun fragen
will, warum sie das getan hat, ist mit seiner Erklärungsweis-
heit bald am Ende, weil sich die psychologische Motivation
von Wiedergeborenen schwerlich ergründen läßt. Der Interpret wird sich in diesem Fall also eher an den Autor Kleist

halten müssen, der es für nötig hielt, uns die Geschichte des Prozesses gegen Kohlhaas verdoppelt zu erzählen. Verdopplungen bedeuten im ästhetischen Bereich die Aufhebung der individuellen Einmaligkeit, an deren Stelle die Beliebigkeit der Vervielfältigung tritt. Hier ist demzufolge die ästhetische Begründung für das Zufallsprinzip in der Kunst zu suchen.

Genau mit diesem Problem der Beliebigkeit und Zufälligkeit in der modernen Welt sieht sich Kohlhaas konfrontiert. Hatte schon der *Zerbrochne Krug* die niederländischen Bauern gelehrt, daß man Glück haben kann und an einen gerechten Richter gerät, aber auch Pech haben und an einen korrupten Richter geraten kann, so läßt der *Michael Kohlhaas* die Wahl zwischen ungerechten und gerechten Kurfürsten, die gleichwohl den Tod der Ehefrau verursachen. Die Adelssippschaft der Hinz und Kunz von Tronka war noch verschwägert mit den Grafen Kallheim, von denen einer in Brandenburg als Erzkanzler entlassen wurde (86,9 ff.), während gleichzeitig in Sachsen ein anderer Graf Kallheim »zum Chef des Tribunals ernannt wurde« (85,19 f.). Das Beliebigkeitsprinzip, das in solcher staatsübergreifenden Vetternwirtschaft waltet, hat Klaus Müller-Salget als »hochironisch« analysiert und auf die Zufälle aufmerksam gemacht, die »die scheinbar so glatte Lösung des Schlusses« durchsetzen und »ironisch gebrochen erscheinen lassen«.[22]

Mit diesem Beliebigkeitsprinzip der Moderne sieht sich Michael Kohlhaas konfrontiert, während die Herrschenden ihre Selbstbestimmtheit durch Gewalt und lutherische Legitimation aufrechtzuerhalten hoffen. Dagegen wird nach meiner Auffassung keineswegs »Kohlhaasens Kampf um Selbstbestimmung« gesetzt,[23] weil sich nach Kleists Geschichtsauffassung eine historische Rückwärtsbewegung

22 Vgl. den Kommentar von Müller-Salget (Anm. 1), S. 721.
23 Ebd., S. 736.

nicht durchführen läßt, er will vielmehr umgekehrt den Kurfürsten von Sachsen, und damit stellvertretend einen der Herrschenden, unter dasselbe Gesetz der Beliebigkeit zwingen, dem auch er ausgesetzt ist. Kohlhaas wird nicht »wieder zum selbstbestimmten Subjekt«[24], er will lediglich erreichen, daß der Kurfürst ebenfalls der Beliebigkeit zwischen Selbst- und Fremdbestimmung unterworfen wird.

Die Gewißheit um die Fortdauer der genealogischen Kette seiner Herrschaftsdynastie gab dem Kurfürsten eine soziale Identität in Selbstbestimmtheit. Kohlhaas ist mit dem Zettel im Besitz des Wissens um das Ende dieser Familienherrschaft. Und indem er den Zettel unmittelbar vor der Hinrichtung aufißt, nimmt er die Signifikanten des Wissens in seinen Leib auf, der als nichtssagendes Zeichen enthauptet zurückbleibt und den Kurfürsten in die Ungewißheit entläßt.

Der paradox strukturierte revolutionäre Kampf des Michael Kohlhaas ist am Ende darauf gerichtet, die Ungewißheit, in der das Grauen der Moderne gipfelt, universal werden zu lassen. Er will die Herrschenden unter dieselben Gesetze zwingen, unter denen er als Bürger zu leiden hatte. Ungewißheitsuniversalisierung ist das Ziel des Michael Kohlhaas, der den Zettel »nicht um die Welt, Mütterchen, nicht um die Welt!« hergeben will (110,20 f.), und dessen erzwungener Scherz »Kohlhaasenbrück sei ja nicht die Welt« (22,35) am Ende doch recht ernsthaft klingt.

---

24 Ebd., S. 721.

Literaturhinweise

Heinrich von Kleist: Michael Kohlhaas. In: Erzählungen. Von
    Heinrich von Kleist. Erster Theil. Berlin: Realschulbuchhand-
    lung, 1810. S. 1–215.

Bogdal, Klaus-Michael: Heinrich von Kleist: *Michael Kohlhaas*.
    München 1981.
Gallas, Helga: Das Textbegehren des *Michael Kohlhaas*. Reinbek
    bei Hamburg 1981.
Kleist-Jahrbuch (1988/89). [Aufsätze von Gonthier-Louis Fink, Re-
    gina Ogorek, Hartmut Reinhardt, Anthony Stephens, Malte Dis-
    selhorst, Monika Frommel, Joachim Rückert, Joachim Bohnert.]
Lange, Henrik: Säkularisierte Bibelreminiszenzen in Kleists
    Michael Kohlhaas. In: Kopenhagener Germanistische Studien 1
    (1969) S. 213–226.
Lützeler, Paul Michael: Heinrich von Kleist: *Michael Kohlhaas*. In:
    Romane und Erzählungen der deutschen Romantik. Neue Inter-
    pretationen. Hrsg. von P. M. L. Stuttgart 1981. S. 213–239.
Müller-Salget, Klaus (Hrsg.): Heinrich von Kleist: Erzählun-
    gen, Anekdoten, Gedichte, Schriften. Frankfurt a. M. 1990.
    (Bibliothek deutscher Klassiker: Heinrich von Kleist: Sämtliche
    Werke. Bd. 3.) [Kommentar: S. 680 ff.]
Stephens, Anthony: ›Eine Träne auf dem Brief‹. Zum Status der
    Ausdrucksformen in Kleists Erzählungen. In: Jahrbuch der Deut-
    schen Schiller-Gesellschaft 28 (1984) S. 315–348.

Die Marquise von O...

Von Jochen Schmidt

Wolfram Mauser
zum 70. Geburtstag

Daß Kleist ein *dramatischer* Erzähler ist, läßt sich wohl an keiner seiner Erzählungen so unmittelbar erfahren wie an der *Marquise von O...* Ein dramatisierender Paukenschlag eröffnet die anekdotisch in Montaignes *Essais* (Buch II,2) vorgegebene Skandalgeschichte, die zu Anfang des 19. Jahrhunderts »kein Frauenzimmer ohne Erröten lesen« konnte, wie eine mit Kleist befreundete Malerin feststellte.[1] »In M..., einer bedeutenden Stadt im oberen Italien«, so beginnt die Erzählung, »ließ die verwitwete Marquise von O..., eine Dame von vortrefflichem Ruf, und Mutter von mehreren wohlerzogenen Kindern, durch die Zeitungen bekannt machen: daß sie, ohne ihr Wissen, in andre Umstände gekommen sei, daß der Vater zu dem Kinde, das sie gebären würde, sich melden solle; und daß sie, aus Familienrücksichten, entschlossen wäre, ihn zu heiraten« (3,4–11).[2] Sofort ist die Neugier zum Höchsten gereizt: die sexuelle Neugier, *wie* es zu dieser unwissentlichen Schwangerschaft kam; die kriminalistische Neugier: wer war der Täter; und schließlich die psychologische Neugier: wie und unter welchen Voraussetzungen wird die Marquise den Mann, der sie vergewaltigt hat, dennoch heiraten können?

---

1 Dora Stock an F. B. Weber, 11. April 1808 (*Heinrich von Kleists Lebensspuren*, hrsg. von Helmut Sembdner, München 1969, Nr. 261, S. 194).
2 Hier und im folgenden wird die Erzählung mit Seiten- und Zeilenzahlen zitiert nach: Heinrich von Kleist, *Die Marquise von O... / Das Erdbeben in Chili, Erzählungen*, Anm. von Sabine Doering, Nachw. von Christian Wagenknecht, Stuttgart 1993 [u. ö.] (Reclams Universal-Bibliothek, 8002). Die übrigen Werke Kleists nach: SW, 9. Aufl. 1993.

Wie im *Zerbrochnen Krug* folgt die Handlung, welche die
Spannung des neugierig gemachten Lesers löst, dem analytischen Schema: Eine zeitlich vor dem Beginn der Darstellung
begangene Tat wird in ihrem Hergang aufgedeckt, der unbekannte Täter kommt zum Vorschein. Das ›analytische
Drama‹, dessen Musterstück der *König Ödipus* des So-
phokles ist, wird deshalb auch als Enthüllungsdrama bezeichnet. Im *Zerbrochnen Krug* übernimmt Kleist aus dem
antiken Modell mit dem analytischen Schema sogar die spezifische Prozeßform, die er bis in deren einzelne Elemente
hinein nachvollzieht: Verhör, Zeugenaussage, Indizienbeweis. Das entscheidende, schon am Beginn der Darstellung
feststehende Faktum, das dann seine aufklärende »Analyse«
erfährt, steht in der Erzählung in auffallender Analogie zu
demjenigen im Lustspiel, denn dort erregt die Tatsache, daß
der Krug zerbrochen wurde, schweren Verdacht gegen Evchens Mädchenehre. Der zerbrochne Krug als Corpus delicti ist ja nur deshalb von Bedeutung, weil an ihm Evchens
guter Name hängt. Die Marquise, »eine Dame von vortrefflichem Ruf« (3,5 f.), muß infolge einer Vergewaltigung
ebenfalls um ihre Reputation, nicht zuletzt um die Familienehre fürchten. Aber das Corpus delicti ist nun ihr eigener
Körper. Und die »Analyse« wird nicht wie im *Zerbrochnen
Krug* durch einen Täter erschwert, der seine Tat zu vertu-
schen sucht, sondern dadurch, daß der offenbarungswillige
Täter trotz seiner Bemühungen lange nicht zum Ziele kommen kann. Auch daraus jedoch ergibt sich – wie im *Zerbrochnen Krug* – eine Struktur der Retardation, welche die
gesamte Handlung bestimmt und die dramatische Spannung
erzeugt.

Kleist klärt den Leser zunächst auf einzigartige Weise
darüber auf, wie es zu der unwissentlichen Schwangerschaft
gekommen ist. Er erzählt den Hergang, und zugleich verschweigt er ihn. Dabei setzt er den berühmtesten Gedan-
kenstrich der deutschen Literatur. Er ist weder ein syntak-
tisch gliedernder noch ein rhythmisch pausierender Gedan-

kenstrich, vielmehr zeigt er in der Darstellung des Geschehens eine Lücke an, die der Leser in seiner Vorstellung ausfüllen muß. Daß er sie erst im *Nachhinein* auszufüllen vermag, macht die *nachträgliche* erzählerische Aufdeckung der Tat und des Täters zur lebendig-unmittelbaren Lese-Erfahrung des Lesers mit sich selbst.

Die syntaktische Diskretion bezeichnet exakt den Moment der Vergewaltigung. Sie findet in einer zeichenhaft aufgeladenen Situation statt: Russische Truppen stürmen die Festung, in der sich die Marquise befindet. Ihr Anführer wehrt die Soldateska von der Marquise ab und führt sie, »die von allen solchen Auftritten sprachlos war, in den anderen, von der Flamme noch nicht ergriffenen, Flügel des Palastes, wo sie auch völlig bewußtlos niedersank. Hier – traf er, da bald darauf ihre erschrockenen Frauen erschienen, Anstalten, einen Arzt zu rufen; versicherte, indem er sich den Hut aufsetzte, daß sie sich bald erholen würde; und kehrte in den Kampf zurück« (5,11–17).

So wenig Kleist die Vergewaltigung darstellt, so wenig kommentiert er aus auktorialer Erzählerperspektive die innere Verfassung und den Charakter des Täters. Mit einer meisterhaften Verhaltensstudie aber ermöglicht er es dem Leser, selbst Rückschlüsse zu ziehen. Ja, der Verzicht auf auktoriales Eingreifen fordert den Leser geradezu heraus, das Zeichensystem der Erzählung selbständig zu entschlüsseln und zu deuten, da er sonst die Zusammenhänge gar nicht verstehen könnte. Manchmal muß er eine kriminalistisch genaue Beobachtungsgabe entwickeln, und wenn er dies tut, erfährt er die Lust, die alles selbständige Erkennen mit sich bringt.

Das bevorzugte Zeichensystem, das der Leser zu beobachten und zu deuten hat, ist, wie in Kleists Erzählungen insgesamt, so auch in der Szene, in welcher er den Täter *nach* seinem Vergehen darstellt, dasjenige der Mimik und Gestik. Die Verhaltensstudie erhält ihren Reiz dadurch, daß sie alle begründenden Aussagen über die Ursache des darge-

stellten sonderbaren Verhaltens ausspart. Die gesamte Aufführung des russischen Grafen, auch wo sie nicht Mimik
und Gestik im engeren Sinn ist, gerät zum physiognomisch
entlarvenden Ausdruck. Der Graf stürzt sich, so heißt es,
»mit einiger Eilfertigkeit« (5,30 f.) in den Kampf, dämmt in
dem brennenden Schloß der Marquise die Feuersbrunst ein
– man ahnt, daß es seine eigene ist und spürt zugleich den
unbeholfenen Drang zum Wiedergutmachen – und leistet
»hierbei Wunder der Anstrengung [. . .]. Bald kletterte er,
den Schlauch in der Hand, mitten unter brennenden Gie-
beln umher, und regierte den Wasserstrahl; bald steckte er,
die Naturen der Asiaten mit Schaudern erfüllend, in den
Arsenälen, und wälzte Pulverfässer und gefüllte Bomben
heraus« (5,36 f.–6,6). In dramatisch ausgearbeiteter Eskala-
tion heißt es dann, daß er »über das ganze Gesicht rot« wird
(7,12), als man ihn nach den Namen von Marodeuren fragt,
die der Marquise Gewalt antun wollten, und daß er »in einer verwirrten Rede« (7,16) sie nicht erkannt zu haben behauptet. Schließlich werden die verräterischen Worte berichtet, die er spricht, als er sich im Kampf tödlich verwundet glaubt: »Julietta! Diese Kugel rächt dich!« (8,22)
    Diese Darstellung bringt nicht nur die Tat des russischen
Grafen ans Licht, ohne sie zu nennen. Sie charakterisiert zugleich auch den Täter: als Draufgänger, der sich zwar schuldig gemacht hat, aber darunter leidet, sich schämt, wieder-
gutzumachen sucht und in all diesen Reaktionen dasselbe
leidenschaftliche, bis zur völligen Selbstvergessenheit ge-
hende Wesen an den Tag legt. Damit steht die grundsätzli-
che Unterscheidung vom gemeinen Verbrecher von Anfang
an fest, und in der Erwartung des Lesers öffnet sich der Horizont der Versöhnung. Kleist bündelt also zwei Funktionen: die indirekte Offenlegung der Tat *und* die ebenso indirekte Charakterisierung des Täters. Dies unterscheidet seine
analytische Technik, so oft sie sich auch der Kriminalfälle
als Ausgangspunkt bedient, von der engen Mechanik der
bloßen Detektivgeschichte, die alles auf die Frage reduziert:

wer ist der Täter? – und dabei gerade nur die polizeiliche Identifizierung anstrebt. In der gängigen Detektivgeschichte erwächst die Spannung aus den Schwierigkeiten dieser Identifizierung. Kleist dagegen erhebt das vielschichtige Verhältnis des Täters zu seiner Tat, zu den von der Tat Betroffenen und zur beurteilenden Umwelt zum eigentlichen Interesse des Geschehens. Es ist nicht bloß ein äußeres, sondern wesentlich ein inneres Geschehen, obwohl es an der spannenden äußeren Handlung wahrhaftig nicht fehlt.

Die kritische Subversion konventioneller Wertungen, Vorstellungen und Haltungen bestimmt das *innere Geschehen*. Sie richtet sich am Beispiel des russischen Grafen gegen das preußische Helden-Klischee, am Beispiel des Vaters der Marquise gegen eine fragwürdige väterliche Autorität, und schließlich am Beispiel der Marquise selbst gegen Unmündigkeit und religiöse Vorurteile. Mit diesem Generalangriff auf die Konvention erweist sich Kleist als Erbe der Aufklärung, als den ihn auch seine sonstigen Werke und seine Briefe zeigen. Denn trotz mancherlei romantischer Einfärbungen gehört er in die noch bis 1810 andauernde preußische Spätaufklärung.

In Preußen war die Aufklärung tiefer verankert und auch länger maßgebend als in jedem anderen Staat, weil Friedrich der Große sie in den Jahrzehnten seiner langen Regierungszeit bis zu seinem Tod im Jahr 1786 gefördert und als »roi philosophe« selbst repräsentiert hatte. Mit Vorliebe sah er an seinem Hof und in den preußischen Institutionen die französischen Aufklärer, allen voran Voltaire, er selbst dachte und schrieb im Geist der Aufklärung, und es ist kein Zufall, daß die Aufklärung gerade im Preußen Friedrichs des Großen ihre bedeutendste philosophische Ausprägung fand: in Kants drei großen Kritiken, die in dem Jahrzehnt zwischen 1780 und 1790 erschienen; kein Zufall auch, daß in Berlin die drei bedeutendsten Aufklärungszeitschriften herauskamen, darunter die *Berlinische Monatsschrift*, in der

Kant seine bekannte *Beantwortung der Frage: Was ist Aufklärung?* veröffentlichte. Durch diese Zeitschriften, aber auch durch Populär-Aufklärer und einflußreiche Publizisten wie Nicolai gedieh bis ins erste Jahrzehnt des 19. Jahrhunderts hinein das Klima einer Spätaufklärung, die den Geist der Kritik weit über das Philosophische hinaus in allen Bereichen kultivierte. Und im Zentrum aufklärerischen kritischen Denkens stand schon seit langem die Kritik an Vorurteilen, insbesondere die Kritik an vorurteilhaft fixierten Autoritäten – die einschlägigen Aufklärungsschriften sprachen geradezu terminologisch vom »praeiudicium autoritatis«[3] – sowie die kritische Entlarvung von gesellschaftlichen und religiösen Vorstellungen, die bloß unreflektierten Gewohnheiten oder vordergründigen Interessen entspringen.

Die kritische Subversion des Helden-Klischees hat Kleist nicht nur dieser Erzählung eingeschrieben. Den Prinzen von Homburg – einen preußischen Reitergeneral! – führt er gegen alle Erwartung als träumenden und verliebten Jüngling ein, der in seiner Geistesabwesenheit die Parole vor der

---

3 Hierzu umfassend: Werner Schneiders, *Aufklärung und Vorurteilskritik, Studien zur Geschichte der Vorurteilstheorie*, Stuttgart 1983, bes. S. 335 f., wo eine schematisierte Übersicht über zahlreiche Schriften die herausragende Stellung des »praeiudicium autoritatis« nachweist. Diese herausragende Stellung erhielt es schon bei den Leitfiguren der Frühaufklärung, Thomasius und Wolff, und ihren Schulen, und dann noch bis in die Spätaufklärung der Kantianer, unter denen vor allem Johann Gottfried Christian Kiesewetter mit seiner Schrift *Über Vorurteil* von 1790 zu nennen ist. »[...] das größte dieser Vorurtheile ist«, so heißt es darin (Schneiders, S. 386 f.), »wenn die Vernunft Autoritäten vor ihren eigenen Gesetzen den Vorzug giebt, und daher auf das Ansehn einer Autorität Dinge für wahr hält, die ihren eigenen Gesetzen widerstreiten« (ebd., S. 315). Kants Nachfolger in Königsberg, Wilhelm Traugott Krug, der nach Kleists Trennung von Wilhelmine von Zenge diese heiratete, bewahrte die Vorurteilskritik der Aufklärung in seinem *Allgemeinen Handwörterbuch der philosophischen Wissenschaften* (Bd. 4, Leipzig 1829) noch weit ins 19. Jahrhundert hinein. »Man hat übrigens«, so schreibt er rückblickend, »die Vorurtheile auf zwei Hauptclassen zurückgeführt: Vorurtheile des Ansehens (praeiudicia auctoritatis) und Vorurtheile der Zeit (praeiudicia temporis)« (S. 390).

Entscheidungsschlacht verpaßt; und vor allem läßt er ihn später angesichts des offenen Grabes in panische Todesfurcht geraten. Das war gegen jedes preußische »comme il faut«. Gerade dieses mutige Zerbrechen des preußischen Heldenklischees ließ das Drama am Königshof in Berlin scheitern und verursachte bis in die Bismarckzeit hinein Unbehagen. Was Kleist in der *Marquise von O...* den russischen Grafen tun läßt, geht noch entschieden weiter. Ein Militärkommandeur, ein Mann von Adel, begeht ein Verbrechen an einer Frau, für das nach dem Militärreglement der Tod durch Erschießen steht! Tatsächlich werden die gewöhnlichen Soldaten, welche die Marquise vergewaltigen wollten und die er selbst von ihr abwehrte, für ihren bloßen Versuch erschossen. Kleist hat diese extreme Situation inszeniert, um auf ebenso wagemutige wie provokant tabubrechende Weise das aus dem Standesvorurteil abgeleitete Klischee zu zerstören. Daß er die bei Montaigne und in anderen Quellen überlieferte schwankhafte Geschichte einer unwissentlich zustandegekommenen Schwangerschaft, die dennoch durch die freie Entscheidung der Frau zur Heirat führt, aus der Fixierung auf ein bäuerliches Milieu löste und sie in die adelige Schicht transponiere, zeigt seine Strategie: Erst durch den Wechsel des sozialen Niveaus kam die Brisanz zustande, an der ihm lag.

Andererseits wagt er es, den russischen Grafen nicht als gemeinen Triebverbrecher darzustellen, vielmehr als edlen Mann, der durchaus auch heldenhafte Züge hat und den die Marquise schließlich doch mit innerer Zuneigung und nicht bloß aus äußerer Opportunität heiraten kann. Warum er so weit geht, läßt sich nicht leicht beantworten – aller Wahrscheinlichkeit nach, weil er die Relativität der landläufigen moralischen Wertung zur Debatte stellen will. Immer wieder experimentiert Kleist mit Grenzsituationen, welche den einzelnen Menschen in seinen Möglichkeiten überraschend erweitern und die normale, von der Gesellschaft sanktionierte Wertung suspendieren.

Am Vater der Marquise stellt Kleist die Vater-Autorität generell in Frage. Die historische Tragweite dieser Subversion ist außerordentlich, da bis ins 19. Jahrhundert die väterliche Autorität sowohl in der Familie wie rechtlich nahezu absolut war. Die Aufklärung ging auf die kritische Hinterfragung und Erschütterung *aller* Autoritäten aus: der Autorität des Monarchen und des Adels, der Autorität der Kirche und der Religion mit ihren Dogmen und so auch der väterlichen Autorität in der Familie. Allerdings war die Hinterfragung der väterlichen Autorität meistens weniger radikal. In einer Reihe von Dramen wurde die Figur des Familienvaters vom Status der patriarchalischen Autorität *abgelöst* und, vor allem in der Beziehung zu Töchtern, in eine emotionale Vaterfigur transformiert. In Kleists Erzählung trifft beides zusammen. Als der Vater der Marquise von ihrer Schwangerschaft erfährt, tritt er als ein auf die Familienehre fixierter Haustyrann auf: Er nötigt sie, das Haus zu verlassen, er weigert sich, mit ihr überhaupt noch zu sprechen, und als sie sich daraufhin zu ihm drängt und »zitternd seine Kniee« (28,22 f.) umfaßt, reißt er eine Pistole von der Wand. Schließlich befiehlt er seiner Tochter, ihre Kinder zurückzulassen. Ein Vater also, der seine Autorität bis zur schweren Gewaltdrohung ausspielt und dem alles bedingungslos zu gehorchen hat.

Ein besonderes Profil erhält der autoritäre Charakter durch die Verweigerung der Kommunikation. Als die Marquise sich in das Zimmer des Vaters drängt, um mit ihm zu sprechen, verweigert er die Aussprache, indem er das Zimmer verläßt; als sie ihm nacheilt, will er die Türe zuwerfen; als sie ihn doch erreicht, kehrt er ihr den Rücken zu und greift schließlich sogar nach der Pistole. In dieser kunstvoll inszenierten Verweigerung von Kommunikation offenbart sich am auffallendsten das autoritäre Verhalten als ein menschlich unzulängliches. Daß sich schließlich ein Schuß aus der Pistole löst und schmetternd in die Decke fährt, ist das Menetekel der katastrophenträchtigen Disposition, die das Vertrauen auf die Sprache durch die Sprache der Gewalt ersetzt. Die Aufklärung hatte ihr Humanitätsideal nicht zuletzt durch ein besonderes Vertrauen auf Sprache und zwischenmenschliche Kommunikation fundiert. Größtes Beispiel solch aufgeklärter Humanität ist Goethes *Iphigenie*. Kleist selbst hat schon in seinem Erstlingswerk, in der *Familie Schroffenstein*, und später noch in der Erzählung *Der Findling* die Verweigerung oder das Absterben von Kommunikation als Zeichen inhuman gestörter und deshalb auf Selbstzerstörung angelegter Verhältnisse dargestellt.

Ebenso aufschlußreich ist die Reaktion des Vaters, als sich herausstellt, daß die Marquise tatsächlich ohne ihr Wissen schwanger geworden ist. Zum Vorschein kommt nun die Kehrseite autoritärer Brutalität: die haltlose Sentimentalität. In einer bewußt ins Kitschige stilisierten Rührszene, die ihr Vorbild in Rousseaus *Nouvelle Héloïse* (Tl. I, Brief 63) hat, heult der Vater vor Reue und Zerknirschung, ja, er gerät in eine inzestuös besetzte zärtliche Versöhnungsszene mit der Tochter. Das eine wie das andere Mal verletzt er das Maß. So erscheint er gerade als das Gegenteil wahrhafter Autorität, die besonnen und maßvoll in sich ruht und deshalb auch Ausnahmesituationen zu bestehen vermag. Unter der destabilisierenden Einwirkung einer Extremsituation verfällt dieser Vater in polar entgegengesetzte Verhaltensweisen. Damit führt Kleist eine Autorität, die sich lediglich aus der Vater-Rolle herleitet, ad absurdum.

Das Verhalten der Hauptgestalt ist natürlich mit Abstand am wichtigsten. Kleists erstes Darstellungsziel war es, die *Geschichte einer weiblichen Emanzipation* zu erzählen. Er entfaltet sie in kunstvoller Stufenfolge. Nach dem Tod ihres Mannes, so heißt es am Beginn, kehrt die Marquise auf den Wunsch ihrer Mutter ins Elternhaus, genauer: »zu ihrem Vater« zurück. »Hier hatte sie«, so fährt der Erzähler fort, »die nächsten Jahre mit Kunst, Lektüre, mit Erziehung, und ihrer Eltern Pflege beschäftigt, in der größten Eingezogenheit zugebracht« (3,24–26). Eine Frau also in der Obhut des

Elternhauses und besonders des Vaters, ganz im häuslichen Wirkungskreis aufgehend. Nachdem sich der russische Graf um sie beworben hat, sagt sie: »er gefällt und mißfällt mir«; und sie beruft sich »auf das Gefühl der anderen« (19,1 f.). Nicht einmal in der entscheidenden Herzensangelegenheit verhält sie sich selbständig! Erst als der Vater befiehlt, daß sie beim Verlassen des Hauses, aus dem er sie verstößt, ihre Kinder zurücklassen soll, kommt es zu einer abrupten Wende. Sie weist diesen Befehl zurück und nimmt die Kinder mit. Darauf folgt der wichtige Satz: »Durch diese schöne Anstrengung mit sich selbst bekannt gemacht, hob sie sich plötzlich, wie an ihrer eigenen Hand, aus der ganzen Tiefe, in welche das Schicksal sie herabgestürzt hatte, empor« (29,6–9). In der existentiellen Bedrohung der Extremsituation, die sie ganz auf sich selbst zurückwirft, erfährt sich die Marquise als zum selbständigen Handeln befähigt, und diese Selbsterfahrung führt sie zum Bewußtsein der Selbständigkeit. Aus dem neu gewonnenen Bewußtsein der Selbständigkeit, das auch ein ganz neues Selbstbewußtsein zur Folge hat, setzt sie mutig entschlossen die Anzeige in die Zeitung, mit der Kleist die Erzählung so fulminant eröffnet. Diese Anzeige, so zeigt sich im Nachhinein, ist eine Demonstration ihrer neu gewonnenen Unabhängigkeit von der Meinung anderer. Sie wagt es ja sogar, mit ihrer Anzeige die Welt zu schockieren. Damit hat ihre Emanzipation einen vorläufigen Höhepunkt erreicht. Kleist hat diese Schlüsselstelle kompositorisch hervorgehoben, indem er den großen Erzählabschnitt, in dem die Marquise durch die Auseinandersetzung mit dem Vater so weit gelangt, mit dem zyklisch auf den Anfang der Erzählung zurückweisenden Satz schließt: »Doch da das Gefühl ihrer Selbständigkeit immer lebhafter in ihr ward [. . .], so griff sie eines Morgens, da sich das junge Leben wieder in ihr regte, ein Herz, und ließ jene sonderbare Aufforderung in die Intelligenzblätter von M. . . rücken, die man am Eingang dieser Erzählung gelesen hat« (30,23–30).

Die Geschichte vom Gelingen einer weiblichen Emanzipation, die Kants aufklärerisches Mündigkeitspostulat erfüllt, führt allerdings nicht in Kants Sinn vom Bewußtsein zum Handeln hin. Umgekehrt, aus der – spontanen – Handlung entwickelt sich ein Bewußtsein. Nicht theoretische Einsicht führt zur Emanzipation, sondern eine existentielle Betroffenheit, hier diejenige der Mutter, der man ihre Kinder nehmen will und die sich dem in einem instinktiven Akt widersetzt. Erst durch diesen spontanen Akt, der sie »mit sich selbst bekannt gemacht« hat, gelangt sie zum Selbstbewußtsein. Dann allerdings, auf einer zweiten Stufe des Emanzipationsprozesses, gelingt ihr von diesem nun schon erreichten und sich immer mehr festigenden Selbstbewußtsein her auch das selbstbewußte Handeln: Sie setzt die Annonce in die Zeitung. Die in der konkreten Lebenssituation sich ereignende und von dieser Lebenssituation geradezu erzwungene *Selbstfindung* ist die Voraussetzung des Selbstbewußtseins. Immer wieder in Kleists Dramen und Erzählungen ereignen sich solche Prozesse der Selbstfindung durch existentielle Herausforderungen – und das erst verleiht ihnen ihre lebendige Wahrheit.

2. Der andere Aspekt, unter dem Kleist die Geschichte der Marquise darstellt, ist derjenige einer aufklärerischen Kritik an religiösen Vorstellungen. Nicht als direkte Kritik äußert sie sich, sondern im Medium ironischer Subversion. Und diese erkennt nur, wer die Aussagen des Textes untereinander oder zu dem gemeinten Faktum in Beziehung setzt, denn nur dann erweisen sich diese Aussagen als inkongruent oder unangemessen. Die Vorstellungen, welchen die Marquise selbst aus ihrer Erlebnisperspektive oder der aus ihrer Erlebnisperspektive berichtende Erzähler Ausdruck verleiht, entsprechen *nicht* der Meinung des Autors, vielmehr ironisiert er sie. Als die Marquise sich mit ihrer unerklärlichen Schwangerschaft abfindet, da heißt es von ihr: »Ihr Verstand, stark genug, in ihrer sonderbaren Lage nicht zu reißen, gab sich ganz unter der großen, heiligen und un-

erklärlichen Einrichtung der Welt gefangen« (29,14–17).
Wer genau liest, muß dieser Aussage gegenüber mißtrauisch
werden. Die Tatsache, daß ein Mann die Marquise in ihrer
Ohnmacht vergewaltigt hat, deutet keineswegs auf eine
»große, heilige und unerklärliche Einrichtung der Welt«
hin. Groß und heilig ist eine Welt, in der so etwas geschieht,
doch gerade nicht, auch nicht, wenn der genaue Hergang
unerklärlich ist. Der Mensch, der sich in der Wirklichkeit
nicht mehr zurechtfindet, so lautet die Botschaft hier wie in
anderen Erzählungen, flüchtet in religiöse Vorstellungen.
Indem Kleist dies ironisch deutlich macht, vollzieht er die
psychologische Subversion religiöser Vorstellungen. Kurz
vor dem Ende der Erzählung heißt es, man habe dem russischen Grafen »um der gebrechlichen Einrichtung der Welt
willen« (49,32 f.) verziehen. Nachdem also das bisher Unerklärliche seine Erklärung gefunden hat, tritt an die Stelle
der vermeintlich »großen, heiligen und unerklärlichen Einrichtung der Welt« die »gebrechliche Einrichtung der Welt«.

Ironisch unterminiert ist auch die Aussage, daß die Marquise »beschloß, sich ganz in ihr Innerstes zurückzuziehen,
sich, mit ausschließendem Eifer, der Erziehung ihrer beiden
Kinder zu widmen, und des Geschenks, das ihr Gott mit
dem dritten gemacht hatte, mit voller mütterlichen Liebe zu
pflegen« (29,23–28). Gerade die Frucht der Vergewaltigung
soll ein göttliches Geschenk sein! Dieser Widerspruch
macht deutlich, daß der Erzähler nicht analysierend und
kritisch distanziert erzählt, sondern die Wertungen der
Marquise bloß reproduziert. Schwer zu entscheiden bleibt
es, ob Kleist schon die moderne Erzählkonzeption zuzuschreiben ist, die Flaubert mit seiner Forderung erzählerischer impersonnalité als Gegenprogramm zum traditionellen, »allwissenden Erzähler« formuliert, oder ob der
Erzähler mit seiner Übernahme einer konventionellen, vorurteilhaft fixierten Vorstellung sich selbst unfreiwillig als
einen in seinem Denken konventionell befangenen Erzähler
decouvrieren soll. Offenkundig jedenfalls nimmt Kleist die

konventionelle Redensart aufs Korn, derzufolge ein Kind
von Gott geschenkt ist. Am Beispiel der Marquise entlarvt
er sie drastisch als schönfärberischen Nonsens. Ihren Höhepunkt erreicht die Ironie, wenn es heißt, daß der »Ursprung« des jungen Wesens für die Marquise, »eben weil er
geheimnisvoller war, auch göttlicher zu sein schien, als der
anderer Menschen« (30,7 f.). Das Wort »schien« deutet für
einen Augenblick auf die Fragwürdigkeit der Annahme.
Der Ursprung des Kindes, mit dem sie schwanger geht,
kann nicht »göttlich« sein, im Gegenteil: Er liegt in einer
höchst profanen Gewalttat. Die Tendenz der Menschen, das
ihnen nicht Verständliche in den Bereich religiöser Vorstellungen zu erheben oder das schwer Erträgliche kompensa-
torisch zu verklären, wird so mitsamt den religiösen Vorstellungen selbst ad absurdum geführt.

Nach dem bedeutungsvollen »schien«, das den aufmerk-
samen Leser für einen Augenblick stutzig macht, fällt der
Erzähler nicht bloß in die Perspektive der Marquise zurück;
mit verstärkter Ironie läßt Kleist ihn sogar versichern, daß
»sie sehr richtig [!] schloß, daß derselbe [der Vater des Kin-
des] doch, ohne alle Rettung, zum Auswurf seiner Gattung
gehören müsse, und, auf welchem Platz der Welt man ihn
auch denken wolle, nur aus dem zertretensten und unflätigsten Schlamm derselben, hervorgegangen sein könne«
(30,18–23). Dies ist das Gegenteil zum vorher von ihr ver-
muteten »göttlichen Ursprung« des jungen Wesens: ein gro-
tesker Widerspruch. Wenn der Vater des Kindes nach Meinung der Marquise und sogar des Erzählers zum »Auswurf
seiner Gattung« gehört, kann das Kind eben nicht, wie sie
kurz vorher glaubt, geheimnisvoll-»göttlichen« Ursprungs
sein. Aber zum »Auswurf seiner Gattung« gehört er auch
nicht, und erst recht nicht ist er, wie sie – und der Erzähler
– meint, »aus dem zertretensten und unflätigsten Schlamm«
der Welt hervorgegangen, denn er ist ja ein russischer Graf
und hat trotz der Tat, zu der er sich hat hinreißen lassen,
durchaus noble Züge. Indem Kleist nicht nur die Marquise

mit ihren Wertungen, sondern auch den Erzähler so in Widersprüche verstrickt, fordert er vom Leser eine selbständige kritische Leistung, durch die letztlich auch er zur Mündigkeit finden soll: zur Unabhängigkeit von Meinungen und Wertungen. Indem er die zentrale aufklärerische Forderung des Selbstdenkens erfüllt, muß er sogar die Autorität des Erzählers suspendieren. Alle Wertungen, sowohl die religiösen wie die moralischen, treffen nicht zu. Der Mensch, so erkennt der kritische Leser, tendiert aus seinen augenblicklichen Erfahrungen und Stimmungen, aber auch aufgrund konventioneller Denkmuster und aus dem immer vorhandenen kompensatorischen Hang zum Selbstbetrug zu unhaltbaren Projektionen, und je extremer, desto illusionärer sind sie.

Dies gilt besonders für religiöse Vorstellungen. Für Kleist beruhen sie nicht zuletzt auf der Verabsolutierung des doch bloß Menschlich-Relativen. In einer ganzen Reihe seiner Erzählungen und so auch in der *Marquise von O. . .* folgt er diesem Erklärungsmuster. Als sich auf die Zeitungsannonce hin der Vater des von der Marquise erwarteten Kindes meldet, empfängt sie ihn wie einen Teufel: »gehn Sie! gehn Sie! gehn Sie! rief sie, indem sie aufstand; auf einen Lasterhaften war ich gefaßt, aber auf keinen – – – Teufel!« (47,7–9) Schließlich versteigt sie sich zum Exorzismus und besprengt nach dem Auftritt des Grafen ihre Umgebung mit Weihwasser. Am Schluß der Erzählung formuliert der Erzähler ihre Einsicht: »er würde ihr damals nicht wie ein Teufel erschienen sein, wenn er ihr nicht, bei seiner ersten Erscheinung, wie ein Engel vorgekommen wäre« (50,7–9). Der Graf ist weder Engel noch Teufel, auch nicht beides zugleich, sondern ein Mensch. Der Gang der Geschichte korrigiert die aus der Erregung des Gefühls entstandenen hyperbolischen Projektionen. Die Vorstellung von Übernatürlichem gerinnt zum Phantasma des Übermaßes. Aus den hyperbolischen Projektionen ins Absolute, in die wahnhafte Vorstellung von Engeln und Teufeln, wird alles zurückge-

holt in die natürliche Realität des Menschlichen. Rückführung des scheinbar Übernatürlichen auf Natürliches ist ein
Grundzug der Aufklärung. Mit dieser Rückführung verbindet sich die psychologische Analyse von Wahnbildungen,
denn erst durch die Aufdeckung ihrer Genese sind sie zu
überwinden. Mit solch psychologisch vertiefter Aufklärung
übernimmt Kleist nicht bloß das Erbe insbesondere franzö-
sischer Aufklärer wie Hélvétius, den er nachweislich hoch
schätzte. Er aktualisiert und modernisiert es angesichts einer Romantik, die wieder das »Wunderbare« und »Geheim-
nisvolle« kultivierte und nur allzugern ihre Poesie mit einer
neureligiösen Aura umkleidete. Am deutlichsten verrät die
ironische »Legende« *Die heilige Cäcilie oder die Gewalt
der Musik* diesen kritisch-antiromantischen Impuls. Zwar
haben in der *Marquise von O…* die Engels- und Teufels-
vorstellungen letztlich keinen ernstzunehmenden religiösen, sondern einen metaphorisch-redensartlichen Status.
Aber indem Kleist ihre Entstehung in emotionsgeladenen
Situationen vorführt, zielt er auf die aufklärerische Entlarvung der Genese religiöser Vorstellungen überhaupt.

Wie die Marquise selbst, so läßt Kleist auch ihre Mutter
und ihren Vater im Überschwang der Gefühle in hyperboli-
sche Projektionen religiöser Art geraten. Nachdem sich die
Mutter von der Unschuld der Marquise überzeugt hat, ruft
sie aus: »[…] o du Reinere als Engel sind, […] du Herrliche, Überirdische« (40,19–28 f.). Nur weil sie die Tochter
zu Unrecht moralisch verurteilt hat, folgt nun diese Über-
höhung ins Absolute – psychologisch handelt es sich um
eine Ausgleichshandlung des exzentrisch erregten Mutter-
gefühls. Es sagt nichts objektiv Gültiges über die Marquise
aus, sondern charakterisiert lediglich die Verfassung der
Mutter. In seinem ganzen Werk verwendet Kleist auf diese
Weise religiöse Motive in keineswegs religiöser, sondern
ironisch-desillusionierender Absicht. Entweder finden die
Personen seiner Werke selbst zur aufklärenden Erkenntnis
und damit zur Regulierung ihrer Vorstellungs- und Verhal-

tensweisen, oder aber mindestens der Leser gelangt so weit. Den Vorgang, an dem ihm liegt, hat Kleist einmal theoretisch selbst in einer Reflexion formuliert, der er den Titel *Von der Überlegung* gab: »wenn die Handlung abgetan ist«, so heißt es darin, lasse sich von ihr der Gebrauch machen, »zu welchem sie dem Menschen eigentlich gegeben ist, nämlich sich dessen, was in dem Verfahren fehlerhaft und gebrechlich war, bewußt zu werden, und das Gefühl für andere künftige Fälle zu regulieren« (SW 2,337).

Literaturhinweise

Heinrich von Kleist: Die Marquise von O... In: Phoebus. 2. Stück. Febr. 1808.

Heinrich von Kleist: Die Marquise von O... In: Erzählungen. Von Heinrich von Kleist. Erster Theil. Berlin: Realschulbuchhandlung, 1810. S. 216–306.

Cohn, Dorrit: Kleist's *Marquise von O...* The Problem of Knowledge. In: Monatshefte für deutschen Unterricht, deutsche Sprache und Literatur 67 (1975) S. 129–142.

Grathoff, Dirk: Die Zeichen der Marquise: Das Schweigen, die Sprache und die Schriften. Drei Annäherungsversuche an eine komplexe Textstruktur. In: Heinrich von Kleist. Studien zu Werk und Wirkung. Hrsg. von D. G. Opladen 1988. S. 204–229.

Heinrich von Kleist, *Die Marquise von O...* Die Dichtung und ihre Quellen. Mit einem Begleitwort hrsg. von Alfred Klaar. Berlin 1922.

Heinrich von Kleist, *Die Marquise von O...* Mit Materialien und Bildern zu dem Film von Eric Rohmer und einem Aufsatz von Heinz Politzer. Hrsg. von Werner Berthel. Frankfurt a. M. 1979.

De Leeuwe, H. H.: Warum heißt Kleists *Marquise von O...* von O...? In: Neophilologus 68 (1984) S. 478 f.

Müller-Seidel, Walter: Die Struktur des Widerspruchs in Kleists *Marquise von O...* In: Deutsche Vierteljahrsschrift für Literaturwissenschaft und Geistesgeschichte 28 (1954) S. 497–515. Auch in: Heinrich von Kleist. Aufsätze und Essays. Hrsg. von W. M.-S. Darmstadt 1967. S. 244–268.

Politzer, Heinz: Der Fall der Frau Marquise. Beobachtungen zu Kleists *Die Marquise von O...* In: Deutsche Vierteljahrsschrift für Literaturwissenschaft und Geistesgeschichte 51 (1977) S. 98–128.

Schmidt, Jochen: Heinrich von Kleist. Studien zu seiner poetischen Verfahrensweise. Tübingen 1974.

Smith, John H.: Dialogic Midwifery in Kleist's *Marquise von O* and the Hermeneutics of Telling the Untold in Kant and Plato. In: Publications of the Modern Language Association of America 100 (1985) S. 203–219.

Swales, Erika: The Beleaguered Citadel: A Study of Kleist's *Die Marquise von O...* In: Deutsche Vierteljahrsschrift für Literaturwissenschaft und Geistesgeschichte 51 (1977) S. 129–147.

Weiss, Hermann F.: Precarious Idylls. The Relationship between Father and Daughter in Heinrich von Kleist's *Die Marquise von O. . .* In: Modern Language Notes 91 (1976) S. 538–542.

Das Erdbeben in Chili

Von Norbert Oellers

Dies ist die Geschichte einer aus den Fugen geratenen Welt; eine Geschichte der Zerrissenheit, Verzweiflung und Hoffnungslosigkeit; eine Geschichte, in der auf nichts ›Verlaß‹ ist; denn nicht einmal die historischen Ereignisse und geographischen Verhältnisse ›stimmen‹.

Das Erdbeben, von dem die Hauptstadt Chiles erschüttert wurde und etwa einem Drittel der 12 000 Bewohner den Tod brachte, ereignete sich am späten Abend des 13. Mai 1647. Kleist, der über die Katastrophe sehr wohl unterrichtet war,[1] verlegte das Geschehen auf Ende Juli / Anfang August: Am Fronleichnamstag (der 1647 auf den 20. Juni fiel) gebiert Donna Josephe ihren Sohn Philipp; nachdem sie »aus den Wochen erstanden« (51,31)[2] ist, also nach etwa sechs Wochen, soll an einem Vormittag (vgl. 59,33) die Hinrichtung erfolgen, die durch das Erdbeben verhindert wird.

In dem auf der südlichen Erdhälfte liegenden Santiago sind die Monate Juli bis September kühl und regnerisch, auf jeden Fall die unfreundlichsten des ganzen Jahres. Im September 1646 aber wird es wohl gewesen sein, daß Jeronimo »in einer verschwiegenen Nacht den Klostergarten zum Schauplatze seines vollen Glückes gemacht« (51,20–22) hat; und am Abend des Unglückstages rastet Jeronimo zunächst in einem Eichenwald (vgl. 55), danach vereinigen sich die

1 Vgl. den Abdruck der möglicherweise von Kleist gekannten Quellen in: Hedwig Appelt und Dirk Grathoff, *Erläuterungen und Dokumente: Heinrich von Kleist, »Das Erdbeben in Chili«*, Stuttgart 1993, S. 37–47.

2 Die Erzählung wird hier und im folgenden mit Seiten- und Zeilenzahlen zitiert nach: Heinrich von Kleist, *Die Marquise von O. . ., Das Erdbeben in Chili, Erzählungen*, Anm. von Sabine Doering, Nachw. von Christian Wagenknecht, Stuttgart 1993 [u. ö.] (Reclams Universal-Bibliothek, 8002). Die übrigen Texte Kleists nach: SW, 9. Aufl. 1993.

Liebenden in einem anmutigen Tal – »als ob es das Tal
von Eden gewesen wäre« (57,21 f.) – mit Pinien und einem »prachtvollen Granatapfelbaum [...] voll duftender
Früchte« (58,3 f.), »und die Nachtigall flötete im Wipfel ihr
wollüstiges Lied« (58,4 f.).

Die Abweichungen von den gesicherten ›Fakten‹, die sich
vermehren lassen (so gab es erst seit 1840 einen Erzbischof
in Santiago [vgl. 51,32]), sind so offensichtlich, daß sie wohl
verstanden werden können als Hinweise des Dichters an
den Leser, sich nicht in der Sicherheit eigenen, vermeintlich
besseren Wissens zu wiegen. Wer die Hinweise als Lesean-
leitungen erkennt, sieht den Text mit geschärften Augen an
und bemerkt schnell: Nicht nur im großen und ganzen – in
Raum und Zeit – bewegt sich die Erzählung außerhalb der
Bedingungen der Möglichkeit menschlicher Erkenntnis,
sondern auch im kleinen und einzelnen; sie ist voller Un-
gereimtheiten, Unwahrscheinlichkeiten und Widersprüche,
die sich nicht logisch auflösen, sondern nur poetisch ›fassen‹
lassen als das, wofür sie stehen – eindeutig oder nicht. So ist
beim Granatapfelbaum natürlich an den Baum der Erkenntnis im Paradies zu denken, aber auch an die tödliche Wirkung, die er im Persephone-Mythos hat. Und daß der ker-
nereiche Granatapfel ein Fruchtbarkeitssymbol ist, sollte im
Kontext der Erdbeben-Erzählung auch nicht übersehen
werden. Hingegen ist in den Hintergrund gedrängt, daß im
chilenischen Winter keine Granatäpfel gedeihen (und keine
Nachtigallen singen). Denn diese Kenntnis ist so unnütz
wie die andere: daß in Chile nicht sechs Wochen nach dem
Fronleichnamstag 1647, sondern fünf Wochen vorher ein
verheerendes Erdbeben stattfand. Das Interesse des Lesers
wird sich schnell auf die Fragen konzentrieren, warum der
Erzähler überhaupt Santiago und das Jahr 1647 als Ort und
Zeit der Begebenheiten bestimmt und das Fronleichnamsfest als Geburtsdatum des Knaben gewählt hat. Die Antworten auf diese Fragen mögen dann die Erklärung erleich-
tern, was es mit den anscheinend ungenauen oder auch wi-

dersprüchlichen Angaben im einzelnen – etwa: »alles, was Leben atmete« (53,3 f.), wurde unter den Trümmern der Häuser begraben; aber viele, unter ihnen auch der Vizekönig, retteten sich, auch aus Trümmern – auf sich hat.

Durch die Zusammenfassung des Inhalts der Erzählung soll eine erste Annäherung an ihren ›Gehalt‹ versucht werden. Zum Inhalt gehört auch, daß die Erzählung zuerst, im September 1807, unter dem Titel *Jeronimo und Josephe. Eine Scene aus dem Erdbeben zu Chili, vom Jahr 1647* erschienen ist.[3] Daß Kleist den Titel änderte, als er die Sammlung seiner *Erzählungen* 1810 für den Druck in der »Realschulbuchhandlung« des Berliner Verlegers Georg Andreas Reimer vorbereitete, ist mühelos zu erklären: Es sollte nicht um die (private) Geschichte von zwei einzelnen Personen gehen, sondern um ein Geschichts- (oder gar Welt-)Ereignis von allgemeiner (öffentlicher) Bedeutung.

Jeronimo Rugera, ein Spanier bürgerlichen Standes, der im Hause des vornehmen, also adeligen Don Henrico Asteron als Lehrer Dienst getan und sich, die Standesgrenzen mißachtend, der Tochter des Hauses, Donna Josephe, genähert hatte, war, nachdem deren Bruder ein Stelldichein (eine »Bestellung«) »verraten« (51,13 und 16) hatte, des Hauses verwiesen worden. Das ›Vergehen‹ Josephes war dadurch geahndet worden, daß der Vater ihre Unterbringung in einem Kloster verfügt hatte. Das Zusammensein der Liebenden im Klostergarten hatte zu Josephes Schwangerschaft geführt, die im Kloster offenbar unbemerkt geblieben war.

Am Fronleichnamstag des folgenden Jahres gebar Josephe, nachdem zu Beginn der Prozession »auf den Stufen der Kathedrale« (51,26 f.), also an einem Ort, der Welt und Kirche miteinander verbindet, ihre Wehen eingesetzt hatten, einen Sohn, der – wie erst viel später mitgeteilt wird (vgl. 57) – den Namen Philipp erhielt. (Vielleicht soll der Name

3 Die Erzählung erschien in Cottas *Morgenblatt für gebildete Stände*, Nr. 217–221 vom 10. bis 15. September 1807.

daran erinnern, daß sich in Philippi durch »ein starkes Beben« [Apg. 16,26] der Kerker öffnete, in dem Paulus gefan-
gengehalten wurde?) Da Josephe ihr Kind als Klosternovi-
zin zur Welt gebracht hatte, wurde das Liebesverhältnis,
das durch seine Folgen ans Licht gebracht war, besonders
hart bestraft. Der »geschärfteste Prozeß« (51,32), in dem
sie zum Feuertod verurteilt wurde, führte wohl auch – vielleicht durch Anwendung von Folter – zum Vater des Kindes, der in ein Gefängnis geworfen wurde, wo er noch auf
seinen Prozeß wartete, als das Urteil gegen Josephe, das
nach einem »Machtspruch des Vizekönigs« (52,8 f.) revidiert worden war und nun auf Tod durch Enthauptung
lautete, vollstreckt werden sollte. Als der Hinrichtungszug
– eine Art volksfestlicher Prozession, die der Erzähler als
Fortsetzung der Fronleichnamsprozession gedacht haben
könnte – sich dem Platz der Exekution näherte, wurde er
»durch den krachenden Einsturz der Gebäude plötzlich
[...] auseinander gesprengt« (56,2–4). Josephe kann sich
retten, kann auch ihr Kind in dem nun in Flammen stehenden Kloster, in dem es untergebracht war, zu sich nehmen
und mit ihm flüchten. Sie nimmt wahr, daß die Gebäude
und Personen, von denen ihre Verurteilung ausgegangen
war, der Vernichtung anheimgefallen sind: »Sie hatte noch
wenig Schritte getan, als ihr auch schon die Leiche des Erzbischofs begegnete, die man soeben zerschmettert aus dem
Schutt der Kathedrale hervorgezogen hatte. Der Palast des
Vizekönigs war versunken, der Gerichtshof, in welchem
ihr das Urteil gesprochen worden war, stand in Flammen,
und an die Stelle, wo sich ihr väterliches Haus befunden
hatte, war ein See getreten, und kochte rötliche Dämpfe
aus.« (56,27–34)[4]

---

4 In seiner Schrift *Geschichte und Naturbeschreibung der merkwürdigsten
Vorfälle des Erdbebens, welches an dem Ende des 1755sten Jahres einen großen Theil der Erde erschüttert hat* (1755) hat Kant gelegentlich rote und rötliche Dämpfe erwähnt, die durch das Erdbeben von Lissabon zu Tage getreten seien. Vgl. Appelt/Grathoff (Anm. 1), S. 21.

Wie Josephe, so wird auch Jeronimo durch das Erdbeben in Freiheit gesetzt: Da er, nachdem ihm Glockengeläut die bevorstehende Hinrichtung Josephes angekündigt hat,[5] im Begriffe ist, sich an einem Wandpfeiler seines Kerkers aufzuhängen, läßt das Beben »alle Wände des Gefängnisses« (53,9) bersten. Jeronimo, der sich »an dem Pfeiler, an welchem er hatte sterben wollen« (53,7 f.), festhält,[6] kann wenig später durch eine Öffnung entkommen, die das Erdbeben »in die vordere Wand des Gefängnisses« (53,17 f.) gerissen hatte; er gelangt in das liebliche Tal außerhalb der zerstörten Stadt und erblickt »an einer Quelle [. . .] ein junges Weib« (55,29 f.) – seine Geliebte.

Am nächsten Tag geschieht es, daß Josephe von Don Fernando, einem Bekannten aus der Stadt, gebeten wird, dessen Sohn Juan zu nähren, weil die Mutter, Donna Elvire, durch das Erdbeben »schwer an den Füßen verwundet« (59,17) worden war. Zur Gesellschaft dieser Familie gehören noch zwei Schwestern Elvires: Elisabeth und Constanze. Am Nachmittag desselben Tages wird bekannt, daß in der kaum beschädigten Dominikanerkirche der Stadt eine Messe stattfinden werde, »den Himmel um Verhütung ferneren Unglücks anzuflehen« (62,19 f.). Josephe verspürt »den Drang, ihr Antlitz vor dem Schöpfer in den Staub zu

---

5 Das Glocken-Motiv spielt in der Erzählung eine wichtige, im jeweiligen Kontext eigene Rolle: Josephes Wehen stellen sich »bei dem Anklange der Glocken« (51,25 f.) ein; an die Glocken, die Jeronimo vernimmt, wird später noch zweimal erinnert (vgl. 54 und 59).

6 Daß der Pfeiler, an dem Jeronimo sterben wollte, zu seiner Rettung dient, läßt sich mit den Schlußversen von Goethes *Torquato Tasso* zusammenbringen. Tasso spricht sie zu Antonio: »Zerbrochen ist das Steuer, und es kracht / Das Schiff an allen Seiten. Berstend reißt / Der Boden unter meinen Füßen auf! / Ich fasse dich mit beiden Armen an! / So klammert sich der Schiffer endlich noch / Am Felsen fest, an dem er scheitern sollte.« Diese Verse paraphrasieren die Erzählung von der Errettung des Odysseus aus schwerer Seenot. (Vgl. Homers *Odyssee*, 5. Gesang, V. 405–430.) – Vgl. auch Kleists Brief an Wilhelmine von Zenge vom 21. Juli 1801, in dem über eine stürmische Fahrt auf dem Rhein berichtet wird, bei der »die ganze Gesellschaft in Schrecken« geriet: »Ein jeder klammerte sich alle andern vergessend an einen Balken an, ich selbst, *mich* zu halten« (SW 2,670).

legen« (62,32 f.), und so bricht eine kleine Gesellschaft in zwei Dreiergruppen auf: Fernando mit Josephe, die Juan trägt, und Jeronimo, der Philipp trägt, mit Constanze. Bei ihrer Ankunft in der Kirche hat der Gottesdienst bereits begonnen. Hier, an ›heiliger Stätte‹, erhebt sich nun, angetrieben durch die Predigt, »die der ältesten Chorherren einer« (64,22 f.) hält, ein ungeheurer, sich zu Mordgier steigernder Volkszorn, als Josephe, die ›Frevlerin‹, erkannt wird. Zwar gelingt es den Bedrohten, die Kirche zu verlassen, aber auf dem Vorplatz (der, wie die Stufen der Kathedrale, die Welt mit der Kirche verbindet[7]) ereignet sich das Furchtbare: Jeronimo wird von seinem Vater[8] »mit einem ungeheuren Keulenschlage zu Boden« (67,20) gestreckt; dann bringt ein anderer »mit einem zweiten Keulenschlage« (67,22 f.) Donna Constanze ums Leben, bevor »Meister Pedrillo« (67,37) Josephe »mit der Keule« (68,1) erschlägt; schließlich wird Juan von eben diesem Mordgesellen, dem »Fürst der satanischen Rotte« (68,10), »an eines Kirchpfeilers Ecke zerschmettert« (68,13 f.); so lag er vor seinem Vater, »mit aus dem Hirne vorquellenden Mark« (68,16 f.). – Don Fernando und Donna Elvire nehmen nach einiger Zeit Philipp »zum Pflegesohn an« (69,2).

Die Geschichte nicht mehr überbietbaren Grauens, die in der Mordorgie auf geweihtem Boden gipfelt, entläßt den Leser in die Fassungslosigkeit. Die Schilderung der Idylle im Mittelteil der Erzählung kommt dagegen nicht an, zumal

---

7 Die Bedeutung des Vor- (oder Zwischen-)Platzes ist eine ganz andere als die, von der Goethe in seiner *Propyläen*-Einleitung (1798) spricht: »Stufe, Thor, Eingang, Vorhalle, der Raum zwischen dem Innern und Aeussern, zwischen dem Heiligen und Gemeinen kann nur die Stelle seyn, auf der wir uns mit unsern Freunden gewöhnlich aufhalten werden.« (Bd. 1, 1. Stück, S. III) Daß sich Kleist hier wie sonst auf Goethe bezieht, kann nicht ausgeschlossen werden.

8 Daß Jeronimo von seinem Vater erschlagen wird, ist zwar nicht jedem Interpreten klar (vgl. Appelt/Grathoff, Anm. 1, S. 33), sollte aber unzweifelhaft sein.

sie als poetisches Konstrukt gekennzeichnet ist: »wie nur
ein Dichter davon träumen mag« (57,30 f.). Und auch die
vage Aussicht, daß Philipp, das Kind der zuschanden gewordenen Liebe, von seinen Pflegeeltern in ein besseres Leben geleitet wird, nimmt dem Verhängnis nichts von seiner
niederschmetternden Gewalt. Den Glücksversprechen ist
nicht zu trauen; sie sind künstlich ersonnene Rettungsmit-
tel, die zwar den Menschen nötig sind, um wenigstens in
der Phantasie weiterleben zu können, aber gerade damit unzweifelhaft machen, daß es unmöglich ist, in der ›wirklichen
Wirklichkeit‹ zu leben.

Die Fassungs- und Ratlosigkeit teilt der Leser mit dem
Erzähler. Dieser berichtet über die Ereignisse, als sei er
selbst, wie zu wiederholten Malen Jeronimo und Josephe
(vgl. 52, 53, 54, 56, 57), um die Besinnung oder wenigstens
um den Verstand gebracht, das Dictum Lessings bestäti-
gend, das dieser Orsina (*Emilia Galotti*, IV,7) sprechen läßt:
»[. . .] wer über gewisse Dinge den Verstand nicht verlieret,
der hat keinen zu verlieren.« Fast atemlos wird aneinander-
gereiht (etwa in den neun zusammengepreßten »hier«-Sät-
zen [vgl. 53]), was die Figuren der Erzählung sehen, erle-
ben, erkennen und empfinden; so sieht, erlebt, erkennt und
empfindet der Erzähler auch, und er beurteilt Situationen,
Geschehnisse und Gefühle, indem er sie nennt: die »un-
gehcure Wendung der Dinge« (52,19), die »völlige Hoffnungslosigkeit« (vgl. 52,29 f.), die »Verzweiflung« (52,31 f.),
die »jammervolle Welt« (vgl. 52,36 f.), das »Entsetzen« (53,5
u. ö.), das »allgemeine Verderben« (vgl. 53,22), »die verstör-
ten Menschenhaufen« (54,12), die »tiefe Schwermut« (vgl.
54,28), den »vollen Schmerz« (55,6 f.), »die zerstörende Gewalt der Natur« (55,7 f.), die »jammervolle Seele« (55,9), die
»entsetzensvollen Schritte« (56,4 f.), den »entsetzlichen Anblick« (vgl. 56,22), den »Schrecken« (56,24), das »Verderben« (56,26), »den Jammer« (56,36), »die Greuel« (57,9),
den »qualvollen Tag« (vgl. 57,34), die »schrecklichen Zeiten« (59,3), den »fürchterlichen Schlag« (vgl. 59,29), das

»gräßliche Unglück« (vgl. 59,37), die »schrecklichsten Augenblicke« (vgl. 60,11), die »gräßlichen Augenblicke« (vgl. 60,30 f.), »das allgemeine Unglück« (61,4), die »zerrissenen Herzen« (65,4), die »unendliche Angst der Seele« (vgl. 66,3), den »rasenden Haufen« (67,17) etc. Die Epitheta »schrecklich«, »entsetzlich«, »unsäglich«, »fürchterlich«, »gräßlich«, »ungeheuer« u. ä. jagen einander, und viele Superlative (von ›reich‹, ›geschärft‹, ›vermessen‹, ›heiß‹, ›groß‹, ›schön‹, ›innig‹, ›zärtlich‹, ›lebhaft‹ u. a.) verleihen der Geschichte im ganzen wie im einzelnen immer wieder den Charakter des Außergewöhnlichen und Endgültigen.

Das kaum überbietbar Schreckliche wird durch den Mittelteil der Erzählung nicht gemildert, sondern verstärkt. Von Wonne und Freude, Lust und Seligkeit der Liebenden in einer mit allen Attributen eines locus amoenus ausgestatteten idyllischen Natur wird auf gedrängtem Raum berichtet, und der Erzähler läßt den Glücklichen ihr Recht, auch wenn er durch die »als ob«-Wendung (es war, »als ob es das Tal von Eden gewesen wäre«, 57,21 f.), durch den Hinweis auf das poetisch Erträumte des Schönen (das erscheint, »wie nur ein Dichter davon träumen mag«, 57,30 f.) sowie durch die Begründung für die Rettung aus den Fesseln des Todes (die Liebenden habe »ein Wunder des Himmels gerettet«, 55,36 f.) dem Leser bedeutet, das Geschilderte sei nicht von dieser Welt. Die ›reale‹ Welt, die vom Paradies und von der Schönheit und von Wundern keine Ahnung hat, wird, im Namen des christlichen Glaubens, nach dem Erdbeben fortsetzen, was sie zuvor begonnen hatte: morden. Das Bündnis von Thron und Altar wird nicht wanken, und der ›Pöbel‹ wird sich weiter willig zeigen, die Ansprüche zum Schutz dieses Bündnisses gegen die Forderungen nach Freiheit, Gleichheit und Brüderlichkeit durchzusetzen. Das dauerhafte Glück einzelner, das sich am schönsten im Glück einer durch Liebe verbundenen Familie manifestieren könnte, bleibt eine unerfüllbare Hoffnung.

Josephe und Jeronimo sind, nachdem sie sich wieder-
gefunden haben, für eine kurze Zeit, in der sie sich selbst
genug sind, glücklich. Die Glückserfahrung läßt sie den
Schluß vom Besonderen aufs Allgemeine ziehen: Sie verbinden das ihnen Zugefallene mit der Zukunft einer besseren
Gesellschaft, in der sie froh zu leben erwarten, da wegen des
Geschehenen »alle versöhnt« seien (59,30). »Auf den Fel-
dern, so weit das Auge reichte, sah man Menschen von allen
Ständen durcheinander liegen, Fürsten und Bettler, Matro-
nen und Bäuerinnen, Staatsbeamte und Tagelöhner, Kloster-
herren und Klosterfrauen [. . .], als ob das allgemeine Unglück alles, was ihm entronnen war, zu *einer* Familie gemacht hätte.« (60,34–61,5) Für die Liebenden ist, so scheint
es, das Zeitalter der klassenlosen Gesellschaft, in dem sich
die Hoffnung auf reine Menschlichkeit erfüllen sollte, ange-
brochen.[9]

Schnell und gründlich zerstört die Wirklichkeit die Momente des Glücks und die aus ihnen abgeleitete Utopie.

Das Wüten der Geschichte, von dem *Das Erdbeben in
Chili* handelt, hat sich auch in jenen Details der Erzählung
›verdichtet‹, in denen der Leser auf Widersprüche, Unge-
reimtheiten oder sich aufdrängende, aber unbeantwortete
Fragen stößt. Diese Details gehören in den Zusammenhang
der kalkulierten ›Verschiebung‹ der überlieferten Erdbeben-
Daten vom 13. Mai, einem Herbsttag, auf einen fast drei
Monate späteren Termin und vom chilenischen Winter auf
einen (europäischen) Sommer. Beibehalten werden Jahr
(1647) und Ort (Santiago) des Bebens, damit der Leser eine
historische und geographische Orientierung bekommt, wie
er sie auch hat, wenn er aus Goethes *Götz von Berlichingen*
etwas von den Bauernaufständen in Franken oder aus Schillers *Wallenstein* etwas vom Regensburger Reichstag erfährt.

9 Der Seligkeits-Entwurf erinnert an Verse in Schillers Gedicht *An die
Freude*, das Kleist sehr geschätzt hat.

Die zeitliche und (wie im Falle des *Erdbebens*) auch räumliche Distanz zu den Ereignissen gestattet dem Leser gemeinhin die Beobachterposition eines anscheinend Unbeteiligten, der über das einmal irgendwo Geschehene räsonieren mag und im übrigen die Qualität der Dichtung nach seinem Vermögen und Geschmack auffassen und beurteilen kann. Diese Haltung läßt Kleists Erzählung nicht zu. Da in ihr, offenbar demonstrativ, direkt von der Zeit des ›historischen Erdbebens‹ und indirekt von den lokalen Verhältnissen abgewichen wird, drängt sich die Vermutung auf, es werde gar nicht (oder nicht nur) von dem Beben in Chile erzählt, sondern (auch) von anderen Beben, die in räumlicher und zeitlicher Nähe Kleists und seines zeitgenössischen Publikums stattfanden: vom Erdbeben in Lissabon (am 1. November 1755) und vom Beben der Französischen Revolution.[10] Für diese Vermutung spricht, daß sie nicht falsch sein kann. Ihre Richtigkeit beschränkt sich allerdings auf die Gewißheit, daß alle Beben aller Zeiten mitgemeint sind, weil es grundsätzlich um die ›bebende Welt‹, die ›bebende Geschichte‹ (›als solche‹) geht. Und dies hängt mit dem immer wiederkehrenden Fronleichnamsfest zusammen, an dem die katholische Christenheit die Transsubstantiation, die Verwandlung des Irdischen (des Brotes und des Weines) ins Göttliche (in den Leib und das Blut Christi) feiert und sich dabei (dadurch?) ›entmenscht‹: Im Namen des Gottessohnes werden Menschen geopfert, die auf die Präsenz des Ewigen den Schatten des sündhaft Vergänglichen werfen. Daß die Geburt Philipps, des ›Kinds der Sünde‹, am Fronleichnamstag geschieht, ist nicht zufällig, sondern notwendig: Der Mensch kommt zu Gott, aber die Menschen begreifen es nicht, weil ihr Glaube sie blind gemacht hat; im Wahn des Aberglaubens zerstören sie die Gemeinschaft zwischen Gott und dem Menschen und entfernen sich von

10 Vgl. dazu Appelt/Grathoff (Anm. 1), S. 50–76; außerdem Hartmut Kircher, *Heinrich von Kleist: »Das Erdbeben in Chili«, »Die Marquise von O. . .«. Interpretation*, München 1992, S. 19–22.

dem, den sie zu verehren vorgeben. Es ist auch gar nicht gewiß, daß Gott ist. Denn der Glanz der Herrlichkeit, der sich über das Tal der Liebenden legt, ist ja nicht göttliches Scheinen, sondern der Widerschein eines kurzen menschlichen Glücks, das Jeronimo und Josephe Granatapfelbäume sehen und Nachtigallen hören läßt.

In den Rahmen der prinzipiell desaströsen Verhältnisse und Begebenheiten gehören nun die unerklärten und widersprüchlichen Textstellen, die zwar Fragen offenlassen, aber keiner Antworten bedürfen. Ist es wichtig zu wissen, wer Jeronimo ins Gefängnis brachte? wie er zur Feile kam, mit der er die Gitterfenster seines Gefängnisses öffnen will? wie der Chorherr zur Ansicht gekommen ist, daß der ›Frevel‹ Josephes und Jeronimos »Schonung [...] bei der Welt gefunden« (65,8) habe? wie die Keulen in die Hände der Kirchenbesucher gekommen sind? Alle ›Unklarheiten‹ dieser und ähnlicher Art haben gemeinsam, daß ihre Erhellung für die Erzählung nichts bedeutet; denn diese will nichts erklären, sondern das so schwer Faßbare vorstellen: daß den Menschen, da sie nichts erkennen können, nicht zu helfen ist, den Tätern nicht und nicht den Opfern. Und so sollten auch die Widersprüche und Unwahrscheinlichkeiten angenommen werden, die genauso scheinbar sind wie die anscheinenden Gewißheiten, die der Erzähler immer wieder durch Formulierungen wie »es schien, daß« oder »es war, als ob« in Zweifel zieht. Es mag dann also sein, daß die Sonne schon »hoch am Himmel« steht, bevor das »Morgenbrot« bereitet wird (vgl. 58,24–26 f.); daß während des Gottesdienstes, der am (späten?) Nachmittag eines Sommertags stattfindet, die Sonne untergeht (vgl. 64) und wenig später die »Finsternis der einbrechenden Nacht« (68,25) die Greuel zudeckt; daß die Dominikanerkirche vom Erdbeben zwar »verschont« (62,17) geblieben ist, aber doch beschädigt wurde (vgl. 64); daß Pedrillo zwischen Juan, dem schon älteren Kind, und Philipp, dem sechs (?) Wochen alten Säugling, nicht unterscheiden kann (vgl. 68); daß jeder den

Kommandanten der Stadt, aber keiner dessen mannhaften Sohn kennt (vgl. 65). Und dann gibt es da noch mancherlei Zufälle, an die der Leser nicht denken würde, wenn sie nicht erwähnt wären: Warum wird die Wölbung, die durch zwei gegeneinander fallende Gebäude gebildet wird, »zufällig« genannt (vgl. 53,13)? Weil die Gebäude nun einmal so einander zugefallen sind, wie Jeronimo durch »Zufall« in den Klostergarten gelangte (vgl. 51,19) und durch »Zufall« einen Strick besaß (vgl. 52,34)? Daß Donna Elvire, Juans Mutter, erst spät und nur »zufällig« vom Ausmaß der Mordorgie vor der Kirche gehört hat (vgl. 68,34), ist der Unwahrscheinlichkeit wegen besonders geeignet, vom Erzähler berichtet zu werden.

Ist es ein bloßer Zufall, daß es dem Erzähler des *Erdbebens in Chili* an drei Stellen die grammatisch korrekte Sprache verschlagen hat? Die ›Fehler‹ finden sich auch im Erstdruck und wurden für die Ausgabe der *Erzählungen* nicht ›verbessert‹.

1. Jeronimo »stand [. . .] an einem Wandpfeiler, und befestigte den Strick, der ihn dieser jammervollen Welt entreißen sollte, an eine Eisenklammer, die an dem Gesimse derselben eingefugt war« (52,35–53,1). Da »derselben« kaum auf die »Welt« zu beziehen ist, wäre wohl »desselben« ›korrekt‹? Eine Emendation würde das Signal eines vielleicht gewollten ›Versehens‹ löschen.

2. Jeronimo erblickte »an einer Quelle, die die Schlucht bewässerte, ein junges Weib [. . .], beschäftigt, ein Kind in seinen Fluten zu reinigen«. (55,29–31) Sind nicht die Fluten der Quelle gemeint? Doch »seinen« fügt sich ein in die Reihe der ›Unstimmigkeiten‹ des Kontextes, zu denen auch gehört, daß die erwähnte Schlucht im Satz zuvor »ein weites [. . .] Tal« genannt wird.

3. »[. . .] mit aus dem Hirne vorquellenden Mark [. . .]« (68,16 f.).[11] Mag auch »vorquellenden« nicht mit Absicht

---

11 Die in Leseausgaben meistens zu findende ›Emendation‹ von »vorquellenden« zu »vorquellendem« ist wohl nur scheinbar eine Verbesserung des Textes.

geschrieben und nur versehentlich so gedruckt worden sein: eine Emendation tilgt einen Beleg für die Annahme, daß die Erzählung bis in die Grammatik hinein aus den Fugen geraten ist, was die Eindeutigkeit ihrer Zweifelhaftigkeit bestätigt und den Versuch, Unmögliches als Wirklichkeit abzubilden, unterstreicht.

Das Erdbeben in Chili ist, wie mit schwer widerlegbaren, vom Erzähler vermittelten Argumenten zu zeigen ist, keine historische Erzählung in dem Sinne, daß die berichteten Ereignisse durch Quellen überliefert wären. Das Jahr 1647 hat Kleist gewählt – wie er andere Daten hätte wählen können –, um eine Geschichtserzählung schreiben zu können, mit der er die Geschichte ›als solche‹, an einem ausgedachten Exempel, das sich jeder historischen Fixierung entzieht, in den Blick nimmt: Die Geschichte als Ursache und Folge zerstörerischer Herrschaft, in diesem speziellen, also auch variiert vorstellbaren Fall der Herrschaft der katholischen Kirche, die ein Gesellschaftssystem installiert, das Familien und Individuen keine eigene Existenz gestattet und auf diese Weise den ›Sinn‹ von Leben auslöscht, während sie selbst sich erhält im Namen des zum Popanz entwürdigten Allmächtigen. Gegen die Herrschaft vermag auch eine Naturkatastrophe wie das Erdbeben nichts. Das Gegenteil ist richtig: Die sich empörende Natur verfestigt die zernichtende Herrschaft derer, die bestimmt sind, Untergänge zu bereiten. Am Ende der Erzählung werden *vier* Menschen aufs gräßlichste gemordet, *weil* die Erde zu beben begann, als die Ermordung *eines* Menschen bevorstand. Und wer zählt die unschuldigen Erdbeben-Opfer? In die Schuldigen fährt Don Fernando, und er bewirkt viel, aber zu wenig: »Sieben Bluthunde lagen tot vor ihm« (68,9). Auch dies ist gräßlich.

Daß sich das Erdbeben als Fügung Gottes erweise, als Strafe für die Menschen, die den Herrn mißbrauchen, da sie in seinem Namen Unrecht tun, wird vom Erzähler nicht ge-

sagt; aber er legt den Gedanken wenigstens nahe, daß es so
scheine, als habe Gott sich bemerkbar gemacht. Doch der
Schein ist natürlich keiner der Wahrheit und wird nur gebraucht, um hinter ihm nicht Gottes-, sondern Menschen-
werk zu erkennen. Es gibt einfach zu verstehende Ironie-
Signale, durch die sich fast überdeutlich der Gegensatz von
Gesagtem und Gemeintem aufdrängt. Dies geschieht, um
den Blick für subtilere ironische Wendungen zu öffnen. Zu
den auf der Hand liegenden Fällen ironischen Sprechens
gehört, daß Josephe – anscheinend (aber nur scheinbar)
vom Erzähler – »Sünderin« (51,29) genannt wird, daß zu
denjenigen, die sich am Spektakel der Hinrichtung weiden
wollen, »die frommen Töchter der Stadt« (52,13 f.) zählen;
ihnen wie anderen ist die Liebe Josephes und Jeronimos ein
»Skandal« (51,34); sie und andere machen das blutige Geschäft der Hinrichtung zu einem »der göttlichen Rache« ge-
gebenen »Schauspiele« (vgl. 52,14 f.) – als handelten sie im
Auftrag des Allmächtigen, der ein übers andere Mal versichert hat: »Mein ist die Rache.«[12] Etc. Solch offenbar ironi-
sches Sprechen regt dazu an, auch andere Formulierungen
aus dem Bereich des Religiösen in ihrem Wortsinn zu ver-
kehren. Das gilt etwa für die »wunderbare Errettung«
(54,19) Jeronimos und für alle »Wunder des Himmels«
(55,36); das gilt besonders für die häufigen Erwähnungen
des Himmels: zu *ihm* recken sich Hände (vgl. 53), in *ihm*
lassen sich Engel denken (vgl. 56), *er* hat Philipp seiner
Mutter »wieder geschenkt« (56,25), *er* hat Wohltaten geschickt (vgl. 60), *er* wird »um Verhütung fernerer Unglücks« (62,19) angefleht, und am Ende hebt Don Fernando, »voll namenlosen Schmerzes, seine Augen gen Himmel« (68,17 f.). Es ist fraglich, ob er dort wahrgenommen
wird; denn der Himmel spielt in dieser Geschichte, trotz

---

12 Vgl. 5. Mose 32,35; außerdem Psalm 94,1, Römerbrief 12,19, Hebräerbrief
    10,30.

allen Anrufungen, keine nachweisbare Rolle, weil ihm alle
Beteiligten fern sind. Der Himmel ist vielleicht leer. Dafür
spricht des Erzählers Umgang mit der Bibel, dem himmlischen ›Buch der Bücher‹, dem Buch des Glaubens und der
Verheißung.

Es ist in der Kleist-Forschung schon oft bemerkt worden,
daß im *Erdbeben in Chili* Bibel-Zitate, direkte und indirekte, in reicher Zahl vorkommen. Zuletzt (1991) hat Hans-
Jürgen Schrader in seinem Aufsatz *Spuren Gottes in den
Trümmern der Welt* einiges zusammengetragen, das zuvor
noch nicht entdeckt worden war. Am Ende mag es scheinen,
als sei die Erzählung ein Cento aus den verschiedensten Bü-
chern der hebräischen Bibel, der Evangelien des Neuen Te-
staments, der Paulus-Briefe und der Johannes-Offenbarung.
Von den verdeckten Bibel-Anspielungen, auf die Schrader
aufmerksam gemacht hat, seien wenigstens diese erwähnt:
Die Geschichte vom Untergang Sodoms und Gomorrhas
(mit dem flüchtenden Lot) wird im *Erdbeben* genau ›wiederholt‹; alle Namen in der Erzählung haben ihre biblische
(oder wenigstens ›christliche‹) Entsprechung; für das Suchen
und Sich-Finden der Liebenden kann das *Hohe Lied* als
›Quelle‹ angesehen werden; Josephe widerfährt in entscheidenden Momenten ihres Lebens das Schicksal Marias, der
Gottesmutter.

Genaues Zusehen bringt weiteres zu Tage: Wie sich Jeronimo töten will, hat sich Judas, der Verräter, getötet (vgl.
Mt. 27,5); von einer ›Sünderin‹ der Art Josephes berichten
Lukas (7,36–50) und Johannes (8,3–8); der Vizekönig in
Santiago, der Statthalter einer fremden Macht, ist so
schwach gegenüber dem aufgebrachten Volk und so rigoros
in seiner Hinrichtungs-Entscheidung wie Pontius Pilatus
(vgl. Mt. 27,11–26); daß für das Schauspiel der Exekution
»die Dächer der Häuser« (52,12 f.) abgetragen werden, läßt
sich auf die Geschichte des Gichtbrüchigen beziehen, für
den das Dach abgetragen wurde, damit er zum Herrn

komme und geheilt werde (vgl. Lk. 5,17–19)[13]; daß die
»Wände des Gefängnisses rissen« (53,9), erinnert daran, daß
bei Jesu Tod der Vorhang des Tempels riß (vgl. Mt. 27,51);
daß Elvire »an den Füßen verwundet« wurde, erlaubt die
Parallele zu Eva, der die Schlange nach der Ferse ›schnappt‹
(vgl. Gen. 3,15); mit dem Ausruf »Weichet fern hinweg«
(65,20) wird Jesu Abweisung des Satans zitiert (vgl. Mt.
4,10); und: wie Petrus den Sohn Gottes nicht zu kennen
vorgibt (vgl. Mt. 14,66–72), so will keiner den Sohn des
Kommandanten kennen.

Die ›Vergleiche‹ verweisen nicht auf eine ›einsinnige‹ Bi-
bel-Auslegung. In der Disparatheit ihrer ›Verwendungen‹
und deren Auslegungsmöglichkeiten zeigen sie aber, daß
der Erzähler die Heilige Schrift benutzt hat, um mit ihr –
gegen sie – eine Geschichte der Gottesferne, des Unheils,
der Verlorenheit und der Verzweiflung zu inszenieren.

Das Erdbeben in Chili ist gewiß eine ›biblische Geschichte‹, aber eine ganz andere, als sie auch einmal auf
Grund der Bibel-Befunde gedeutet wurde: »[...] alle diese
religiösen und Bibelbezüge können durchgängig funktional
verstanden werden: kraft der ihnen innewohnenden emotionalen Potenzen und des Bedeutungsüberschusses religiöser Rede und Bildlichkeit nämlich funktional für eine Be-
einflussung der Lesersympathie – und zwar zugunsten der
im Zentrum der Novelle entworfenen utopischen Vision einer ganz neuen, auf Humanität und Nächstenliebe gegründeten Gesellschaft.«[14]

Natürlich sind jedes Bibel-Zitat und jede Anspielung auf
die Bibel funktional, aber im *Erdbeben in Chili* muß ihre

---

13 Vielleicht hat sich Kleist von einem Gemälde beeinflussen lassen, das auf
   einem dachlosen Haus versammelte Menschen darstellt? Zu denken wäre
   etwa an Francesco Granaccis »Gefangennahme Josephs von Ägypten«.
   Vgl. die Abbildung in: Christian von Holst, *Francesco Granacci*, München
   1974, S. 74.
14 Hans-Jürgen Schrader, »Spuren Gottes in den Trümmern der Welt. Zur
   Bedeutung biblischer Bilder in Kleists *Erdbeben*«, in: *Kleist-Jahrbuch*
   (1991) S. 39.

Funktion wohl als anti-biblisch verstanden werden. Daß Josephe von Pharisäern gerichtet wird, daß Jeronimo des Verrats am Heiligsten bezichtigt wird, daß der Vizekönig wie Pilatus agiert (und nicht anders agieren kann), daß mit dem unterhaltsamen Schauspiel der Hinrichtung Josephes die Heilung des Gichtbrüchigen in Zusammenhang gebracht wird – alles dies und vieles andere schaffen keine »utopische Vision«, sondern lassen die Vorstellung von ihr als bloße Chimäre erscheinen. So ist es auch mit der Sodom-und-Gomorrha-Szene bestellt: Alle wähnen sich als Gerechte, als von Gott Gerettete, und darum können sich die beiden Gerechten nicht retten; denn die Hilfe Gottes bleibt aus, obwohl sich keiner umschaut. So wird auch die *Hohe Lied*-Paraphrase zu einem Zeichen des schrecklichen Untergangs, der in den Stunden des abgesonderten Glücks so nahe ist wie das Kirchenvolk, das sich an die Stelle eines (ausgedachten) Gottes gesetzt hat und dessen ›Rache‹ vollzieht. Die Erwähnung des Fronleichnamsfests erinnert zwar an die Erlösungsgeschichte, aber nur, um sie pervertiert erscheinen zu lassen: Den Platz des lebendigen Gottes nimmt der neugeborene Philipp ein; die Feier der Geburt des Gottessohnes ist nichts mehr als ein Schauspiel, das durch die Geburt des Menschen Philipp ›entlarvt‹ wird; diese muß durch die Höchst-Strafe geahndet werden, weil das Schauspiel als ein Mittel des Machterhalts derer, die vorgeben, selbst der Leib Christi zu sein, nicht aufgegeben werden kann, also keine Entlarvung duldet.

Das Erdbeben in Chili handelt nicht von der Theophanie, wie auch angenommen wurde,[15] sondern, wenn überhaupt von Gott, von einem Deus absconditus, für den die Menschen eine Puppe erfunden haben, deren Drähte sie nicht aus den Händen lassen. Der Erzähler braucht Fronleichnam als Puppenfest, das durch die Ankunft Philipps, durch den

15 Vgl. Werner Hamacher, »Das Beben der Darstellung«, in: David E. Wellbery (Hrsg.), *Positionen der Literaturwissenschaft [...]*, München 1985, S. 164.

Einbruch der ›wirklichen Wirklichkeit‹ empfindlich gestört wird. Die Hinrichtungsprozession ersetzt nicht die Fronleichnamsprozession, sondern ist deren Fortsetzung.

Der Erzähler braucht das Erdbeben, um dessen Interpretationen, von denen die Geschichte bewegt wird, ad absurdum führen zu können. Es ist weder zur Rettung der Liebenden bestimmt (diese werden nur für eine kurze Zeit frei, um ein noch gräßlicheres Schicksal erleiden zu müssen, als ihnen vorher zugedacht war), noch kann es als Strafgericht über sündige Menschen erscheinen; denn wahllos werden Tausende getötet, und wahllos überleben Tausende. Das Erdbeben bewirkt keineswegs, wie Jeronimo wähnt, den »Umsturz aller Verhältnisse« (61,29), und keineswegs führt es, wie die noch einmal Davongekommenen wahrzunehmen glauben, dazu, daß »der menschliche Geist selbst, wie eine schöne Blume, aufzugehn« (60,33 f.) beginnt. Das Gegenteil ist richtig: Das Erdbeben beschleunigt die Enthumanisierung der Welt.

Der Erzähler braucht die Idylle der Liebenden, das liebliche Tal mit Quelle und wundermildem Duft, mit Granatapfelbaum und Nachtigall, mit dem Schimmer des Monds und dem Lager von Moos und Laub, um an Geschichten aus fernen Zeiten zu erinnern, die in der Literatur überliefert sind, Geschichten aus dem Paradies und aus der arkadischen Vorzeit. Sie werden nun gebraucht, damit der Vorschein einer neuen Paradies-Seligkeit aufleuchtet – »alles Sterbliche ausgelöscht, lauter Licht, lauter Freyheit, lauter Vermögen – keinen Schatten, keine Schranke, nichts von dem allen mehr zu sehen.«[16] Es ist Schillers Idylle, die dieser schreiben wollte von dem »Uebertritt des Menschen in den Gott«, von der Hochzeit des Herkules mit der Hebe: »Eine Scene im Olymp darzustellen, welcher höchste aller Genüsse!« Doch Kleist wußte (wie es im Aufsatz *Über das Marionet-*

---

16 Brief Schillers an Wilhelm von Humboldt vom 29. und 30. November 1795. Die folgenden Zitate ebd.

tentheater heißt): »[…] das Paradies ist verriegelt und der Cherub hinter uns; wir müssen die Reise um die Welt machen, und sehen, ob es vielleicht von hinten irgendwo wieder offen ist.« (SW 2,342) Josephe und Jeronimo sind, abgesondert von der ›Welt‹, für eine kleine Weile glücklich, ohne um die Welt gereist zu sein. Die erneute Berührung mit der Welt bringt sie um.

Das Erdbeben in Chili liest sich als radikale Absage an die Humanitäts-Vorstellungen der deutschen Klassik, wie sie am zugespitztesten in Goethes *Iphigenie* (einem Drama, das Goethe nach fünfzehn Jahren selbst als »ganz verteufelt human« ansah[17]) ihren Ausdruck gefunden haben; und jeder ästhetisch begründete Geschichtsoptimismus (der vor allem Schillers ›klassische‹ theoretische Schriften durchzieht) ist der Erzählung fremd. Hingegen ist die Nähe zu Werken des älter gewordenen Schiller, in denen die Nachtseiten der Geschichte elegisch dargestellt und beklagt werden, unübersehbar. *Das Erdbeben in Chili* stimmt mit der 1800 erschienenen *Nänie* in Einzelheiten genau und im ganzen tendenziell überein. Das Gedicht beginnt: »Auch das Schöne muß sterben! Das Menschen und Götter bezwinget, / Nicht die eherne Brust rührt es des stygischen Zeus.« Der rasende Pedrillo erscheint als Pluto, als stygischer Zeus: als ein »Fürst der Hölle« (vgl. 65,11), als »Fürst der satanischen Rotte« (68,10). Und so wenig, wie es in Schillers Gedicht Achill, dem »göttlichen Held« (V. 7), gelingt, dem Untergang zu entkommen, so wenig ist Don Fernando, »dieser göttliche Held« (68,5), imstande, dem Unheil zu wehren. Was allenfalls bleibt, hier wie dort, ist der Schein des Schönen in der Poesie. Als ›Folie‹ der Erzählung Kleists kann auch Schillers – ebenfalls 1800 erschienenes – Wallenstein-Drama angesehen werden, die Tragödie der Untergänge, der Verheerungen der Geschichte, die sich immer wieder in Erdbeben (ein solches war für Schiller der Dreißigjährige

17 Vgl. Goethes Brief an Schiller vom 19. Januar 1802.

Krieg ebenso wie die Französische Revolution) ereignen. Kleist las das Drama, kaum war es erschienen, im August 1800 mit großer Anteilnahme, ja Erschütterung. Was ihn daran interessierte und faszinierte, war wohl dasselbe, das zur gleichen Zeit Hegel abstieß. In dessen *Wallenstein*-Rezension, die vermutlich im September 1800 geschrieben wurde, heißt es: »Der unmittelbare Eindruck nach der Lesung Wallenstein's ist trauriges Verstummen über den Fall eines mächtigen Menschen, unter einem schweigenden und tauben Schicksal. Wenn das Stück endigt, so ist Alles aus, das Reich des Nichts, des Todes hat den Sieg behalten; es endigt nicht als eine Theodizee. [...] unglaublich! abscheulich! der Tod siegt über das Leben! Dieß ist nicht tragisch, sondern entsetzlich! Dieß zerreißt das Gemüth, daraus kann man nicht mit erleichterter Brust springen!«[18] Auch *Das Erdbeben in Chili* hätte durch Hegel dieselbe Beurteilung erfahren müssen: Es ist keine Theodizee erkennbar; der Inhalt der Erzählung ist nicht nur »entsetzlich«, sondern sogar »abscheulich«.

Im *Erdbeben in Chili* sind viele Spuren der extensiven Lektüre Kleists zu entdecken, von denen wenigstens noch eine erwähnt werden soll, weil sie den letzten, oft als rätselhaft empfundenen Satz der Erzählung betrifft: »[...] und wenn Don Fernando Philippen mit Juan verglich, und wie er beide erworben hatte, so war es ihm fast, als müßt er sich freuen.« Die Spur führt über Schiller und Goethe hinaus zu Lessing, und zwar zu dessen *Nathan der Weise*. Nathan hat sieben Söhne verloren und legt seine siebenfache Liebe auf die Pflegetochter Recha, die glücklich ist mit ihm, dem Pflegevater, und kurz vor der Enthüllung der Wahrheit die rhetorische Frage stellt: »Aber macht denn nur das Blut / Den Vater? nur das Blut?« (V, 7) Darauf antwortet Saladin (ganz im Sinne des alten Sampson, der am Ende der Tragödie *Miß*

---

18 Georg Friedrich Hegel, *Werke*, Bd. 17, hrsg. von Friedrich Förster und Ludwig Boumann, Berlin 1835, S. 411 und 413.

Sara Sampson Arabella, die mit ihm nicht blutsverwandt ist, als Tochter anzunehmen verspricht): »Ja wohl: das Blut, das Blut allein / Macht lange noch den Vater nicht!« Daß es so ist, weiß Don Fernando wohl. Aber damit lösen sich nicht die Probleme, die verhindern, daß es ihm ohne Wenn und Aber so *ist*, »als müßt er sich freuen«, und die schon gar nicht zulassen, daß er sich tatsächlich freut. Gesagt wird nur, daß er sich ›eigentlich‹ freuen müsse (wie sich Nathan seiner Pflegetochter erfreut hat). Bei aller Anerkennung vor der Haltung, wie sie Nathan gezeigt hat, ist Fernando doch nicht fähig, sich darüber zu freuen, daß er den Sohn der vom Vater des Vaters und vom »fanatischen Mordknecht« (67,30) Pedrillo erschlagenen Eltern deshalb »erworben« hat, weil auch sein eigener Sohn ermordet wurde. Fernando kann sich nicht freuen und nicht einmal gewiß sein, daß er sich freuen müsse, weil er weiß, daß in dieser Welt auch Philipp nicht zu helfen ist. Auch diesem wird, wenn er von Pedrillo, dem »Schuhflicker« (65,31), für den nur das Unterste gilt, oder von einem seiner zu Tausenden zählenden Rotte gefaßt wird, das Schicksal seiner Eltern bereitet werden und mit ihm vermutlich den Pflegeeltern, die sich des Elternlosen angenommen haben. Fernando dürfte sich im Buch Hiob auskennen: »Ich wartete des Guten, und es kommt das Böse; ich hoffte aufs Licht, und es kommt Finsternis« (30,26); er kennt den Psalm 74: »[Gott,] Deine Widersacher brüllen in deinen Häusern und setzen ihre Götzen darein. Man sieht die Äxte obenher blinken, wie man in einen Wald haut« (4–5); und die Klagelieder Jeremias' sind ihm nicht fremd: »Alle deine Feinde sperren ihr Maul auf wider dich, pfeifen dich an, blecken die Zähne und sprechen: He! wir haben sie [die heilige Stadt Jerusalem] vertilgt; das ist der Tag, den wir begehrt haben« (2,16). Deshalb kann Fernando nicht denken und fühlen wie Nathan; er weiß, daß die gottferne Welt ohne Heil bleibt und nicht um der wenigen Gerechten willen gerettet wird.

Wann *Das Erdbeben in Chili* entstanden ist, läßt sich nicht mit Bestimmtheit sagen. Die geläufige Annahme, Kleist habe die Erzählung etwa ein Jahr vor ihrer Veröffentlichung, also 1806, geschrieben, ist nicht sehr überzeugend. Plausibler ist es, an eine frühere Entstehungszeit (1801 oder 1802) zu denken. Das Erlebnis der Schiller-Lektüre des Jahres 1800 könnte dafür ein – freilich nur bescheidenes – Argument sein, die Vielzahl der Briefe aus den Jahren 1800 bis 1802, in denen sich Kleists verzweifelt pessimistisches Welt- und Geschichtsbild ähnlich artikuliert wie im *Erdbeben*,[19] ist von einigem Gewicht, und auch die deutlichen Parallelen zum 1799 (oder 1800) entstandenen *Aufsatz, den sichern Weg des Glücks zu finden*,[20] sollten nicht übersehen werden. Schließlich ist zu bedenken, daß *Die Familie Schroffenstein*, Kleists im wesentlichen 1802 entstandenes Drama, in Wort und Geist dem *Erdbeben in Chili* so nahe steht wie kein anderes Werk des Dichters. Die Variationen der Motive sprechen eher für als gegen den Zusammenhang des Variierten. Dazu gehört, daß im Drama – schon vor Beginn der Handlung – Philipp ums Leben kommt. Um den Toten geht es dann, wie es im *Erdbeben* um den (über)lebenden Philipp geht. Der Tod Philipps liefert im Drama – wie in der Erzählung die Geburt Philipps – den Anlaß für Greueltaten, die mit den im *Erdbeben* beschriebenen nicht nur ›als solche‹, sondern auch in der Art der Ausführung manche Gemeinsamkeit haben.

19 Vgl. etwa die Briefe an Wilhelmine von Zenge vom 11. [und 12.] September 1800, vom 22. März 1801, vom 21. Mai 1801, vom 21. Juli 1801 und vom 15. August 1801; an Ulrike von Kleist vom 23. März 1801 und vom 12. Januar 1802; an Adolfine von Werdeck vom 28. [und 29.] Juli 1801. – In diesem Zusammenhang mag auch erwähnt sein, daß im ersten der genannten Briefe an Wilhelmine von Zenge eine Würzburger Fronleichnamsprozession und im Brief an sie vom 16. November 1800 ein nicht einstürzendes Gewölbe beschrieben werden.

20 In dem Aufsatz heißt es: »Auch scheint es, als ob die Summe der glücklichen und unglücklichen Zufälle im ganzen für jeden Menschen gleich bleibe« (SW 2,309). In der Erzählung wird überlegt, »ob die Summe des allgemeinen Wohlseins nicht von der einen Seite um ebenso viel gewachsen war, als sie von der anderen abgenommen hatte.« (61,20–23)

Nachdem Jeronimus von dem mit Keulen bewaffneten Volk erschlagen worden ist, räsoniert Rupert in der *Familie Schroffenstein*, ganz im Geiste Wallensteins:

> Das eben ist der Fluch der Macht, daß sich
> Dem Willen, dem leicht widerruflichen,
> Ein Arm gleich beut, der fest unwiderruflich
> Die Tat ankettet.   (IV,1; SW 1,117)

Nach diesem ›Struktur‹-Muster läuft Geschichte ab, wie sie im *Erdbeben in Chili* geschildert wird.

Literaturhinweise

Heinrich von Kleist: Jeronimo und Josephe. Eine Scene aus dem Erdbeben zu Chili, vom Jahr 1647. In: Morgenblatt für gebildete Stände. Nr. 217–221. 10–15. September 1807.

Heinrich von Kleist: Das Erdbeben in Chili. In: Erzählungen. Von Heinrich von Kleist. Erster Theil. Berlin: Realschulbuchhandlung, 1810. S. 307–342.

Aldridge, Alfred Owen: The Background of Kleist's *Das Erdbeben in Chili*. In: Arcadia 3 (1968) S. 173–180.

Altenhofer, Norbert: Der erschütterte Sinn. Hermeneutische Überlegungen zu Kleists *Das Erdbeben in Chili*. In: David E. Wellbery (Hrsg.): Positionen der Literaturwissenschaft [...]. München 1985. S. 39–53.

Appelt, Hedwig und Dirk Grathoff: Erläuterungen und Dokumente: Heinrich von Kleist, *Das Erdbeben in Chili*. Stuttgart 1993.

Bourke, Thomas E.: Vorsehung und Katastrophe. Voltaires *Poème sur le désastre de Lisbonne* und Kleists *Erdbeben in Chili*. In: Klassik und Moderne. Die Weimarer Klassik als historisches Ereignis und Herausforderung im kulturgeschichtlichen Prozeß. Walter Müller-Seidel zum 65. Geburtstag. Hrsg. von Karl Richter und Jörg Schönert. Stuttgart 1983. S. 228–253.

Bürger, Christa: Statt einer Interpretation. Anmerkungen zu Kleists Erzählen. In: David E. Wellbery (Hrsg.): Positionen der Literaturwissenschaft [...]. München 1985. S. 88–109.

Conrady, Karl Otto: Kleists *Erdbeben in Chili*. Ein Interpretationsversuch. In: Germanisch-Romanische Monatsschrift 35 (1954) S. 185–195.

Ellis, John M.: Kleist's *Das Erdbeben in Chili*. In: Publications of the English Goethe-Society 33 (1963) S. 10–55.

Fischer, Bernd: Fatum und Idee. Zu Kleists *Erdbeben in Chili*. In: Deutsche Vierteljahrsschrift für Literaturwissenschaft und Geistesgeschichte 58 (1984) S. 414–427.

Gelus, Marjorie: Josephe und die Männer. Klassen- und Geschlechteridentität in Kleists *Erdbeben in Chili*. In: Kleist-Jahrbuch (1994) S. 118–140.

Girard, René: Mythos und Gegenmythos: Zu Kleists *Das Erdbeben in Chili*. In: David E. Wellbery (Hrsg.): Positionen der Literaturwissenschaft [...]. München 1985. S. 130–148.

Gönner, Gerhard: *Das Erdbeben in Chili*: Utopie und Terror. In: G. G.: Vom »zerspaltenen Herzen« und der »gebrechlichen Einrichtung der Welt«. Versuch einer Phänomenologie der Gewalt bei Kleist. Stuttgart 1989. S. 88–98.

Hamacher, Werner: Das Beben der Darstellung. In: David E. Wellbery (Hrsg.): Positionen der Literaturwissenschaft [. . .]. München 1985. S. 149–173.

Herrath, Saskia: Zurück zum Ursprung oder das kultivierte Paradies. Voltaires *Candide* und Kleists *Erdbeben in Chili*. In: Kleine Lauben, Arcadien und Schnabelewopski. Festschr. für Klaus Jeziorkowski. Hrsg. von Ingo Wintermeyer. Würzburg 1995. S. 27–39.

Horn, Peter: Anarchie und Mobherrschaft in Kleists *Erdbeben in Chili*. In: Acta Germanica 7 (1972) S. 77–96.

Kircher, Hartmut: Heinrich von Kleist: *Das Erdbeben in Chili / Die Marquise von O. . .* Interpretation. München 1992. (Oldenbourg Interpretationen. 50.)

Kittler, Friedrich A.: Ein Erdbeben in Chili und Preußen. In: David E. Wellbery (Hrsg.): Positionen der Literaturwissenschaft [. . .]. München 1985. S. 24–38.

Ledanff, Susanne: Kleist und die »beste aller Welten«. *Das Erdbeben in Chili* – gesehen im Spiegel der philosophischen und literarischen Stellungnahmen zur Theodizee im 18. Jahrhundert. In: Kleist-Jahrbuch (1986) S. 125–155.

Liebrand, Claudia: Das suspendierte Bewußtsein. Dissoziation und Amnesie in Kleists *Erdbeben in Chili*. In: Jahrbuch der Deutschen Schillergesellschaft 36 (1992) S. 95–114.

Reuß, Roland: »Im Freien«? Kleists *Erdbeben in Chili* – Zwischenbetrachtung »nach der ersten Haupterschütterung«. In: Brandenburger Kleist-Blätter 6 (1993) S. 3–24.

Schneider, Helmut J.: Der Zusammensturz des Allgemeinen. In: David E. Wellbery (Hrsg.): Positionen der Literaturwissenschaft [. . .]. München 1985. S. 110–129.

Schrader, Hans-Jürgen: Spuren Gottes in den Trümmern der Welt. Zur Bedeutung biblischer Bilder in Kleists *Erdbeben*. In: Kleist-Jahrbuch (1991) S. 34–52.

Stierle, Karlheinz: Das Beben des Bewußtseins. Die narrative Struktur von Kleists *Das Erdbeben in Chili*. In: David E. Wellbery (Hrsg.): Positionen der Literaturwissenschaft [. . .]. München 1985. S. 54–68.

Wellbery, David E.: Semiotische Anmerkungen zu Kleists *Das Erdbeben in Chili*. In: D. E. W. (Hrsg.): Positionen der Literaturwissenschaft [. . .]. München 1985. S. 69–87.
– (Hrsg.): Positionen der Literaturwissenschaft. Acht Modellanalysen am Beispiel von Kleists *Das Erdbeben in Chili* [von Friedrich
  A. Kittler, Norbert Altenhofer, Karlheinz Stierle, David E. Wellbery, Christa Bürger, Helmut J. Schneider, René Girard und Werner Hamacher]. München 1985.

Die Verlobung in St. Domingo

Von Hans Peter Herrmann

Die Verlobung in St. Domingo ist von Kleist Anfang August 1811, gut drei Monate vor seinem Selbstmord,[1] im zweiten Band der *Erzählungen* veröffentlicht und wohl im Frühjahr 1811 geschrieben worden.[2] Die Textkritik wirft wenig Probleme auf,[3] doch irritiert der Text durch Inkonsistenzen. Die Zeichensetzung folgt eigenwilligen, nicht immer konsequent angewandten Prinzipien;[4] mit den historischen Daten des haitianischen Aufstands wird sehr frei ver-

---

1 Vielen ist die Parallele zwischen dem Ende der Erzählung und Kleists eigenem Ende aufgefallen: ein Schuß in die Brust der geliebten Frau, ein Schuß in den eigenen Mund. Als hätte Kleist in der Phantasie durchgespielt, was zu realisieren ihm dann die Begegnung mit Henriette Vogel ermöglichte. Allerdings hat auch dieser Selbstmord sein literarisches Vorbild: auch Werther stirbt durch einen grausig beschriebenen Schuß in den Kopf, wie Gustav und sein Autor.

2 Im einzelnen hierzu die Kommentare in den beiden kritischen Ausgaben: Heinrich von Kleist, *Sämtliche Werke*, Berliner [seit 1991: Brandenburger] Ausgabe, hrsg. von Roland Reuß und Peter Staengle, Bd. II,4: *Die Verlobung in St. Domingo*, Basel / Frankfurt a. M. 1988, S. 93 f., und: Heinrich von Kleist, *Sämtliche Werke und Briefe in vier Bänden*, Bd. 3: *Erzählungen, Anekdoten, Gedichte, Schriften*, hrsg. von Klaus Müller-Salget, Frankfurt a. M. 1990 (Bibliothek deutscher Klassiker, 51), S. 826 ff. – Vermutungen über frühere Entstehungs- oder Konzeptionstermine sind, wie so vieles in der Kleist-Forschung, Spekulation.

3 Zwei mit der Buch-Fassung weitgehend identische Zeitschriften-Vorabdrucke waren im März/April und Juli unter dem Titel »Die Verlobung« erschienen. Ein Manuskript existiert nicht.

4 Daß Kleists Interpunktion konstitutiver Bestandteil seiner Texte ist, ist seit Sembdners Ausgabe von 1961 (9. Aufl. 1993) Gemeingut der Forschung; daß auch Abweichungen von diesen Regeln bedeutsam sein könnten, gibt erst Reuß zu bedenken: Roland Reuß, *»Die Verlobung in St. Domingo« – eine Einführung in Kleists Erzählen*, Basel / Frankfurt a. M. 1988 (Berliner Kleist-Blätter, 1), S. 11 ff

fahren;[5] der Name des Haupthelden wechselt;[6] zerstörte Gebäude erscheinen wenig später unversehrt und bewohnt.[7] Alle Herausgeber haben deshalb Konjekturen vorgenommen;[8] nur die Brandenburger bzw. Berliner Ausgabe gibt den Text quellengetreu wieder.

5 Mit der Datierung 1803 (4,36) siedelte Kleist seine Geschichte korrekt in der blutigen Schlußphase des haitianischen Aufstandes an, in der der Oberbefehlshaber der Sklavenarmee, Dessalines, die Franzosen von der Insel vertrieb. Anders, als Kleist behauptet (»Nun weiß jedermann . . .«, ebd.), war der letzte Stützpunkt der Franzosen jedoch nicht Port au Prince im Westen, sondern Cap Français im Norden; einen großen Truppenzug Dessalines gegen Port au Prince (oder Cap Français) kennt keine von Kleists (mutmaßlichen) Quellen; den Ort »Sainte Lüze« (44,10) gab es auf Haiti nicht. Die Brutalitäten der fanzösischen Armee gegen die Schwarzen erwähnt Kleist nicht. – Zur Realgeschichte Haitis kurz Müller-Salget (Anm. 2), S. 827 ff., mit Hinweisen auf Kleists mögliche Quellen, und Bernd Fischer, »*Die Verlobung in St. Domingo*«, in: B. F., *Ironische Metaphysik. Die Erzählungen Heinrich von Kleists*, München 1988, S. 100–129; ausführlich, mit Quellen: Hans-Christoph Buch, *Die Scheidung von San Domingo. Wie die Negersklaven von Haiti Robespierre beim Wort nahmen*, Berlin 1967; neuerdings Susanne Zantop, »Verlobung, Hochzeit und Scheidung in San Domingo: Die Haitianische Revolution in zeitgenössischer deutscher Literatur (1792–1817)«, in: »*Neue Welt*« / »*Dritte Welt*«. *Interkulturelle Beziehungen Deutschlands zu Lateinamerika und der Karibik*, hrsg. von S. Bauschinger und S. Cocalis, Tübingen/Basel 1994, S. 29–52. Weitere historiographische Literatur bei Buch und Zantop. – Textzitate aus der Erzählung mit Seiten- und Zeilenzahlen hier und im folgenden nach der Ausgabe: Heinrich von Kleist, *Die Verlobung in St. Domingo [u. a.], Erzählungen*, Anm. von Christine Ruhrberg, Stuttgart 1996 (Reclams Universal-Bibliothek, 8003).
6 Gustav von Ried wird mitten im Text viermal »August« genannt: 37,9; 40,26; 41,1 f.; 41,14 (in Sembdners SW-Ausgabe werden die wechselnden Namen zu »Gustav« vereinheitlicht). Auffallend ist der familiale Umkreis des Wechsels: dreimal »Vetter August«, das erste Mal von einem Familienmitglied gesagt, dann vom Erzähler, der beim letzten Mal zu bloßem »August« überwechselt. 42,6 steht wieder »Gustav«, zuerst im Anruf der Vettern, dann durch den Erzähler (42,9). Eine Erklärung für diesen Wechsel habe ich nicht.
7 Vgl. 4,4 mit 4,16 f., 6,17 und 38,26.
8 Müller-Salget verzeichnet die Abweichungen im Apparat; Sembdners Ausgaben greifen gelegentlich undokumentiert in die Zeichensetzung ein; Reclams Universal-Bibliothek folgt dem Text Sembdners. Im folgenden wird dort, wo es auf die genaue Textform ankommt, die Berliner Ausgabe herangezogen.

In der inhaltlich orientierten Forschung galten diese Merkwürdigkeiten z. T. als Einwände gegen die Qualität der Erzählung, meist wurden sie ignoriert; seit einigen Jahren rücken sie in das Blickfeld, werden in anspruchsvolle Interpretationsgebäude eingefügt[9] oder – konträr – zum Beleg dafür genommen, daß Kleists Text Sinnerwartungen grundsätzlich unterminiere und dies sein ästhetischer Sinn sei.[10]

Nun steht außer Frage, daß Kleists Erzählungen immer wieder Leseerwartungen durchkreuzen, etablierte ästhetische Regeln verletzen, Widersprüche in den Erzählablauf einbauen. Das hat in der Kleist-Forschung zu einem selbst für die Deutsche Literaturwissenschaft ungewöhnlichen Nebeneinander von anregenden und nicht mehr nachzuvollziehenden Deutungen geführt. Inzwischen ist die Kritik an überzogenen Interpretationsversuchen (anderer)[11] ebenso zum Topos geworden wie der Vorschlag, die »Unverläßlichkeit« von Kleists Erzählen hinzunehmen, da sie die Modernität seiner Texte ausmache.[12] Solch guter Rat hilft wenig angesichts der Deutungspflicht des Interpreten. Besser scheint mir, daran zu erinnern, daß zu den Tugenden der Textauslegung nicht nur Wissen und Originalität gehören, sondern auch Behutsamkeit und Takt, geduldiges Hinhören auf den Textsinn, sowie die Beachtung der Handwerksregel, gesicherte Aussagen, begründbare Vermutungen und subjektive Einfälle zu trennen.

---

9 So z. B. Hans Richard Brittnacher, »Das Opfer der Anmut. Die schöne Seele und das Erhabene in Kleists *Verlobung in St. Domingo*«, in: *Aurora* 54 (1994) S. 167–189. Brittnacher macht den Wechsel Gustav-August zum Grundstein seiner These über die Bedeutung des »Erhabenen« in der »Verlobung«.
10 Am entschiedensten hierin Reuß (Anm. 4), der S. 4 ff. auch eine lange Liste solcher »Inkohärenzen« aufmacht.
11 So z. B. Fischer (Anm. 5) S. 9 ff.
12 Hans Zeller, »Kleists Novellen vor dem Hintergrund der Erzählnormen. Nichterfüllte Voraussetzungen ihrer Interpretation«, in: *Kleist-Jahrbuch* (1994) S. 83–103.

Inhaltlich haben die monographischen Arbeiten zur *Verlobung* in den letzten Jahren zwei thematische Schwerpunkte benannt, mit oft konträren Ergebnissen. Nachdem die Erzählung früher als Geschichte über Kleists Vertrauens- und Erkenntnisproblematik figuriert hatte,[13] gewann sie seit Mitte der Siebziger Jahre mit der Frage nach Kleists Einstellung zur Sklavenbefreiung und zur französischen Revolution wachsend an Aktualität,[14] wobei das inhaltliche Problem zu erzähltheoretischen Fragestellungen führte. Denn wenn der manifeste Rassismus der Erzählerfigur und des Protagonisten nicht einfach dem Autor angerechnet werden sollte, dann mußte, methodisch abgesichert, zwischen den verschiedenen Schichten der Erzählung unterschieden werden. Auf diesem Weg waren weitere erzähltheoretische und diskursanalytische Entdeckungen zu machen; immer eindeutiger erschien Kleist nun als Ironiker, der den Rassismus seiner Zeitgenossen nur zitiert, bewußt ausstellt und kunstvoll bricht. Das paßte in ein von ›postmodernen‹ Theorien modelliertes Kleistbild der achtziger Jahre.[15]

13 So noch bei Gilman, der ein knappes Referat einschlägiger Arbeiten bis in die Sechziger Jahre bringt: Sander I. Gilman, *Blackness without Blacks. Essays on the Image of the Black in German*, Boston 1982.

14 Peter Horn, »Hatte Kleist Rassenvorurteile? Eine kritische Auseinandersetzung mit der Literatur zur *Verlobung in St. Domingo*«, in: P. H., *Heinrich von Kleists Erzählungen. Eine Einführung*, Königstein i. Ts. 1978 [zuerst 1975], S. 134–147, und: Ruth Angress, »Kleist's Treatment of Imperialism. Die *Hermannsschlacht* and *Die Verlobung in St. Domingo*«, in: *Monatshefte* 69 (1977) S. 17–33 [dt. Fass. in: Ruth Klüger, *Katastrophen. Über deutsche Literatur*, Göttingen 1994, S. 133–162]. – Unter dem Doppelthema Französische Revolution – Kolonialismus stehen auch die literarischen Umformungen der Kleist-Novelle von Anna Seghers, Hans Christoph Buch und Heiner Müller; siehe dazu Sigrid Weigel, »›Ein neues Alphabet schreiben auf andre Leiber‹. Fortschreibung und Umschrift tradierter Revolutionsmythen in den *Karibischen Geschichten* von Seghers, Buch und Müller«, in: S. W., *Bilder des kulturellen Gedächtnisses. Beiträge zur Gegenwartsliteratur*, Dülmen-Hiddingsel 1994, S. 163–177.

15 Zur Frage, ob und wie Kleist mit der *Verlobung* Stellung nimmt zur Französischen Revolution und zum Kampf gegen Napoleon, siehe Gonthier-

Anfang der neunziger Jahre, im Zuge der Postkolonialismus-Diskussion, wurde diesem Konsens jedoch in zwei Aufsätzen widersprochen und ein durchgehender Rassismus von Kleists Novelle behauptet[16] – diskutiert als Teilnahme auch dieses Autors am überindividuellen, eurozentristischen Rassendiskurs seiner Zeit, und durchaus unter Einbeziehung der komplexen ästhetischen Struktur des Textes. Der Streit zwischen beiden Positionen ist bisher nicht ausgetragen worden; m. E. läßt er sich auch mit den Mitteln der Diskursanalyse nicht entscheiden.[17]

Neben dem Rassendiskurs hat der Geschlechterdiskurs in der *Verlobung* Aufmerksamkeit gefunden. Zwar stellen Beischlaf, Liebe und Tod zweier junger Leute in Kleists Novellistik kein solches Unikum dar wie die schwarze Hautfarbe von Toni, Babekan und Congo Hoango; aber die vom Feminismus vorangetriebene Diskussion der Geschlechterrollen und die Historisierung der Liebesthematik durch Sozi-

Louis Fink, »Das Motiv der Rebellion in Kleists Werk im Spannungsfeld der Französischen Revolution und der Napoleonischen Kriege«, in: *Kleist-Jahrbuch* (1988/89) S. 64–88, und Herbert Uerlings, »Preussen in Haiti? Zur interkulturellen Begegnung in Kleists *Verlobung in St. Domingo*«, in: *Kleist-Jahrbuch* (1991) S. 185–201.

16 Uerlings (Anm. 15); Hansjakob Werlen, »Seduction and Betrayel: Race and Gender in Kleist's *Verlobung in St. Domingo*«, in: *Monatshefte für deutschen Unterricht, deutsche Sprache und Literatur* 84 (1992) S. 459–471.

17 Der Diskursbegriff hat derzeit fast inflationär Konjunktur; deshalb zwei Sätze zu seiner Verwendung in dieser sonst historisch-hermeneutisch verfahrenden Interpretation. Ohne auf weitergehende Aspekte des Begriffs einzugehen: er erlaubt, genauer als mit anderen Begriffen, etwa dem der »Ideologie«, das Netzwerk von Bildern, Zuschreibungen, hierarchisierenden Wertsetzungen und realen Praktiken zu beschreiben, durch das die neuzeitliche europäische Kultur z. B. ihr Verhältnis zu den außereuropäischen Kulturen oder die Geschlechterbeziehungen regelt. Im Rassendiskurs etwa bestimmt dieses Netzwerk die Wahrnehmung der anderen Kulturen und ihrer Menschen (einschließlich der expliziten Urteile über sie) sowie die Selbstdeutung der eigenen Kultur, – und dies in allen Arten von Texten, auch literarischen. Inhalt und Geschichte dieser Diskurse darzustellen, ist hier kein Raum, ein Begriff von ihnen muß vorausgesetzt werden; ihre Momente kommen nur so weit zur Sprache, wie sie in Kleists Text wahrnehmbar sind.

algeschichte und Diskurstheorie boten Möglichkeiten, auch die *Verlobung* neu zu deuten.[18] Auch hier hat die diskursanalytische Lesart Widersprüchliches zutage gefördert: sie zeigt, wie sehr Kleists Text traditionelle kulturelle Muster seiner Zeit umwandelt, bricht und ironisiert, – und beharrt darauf, daß es die Macht der traditionellen Bilder ist, an der die Figuren zugrunde gehen.

Aber Kleists Erzählung handelt nicht primär von Rassen- und Geschlechterdiskursen, sondern erzählt die Geschichte zweier Liebenden, die sich mit ihrer feindlichen Umwelt, mit einander und mit sich selbst auseinandersetzen müssen, und erst über diese Vermittlung mit Rassen- und Geschlechterproblemen. Daran zu erinnern, heißt nicht, einen essentialistischen Subjektbegriff einzuführen. Aber es heißt theoretisch, an einer formalen Grenze der »diskursiven Verfaßtheit« der Wirklichkeit und der Subjekte festzuhalten, die im Leiden von Menschen erfahren werden kann. Und es heißt praktisch, das Handeln und Leiden von Kleists Figuren stärker ins Licht zu rücken. Denn ihr Leiden bildet die Barriere, an der in der *Verlobung* Diskurse sich brechen; es ist die – poetische – Wirklichkeit seiner Personen, die bei Kleist die Widersprüche in die Geschichten hineinträgt.

I

Die *Verlobung* ist die einzige Erzählung Kleists, in der die Hauptfigur nicht schon im ersten Absatz auftritt. Erst nach zweistufiger Einleitung lesen wir von einem »jemand«, der »in der Finsternis einer stürmischen und regnigten Nacht« an die »hintere Tür« eines Hauses klopft, »leise« sprechend, verstohlen (vgl. 5,10–15). Ein junger Mann, fern von seiner Schweizer Heimat, getrennt von seiner Familie,

---

18 Sigrid Weigel, »Der Körper im Kreuzpunkt von Liebesgeschichte und Rassendiskurs in Kleists Erzählung *Die Verlobung in St. Domingo*«, in: *Kleist-Jahrbuch* (1991) S. 202–217; Werlen (Anm. 16); Uerlings (Anm. 15) und Zantop (Anm. 5).

Hilfe suchend im Land der aufständischen Schwarzen, wo die Europäer umgebracht werden, vor einem fremden Haus mit fremden, farbigen Menschen. »Der Fremde« nennt ihn, fast durchgehend, der Erzähler.[19]

Hinter der unheimlichen Nachtszene verbirgt sich ein für Kleists Novellen typisches Erzählschema: ein Mensch gerät, auf sich gestellt, in eine Situation, die er nicht durchschaut und in der er handeln muß. Kohlhaas vor einem unerwarteten Schlagbaum, die Marquise von O... mit einer Leibesfrucht ohne Vater, Jeronimo am einstürzenden Gefängnispfeiler etc. Auch die Syntax zeigt Kleists Standardformel für diese Situation: »Demnach traf es sich, daß...«.[20] Doch gegenüber andern Novellen ist die Ausgangssituation in der *Verlobung* doppelt ins Extrem getrieben: Kleist zeichnet die Lage, in der der »Held« sich befindet, besonders kraß, und den Helden besonders ungeeignet, sie zu bestehen.

Bereits der Schauplatz stellt ein Äußerstes dar; nur *Penthesilea* unter den Dramen plaziert die Protagonisten in einem vergleichbaren interkulturellen Konflikt am Rande Europas. Doch weit mehr als dort wird hier die Schnittstelle zwischen den Kulturen zur Grenze zwischen Zivilisation und Barbarei ausgebaut.[21] Und während Kleists sonstige Novellenhelden meist starke, handlungsfähige Charaktere sind, ist Gustav von Ried schwach und weitgehend manipulierbar.

---

19 Der Text sagt nicht, aus welcher Perspektive diese Benennung stammt. Als Außenbezeichnung des Erzählers wäre sie aus der Welt der Farbigen gesprochen; als Innenbezeichnung würde sie Gustavs Selbstgefühl wiedergeben.

20 Vgl. dazu Hans Peter Herrmann, »Zufall und Ich. Zum Begriff der Situation in den Novellen Heinrichs von Kleist«, in: *Heinrich von Kleist. Aufsätze und Essays*, hrsg. von Walter Müller-Seidel, Darmstadt 1967 [zuerst 1961] (Wege der Forschung, 147), S. 367–411.

21 Die Pointierung vor allem in der Exposition: »[...] als die Schwarzen die Weißen ermordeten« (3,4); Congo Hoango als »ein fürchterlicher alter Neger« (3,5), obwohl er doch vom dankbaren Herrn von Villeneuve »mit unendlichen Wohltaten überhäuft worden war« (3,11); sowie die Schilderung von Congo Hoangos Taten und Plänen 3,32–4,35). Gustavs Lage erscheint so besonders prekär.

Schon seine Frage am Fenster liefert ihn der Situationsde-
finition durch die andere aus (5,19). Widerstrebend wird er
ins Haus gezogen, zum Ablegen seines Degens genötigt
(7,23 ff.). »Mit dem Fuß« wird ihm ein Stuhl zugeschoben,
auf dem er Platz zu nehmen hat (7,35 f.), und dann wird er
einer Ausfragung unterworfen, in deren Verlauf er auch die
Lage derer preisgibt, zu deren Schutz er ausgezogen war
(8,32). Statt in der Nacht Hilfe für die »Seinigen« (17,1) zu
holen, war er von einer überraschenden Gesprächssituation
in die andere gestolpert und findet sich schließlich in einem
fremden, beängstigenden Zimmer vor, unfähig, sich zu be-
freien, mit einem starken, aber ohnmächtigen Gefühl für die
Mißlichkeit seiner Lage.[22] Dort wird er mit Toni schlafen,
ohne es gewollt zu haben, und ohne zu wissen, »wohin« ihn
dies »führen würde« (20,37). Danach wird er vollends zum
Objekt fremden Willens, verschwindet über weite Strecken
ganz aus der Geschichte und taucht nur noch auf, um (für
ihn) unverständliche Signale zu empfangen, auf die er dementsprechend falsch reagiert. Jeronimo im »Erdbeben« hat
sich durch immer neu herabstürzende Gebäudeteile (vorerst) ins Freie hinausjagen lassen; Gustav hat sich durch immer neue Willensäußerungen anderer rettungslos in die
fremde Welt verstricken lassen, an deren Unbegreiflichkei-
ten er dann zugrunde geht.

Gustavs Bestimmbarkeit wird von der Erzählung nicht
mit Charakterschwäche begründet, sondern mit der Orien-
tierungsnot des Fremden. Auf drei Wegen versucht er, sich
zurecht zu finden: durch Orientierung an der Hautfarbe,
durch Suche nach körperlichem Kontakt und familialer Inti-
mität, durch Appell an »Menschlichkeit und Mitleid«. Auf
keinem dieser Wege findet er Sicherheit; was er findet, ist
Toni.

22 Es »übernahm ihn ein widerwärtiges und mißliches Gefühl« (16,15); »so
legte sich ein Gefühl der Unruhe wie ein Geier um sein Herz, und er
wünschte sich, hungrig und durstig, wie er gekommen war, wieder in die
Waldung zu den Seinigen zurück.« (16,35 ff.).

Gustavs Fixierung an die Farbskala des Rassengegensatzes wird vom Text sehr deutlich ausgestellt (5,17–20; 8,30–32; 12,34 f.(?)). Babekan macht sich denn auch über sein Schwarz-Weiß-Denken lustig (5,20 ff.) und spielt virtuos mit des Fremden Furcht vor der Schwärze der Haut und der Schwärze der Nacht und mit seiner Sehnsucht nach heller Haut und Licht (9,20–24; 9,37–10,1; 10,15 f.).[23]

Auch weiterhin wird ihm seine Unfähigkeit, im Menschen anderer Hautfarbe den Menschen wahrzunehmen, zum Verhängnis. Die Erzählung läßt keinen Zweifel, daß es Tonis »anstößige« Hautfarbe (17,16) ist, was Gustavs tödlichen Verratsverdacht auslöst; sie ist ihm Zeichen ihrer Zugehörigkeit zur Welt der Schwarzen.[24] Hilflos seinem schlichten Schwarz-Weiß-Denken ausgeliefert, mißglückt ihm in dem komplizierten Gemisch der Rassen und der Positionen jeder Orientierungsversuch. Er vertraute, wo er hätte mißtrauisch sein müssen, und mißtraut, wo Vertrauen gefordert und berechtigt gewesen wäre. In Gustav führt Kleist ein Bild europäischen Rasse-Denkens vor, das sich selbst ad absurdum führt.

Gustavs Orientierungsbedürfnis geht einher mit einer eigentümlichen Suche nach körperlicher Nähe und Vertraulichkeit, und die führt ihn nicht weniger in die Irre.[25] Gleich

---

23 Die auffällige Hell-Dunkel-Metaphorik des Textes ist, z.B. von Sigrid Weigel (Anm. 18) S. 208, in Verbindung mit der Lichtmetapher der Aufklärungsphilosophie gebracht worden; allerdings deckt sich in der Erzählung der Licht-Dunkel/Tag-Nacht-Gegensatz keineswegs immer mit dem die Hautfarbe betreffenden Schwarz-Weiß-Gegensatz – so Stephanie Marx, *Die Verlobung in St. Domingo*, in: St. M., *Beispiele des Beispiellosen. Heinrich von Kleists Erzählungen ohne Moral*, Würzburg 1994, S. 19–48.

24 Das Bild, anläßlich dessen Gustav auf Toni schießt, stellt diesen Zusammenhang noch einmal her: Toni, an der Hand von Herrn Strömli, aber mit dem schwarzen Seppy auf den Arm. Gustav nimmt nur das zweite Signal wahr.

25 Die häufige Erwähnung von Händen und Handkontakt in der *Verlobung* ist der Forschung bereits aufgefallen (vgl. z. B. Müller-Salget, Anm. 2, S. 842); Gustavs Suche nach körperlicher Nähe nimmt dabei einen besonderen Platz ein. Körperliches Begehren und unmittelbares Gefühl steht im Zentrum von Christian Moser, *Verfehlte Gefühle. Wissen, Begehren, Dar-*

eingangs tappte er nach der Hand der Babekan, um sich von ihrer Farbe zu überzeugen (5,18); kaum im Zimmer, noch ehe er sich dort sichernd umgeschaut hat, »ergriff« er ihre Hand erneut und »drückte sie an sein Herz« (7,30 f.); später »rückte« er »der Alten näher« (10,37 f.), die sich bald »vielfachen Küssen« ausgesetzt sah, »die von den Lippen des Fremden auf ihre knöcherne Hand niederregneten« (11,35 ff.). Es ist, als wolle er sich durch die Vertraulichkeiten, mit denen er sie eindeckt, ihre Zuwendung und Freundlichkeit sichern – eine Gestik des Körperkontakts, die zu ganz anders gesicherten, familialisierten Beziehungen gehört.

Der Text macht deutlich, daß Babekan dem Fremden eben diese Rolle zuspielt, indem sie ihn moralisch unter Druck setzt. Mit einer frechen Um-Deutung seiner Lage appelliert sie an eine der Grundregeln bürgerlich-kleinfamilialer Moral: er wolle doch wohl nicht ihr Vertrauen mit Mißtrauen beantworten.[26] Auf diesen Vorwurf reagiert Gustav reflexartig, mit empörter Abwehr und Beteuerungsgeste. Der Gedanke, daß sein Mißtrauen begründet sei, kommt ihm erst gar nicht; der Mechanismus verinnerlichter Moralgebote funktioniert. Von nun an akzeptiert er die alte Frau mit der Brille auf der Nase als Autorität und nennt sie »gutes Mütterchen« (8,17; 11,33): er fühlt sich in vertrauter Umgebung.

Auch der Erzähler tut einiges, uns diese Sicht Gustavs nahe zu bringen und bei der langen Schilderung der nächtlichen Gespräche die Illusion der vertrauten, familialen Atmosphäre eines europäischen Bürgerhauses zu erzeugen.[27]

stellen bei Kleist und Rousseau, Würzburg 1993; dort S. 17–28 eine ausführliche, von meiner Deutung abweichende Interpretation der Gustav-Toni-Begegnung.

26 »Wir haben Euch [...] mit Gefahr unseres Lebens eine Zuflucht in unserm Hause gestattet; seid Ihr herein gekommen, um diese Wohltat, nach der Sitte Eurer Landsleute, mit Verräterei zu vergelten?« (7,24–28).

27 Die gemütlich erzählende und fragende Alte, die ihre Brille auf und ab setzt; die Tochter, die in der Küche nebenan beschäftigt ist; der gedeckte Tisch mit dem Essen darauf; die drei Menschen in der Nacht um ihn versammelt, lange Gespräche miteinander führend, bis es endlich Zeit ist zur

Gustav seinerseits überhöht seine naive Sehnsucht nach klaren, vertrauenswürdigen Verhältnissen mit Vorstellungen aus dem Humanismus des 18. Jahrhunderts: mit der Zuversicht, im Antlitz des Anderen dessen wahres Wesen wahrzunehmen (8,30 ff.); mit dem Glauben, im Menschen dem Menschen begegnen zu können, jenseits aller gesellschaftlich bedingten Parteiungen (9,7 ff.). Christliche Religion, deutscher Idealismus und Aufklärung gehen dabei in der Formel vom »Himmel, der Menschlichkeit und Mitleiden liebt« (10,34 f.), eine durchaus zeittypische Verbindung ein.[28] Aber der hier in seiner Not den Humanismus beschwört, desavouiert ihn durch die Situation, in der er an ihn appellieren zu können glaubt.[29]

Psychologisch gesehen ist Gustavs elementares Bedürfnis nach Nähe und Vertrautheit ein regressiver Charakterzug. Wo selbständige Wahrnehmung und angemessenes Handeln von ihm verlangt wären, bleibt er auf Familiensituationen fixiert, unfähig, sich als selbständiger Mann zu bewähren. Kleists Erzählung betont diesen Aspekt durchaus. Am Ende der Geschichte kommt die Familie und nimmt Gustav wieder in ihre Mitte, die Vettern stehen um sein Bett, und wieder ist es der körperliche Kontakt, den er sucht und findet in seinem »Gram«: als die Vettern ihn losgebunden hatten, »umschloß« er sie »mit seinem Arm« und »lehnte« »sich mit dem Kopf schweigend an die Schulter des Jüngern« (41,9 ff.).

Aber die Erzählung legt nicht diesen Entwicklungsmaßstab an; sie schildert kein Scheitern, sondern eine Unmöglichkeit. Sie schildert die Macht der familialen Bindungen,

---

späten Nachtruhe; etc. Daß wir gelegentlich durch ein hartes Signal an die Realität verbrecherischer Absichten erinnert werden (9,15: »heuchelte die Alte«), durchbricht diese Stimmung nur für Augenblicke.

28 Auch Kleists Gebrauch des Herz-Motivs gehört in diesen Zusammenhang (7,31; 17,24).

29 Da wundert es nicht, wenn auch die heuchelnde Babekan von der »Menschlichkeit« ihrer Taten spricht (8,11).

der verinnerlichten Moral und der idealistischen Formeln, die Gustav wehrlos machen in einer Situation, in der diese Werte und Formeln nicht greifen. Aus einer Nebenbemerkung erfahren wir, daß er im vertrauten Lebensrahmen als Familienmitglied und Offizier seinen Mann zu stehen vermochte;[30] erst zwischen die Kulturen geraten, verlor er die Möglichkeit, sich zurecht zu finden.[31]

Gustavs Bedürfnis nach familialer Vertrautheit und Mitmenschlichkeit macht ihn zur Beute von Babekans Spiel. Doch im internen Wertungsgefüge der Erzählung hat es noch eine andere Seite. Es führt ihn und Toni zusammen und öffnet beiden den Weg aus der Gewalt von Congo Hoango. Suche nach Körperkontakt auch hier. Die Hände hatten schon eine Rolle gespielt, als ihn das Mädchen mit starker körpersprachlicher Gestik ins Haus zog (6,33; 7,10–19); kaum, daß sie wieder ins Zimmer getreten war, legte er ihr den Arm um den Leib (12,30), dann faßte er ihre Hand (13,28). Später ergriff er sie erneut bei der Hand (17,22) und umfaßte »mit seinen beiden Händen ihren schlanken Leib« (17,33); damit waren beide schon tief in der Liebesgeschichte, wo ihre Körper und Seelen Hand in Hand arbeiteten, um die Vereinigung herbeizuführen. Gustavs Naivität und Unverstelltheit dürften mit dazu beigetragen haben, daß Toni sich in ihn verliebte; seine Vorstellungen von Menschlichkeit werden nach der Liebesnacht auch von ihr vertreten (23,2–24,8).

Gustavs hilfloses Einreden auf die Ohnmächtige in der Liebesnacht, »um sie zu beruhigen« (21,5), ist ohne Verständnis für Tonis emotionale und politische Situation, von

---

30 »August hat mehr als einem von uns das Leben gerettet«. (37,9 f.) Berliner Ausgabe: S. 76,1 f.

31 Zu *Penthesilea* als Drama zwischen zwei Kulturen und zu Kleists biographischer Situation als Zwei-Kulturen-Mann: Hans Peter Herrmann, »Sprache und Liebe. Beobachtungen zu Kleists *Penthesilea*«, in: *Heinrich von Kleist*, hrsg. von Heinz-Ludwig Arnold [u. a.] (Text+Kritik, Sd.-Bd.), München 1993, S. 26–48, dort S. 42 ff.

Männerrollenformeln bestimmt (z. B. 21,26 ff.).[32] Aber irgendwann muß etwas mit ihm geschehen sein. Sein »tiefer Traum«, bei dem er sehnsüchtig Tonis Namen flüstert,[33] sein Schmerz (34,8) und tiefer »Gram« (41,6) über Tonis angeblichen Verrat, die aus dem Gram kommenden Schüsse: Gustavs averbale Reaktionen zeigen eine tiefe Bindung an Toni. Kleist nimmt die Liebe seiner Figuren ernst; er beschreibt, wie dieses Mannkind einer Liebe gegenüber zugleich versagt und sie besteht, die quer zu den Rassengrenzen angesiedelt ist. Deren Widersprüchen ist er nicht gewachsen (es wird sich zeigen, daß auch die Frau ihnen nicht gewachsen ist). Romeo und Julia in Haiti. Aber tiefer noch, als bei Shakespeare, wirkt bei Kleist die Macht der feindlichen »Häuser« in die Seelen und in die Sprache der Beteiligten hinein. Gustav hatte keine Worte für seine Bindung an Toni, er fand keinen Halt in seiner Liebe, und er ließ die Geliebte dies büßen; aber verraten hat er seine Bindung nicht.

II

Anders als Gustavs Geschichte präsentiert der Erzähler die der Toni als Geschichte einer gelungenen Emanzipation. Aus der Herkunftsfamilie mit ihren Listen und Täuschungen, aus ihrer schwarzen Umwelt mit ihren Grausamkeiten gegenüber den Weißen[34] wechselt sie in die Welt der Weißen hinüber.

32 Vom männlichen Geschlechterdiskurs sind auch Gustavs beide Erzählungen bestimmt: die Instrumentalisierung der Sexualität durch eine Frau als schrecklicher »Verrat« (16,2), das Frauenopfer für den Mann als »Inbegriff aller Güte und Vortrefflichkeit« (19,31).

33 31,6–22. Motivik (Mond, Nachtwind, das Haar des Geliebten etc.) und Vokabular (blühendes Antlitz, süßen Atem einsaugend etc.) zeigen den poetischen Anspruch der Szene, vergleichbar der Liebesszene im *Erdbeben*. Daß der Mond dabei durch ein Fenster scheint, das eine Seite vorher von Babekan explizit geschlossen wurde, kümmert Kleists »situatives« Erzählen offenbar nicht.

34 Deren Ausmaß und Brutalität erfahren wir erst, als Toni sich von ihnen lossagt: 23,26–35; 24,29 f.

Der Erzähler tut einiges, um diese Entwicklung als Befreiung zu zeigen. Er schildert sorgfältig ihre Vorgeschichte (Toni als Werkzeug fremden Willens: 4,12 ff.; 5,32 ff.; 6,32–7,19) und schildert Toni bereits dort als willensstark (7,10 ff.) und souverän (12,13–29). Er schildert die Etappen ihrer Liebe zu Gustav bis zur gemeinsamen Liebesnacht, nach der sie aus einer tiefen Ohnmacht wie ein neuer Mensch mit einem neuen Selbstbild und neuer Orientierung hervorgeht.

Wichtig scheint mir, daß Toni in der Erzählung keineswegs, wie in der Sekundärliteratur meistens zu lesen, als Opfer von Gustavs Verführung hingestellt wird.[35] Schon früh sieht *sie* in sein Gesicht, fragt *sie* nach dem Leben des Fremden (13,1–3; 14,7). Und nach Gustavs eher scheuem »Kuß auf ihre Stirn« (18,32) ist sie es, die das Heft des Gesprächs (19,1–5; 19,14–16) und der weiteren Annäherung (19,28 f.; 20,27 ff.) in die Hand nimmt. Sie ist es, die ihm schließlich »um den Hals« fällt, und ihr spricht der Erzähler die entscheidende Aktivität zu, in der den Beischlaf vorwegnehmenden Formulierung: sie »mischte ihre Tränen mit den seinigen« (20,32). Kleist zeigt kein wehrloses Opfer, sondern eine aktive junge Frau, die, sensibel für den Anderen, entschieden ihrem neuen Gefühl folgt, bis es für sie keine Rückkehr in ihr altes Leben mehr gibt. Die Dauer ihrer Absenz zeigt die Tiefe ihrer Betroffenheit durch den von ihr selbst gewollten Bruch mit ihrer bisherigen Welt; am Morgen danach, ihrer Mutter gegenüber, steht Toni bereits auf der Seite des Weißen und meistert nach kurzer Unbedachtheit die Schwierigkeiten der neuen Lage mit Überblick, Einfallsreichtum, Unerschrockenheit, Selbstdistanz (30,27 ff.) und wacher Bewußtheit (35,25 ff.). Und am Ende ist sie es, die mit der Geiselnahme des fünfjährigen Seppy, die sie selbständig plant und vollführt, den Kampf gegen die Übermacht der Schwarzen entscheidet (38,2–39,6).

35 Sehr entschieden z. B. bei Werlen (Anm. 16).

Gustavs überraschender Schuß und Tonis viel zitierte »letzten Worte«: »du hättest mir nicht mißtrauen sollen!« (43,4 f.) scheinen anzudeuten, daß diese Geschichte einer Emanzipation und Selbstverwirklichung am rassistisch begründeten Versagen des Partners scheitert. Tatsächlich jedoch sind Tonis Weg und Figur keineswegs so eindeutig, wie des Erzählers Bericht uns glauben machen will. Ihr Weg zur ›Selbstverwirklichung‹ als Gustavs Braut und Retterin ist von Bildern umstellt. Gustav hält ihr das Schreckbild der schwarzen Sklavin vor (15,7–33); »verwirrt« (15,36) distanziert sich Toni von der Zumutung, dieser Frau ähnlich zu sein, deren Handeln doch von ihrem so verschieden nicht ist. Später offeriert ihr Gustav die Geschichte von der opferbereiten weißen Braut (19,18–20,27), und dieses Vorbild der Mariane Congreve erweist sich als starre Schablone für Tonis ›Emanzipation‹. Bei aller Erotik, mit der Kleist die Begegnung der beiden ausstattet:[36] nicht um ihrer selbst willen, nur wegen ihrer Ähnlichkeit mit Mariane war Gustav auf Toni aufmerksam geworden,[37] nur aufgrund dieser Ähnlichkeit hatte er sich in sie verliebt (19,5–26); ins Bild Marianes eintretend, hatte Toni mit Gustav geschlafen

36 Die Behandlung der Sexualität in Kleists Erzählung würde ein eigenes Kapitel beanspruchen. Auffällig ist die starke Sexualisierung, mit der der Erzähler Tonis Gestalt präsentiert (6,36–7,1). Hansjakob Werlen (Anm. 16, S. 462) hat gezeigt, wie sehr der Höhepunkt dieser Sexualisierung, die Fußwasch-Szene mit ihrem Blick von oben (17,7 ff.), Herrschaft und Genuß des Mannes, Dienstbarkeit und Schamhaftigkeit der Frau inszeniert, und er hat Gustav als sexuellen Verführer interpretiert. – Mir scheint allerdings Gustavs Interesse an Toni mehr durch sein Sicherheitsbedürfnis und ihre Ähnlichkeit mit Mariane bestimmt zu sein als durch sexuelle Wünsche; damit wäre die Sexualisierung Tonis nicht Teil der Handlung, sondern eine eigene Erzählschicht und eher dem Interesse des männlichen Autors zuzuschreiben, der sich hinter dem Blick seiner männlichen Figur verbirgt. Dieser Vermutung könnte jedoch die »Mischung von Begierde und Angst« widersprechen, mit der Gustav (männlich einseitig) den Beischlaf zu erklären sucht (21,27 f.), sowie das starke »Hure«!, mit dem er Toni verdammt (41,26). – Der ganze Komplex wäre gesondert zu untersuchen.
37 6,37 in Verbindung mit 17,18 ff.

(20,27 ff.); Marianes Kreuz hatte Gustav ihr als Brautge-
schenk vermacht.[38]

Tonis Weg zur Selbstverwirklichung bedeutet in Wahrheit ihr Aufgehen in einem fremden Bild – und nicht einmal das. Als Marianes Nachfolgerin hatte sie auch deren
Opfertod geerbt; aber Mariane starb *für* Gustav, als Heldin
und mit dem vollen Blick erfüllter Liebe auf ihn, Toni hingegen starb *durch* Gustav, unnötigerweise und ohne sein
Bekenntnis zu ihrer Liebe noch hören zu können.[39] Zum
vollständigen Eintritt in das Bild der Weißen hatte es für
die farbige Frau nicht gereicht; im entscheidenden Moment
der Fesselung war dem Mann beim Blick auf sie gerade
nicht die Parallele zur weißen Braut in den Sinn gekommen. Den Makel ihrer Hautfarbe hatte Toni beim Übertritt
in die Welt der Weißen nicht ablegen können. Im »Blick
voll Verachtung« (35,24) hätte sie wahrnehmen können
und müssen, daß sie fälschlich gedacht hatte, sie sei »eine
Weiße«.

Bei den Weißen hat Toni keine Platz zum Leben gefunden; aber auch bei den Schwarzen hat sie ihre Heimat verloren. »Ich habe euch nicht verraten; ich bin eine Weiße« hatte
sie ihrer Mutter geantwortet (40,5 f.). Nicht nur der zweite,
auch der erste Satz ist falsch. Mit dem Übertritt zu den
Weißen hat Toni die gemeinsame Leidensgeschichte der
Schwarzen verraten, die durch ihre Geburt und deren Folgen für ihre Mutter auch ihre Geschichte war. Babekans
Vorwurf und ihr Fluch bestehen zu Recht.

---

38 21,5–9. Das Kreuz, übrigens auch in der Realität des Haitianischen Auf-
    stands ein »Symbol der Weißen . . ., das sie als Katholiken am Hals trugen«
    (Cyral L. R. James, *Die schwarzen Jakobiner. Toussaint l'Ouverture und
    die Unabhängigkeitsrevolution in Haiti*, Köln/Berlin 1984 [zuerst New
    York 1938], S. 108), hatte schon vorher zwischen Toni und Gustav vermit-
    telt (17,37–18,7); als »Brautgeschenk« bestätigt es, was Gustav später über
    den stummen Verlobungseid sagen wird (43,8 f.).

39 Als letztes hatte sie nur Blicke »voll Verachtung« von ihm erhalten; »wil-
    deste Verzweiflung« hatte das in ihrem Herzen ausgelöst, »es mischte sich
    ein Gefühl heißer Bitterkeit in ihre Liebe zu ihm« (35,21–28).

So endet Tonis vermeintliche Selbstverwirklichung und Emanzipation im Gestrüpp nicht passender Bilder und im Niemandsland zwischen den Rassen. In diesem Niemandsland kommt sie um, auch sie, die starke schwarze Frau, nicht weniger ortlos als der schwache weiße Mann.

Doch auch im Geschlechterdiskurs der *Verlobung* ist die Gestalt Tonis von Widersprüchen geprägt. Der Platz in einer Verlobungsgeschichte,[40] den der Titel ihr zuweist, hält zwei Rollenangebote für sie bereit: das der erwählten Braut, die dem Mann als Gattin in dessen Haus folgen wird, und das der heroisch sich Opfernden, die ihr Leben für ihn hingibt. Beide Rollen sind in sich ambivalent konstruiert, in beiden ist die Frau dem Manne zu Diensten. Toni fügt sich in keine der beiden. Die Rolle der Gattin hatte Gustav ihr während ihrer Ohnmacht angetragen; auch sie selbst hatte gehofft, »daß er sie als sein treues Weib mit sich nach Europa führen« würde (30,37 f.). Tatsächlich aber ist sie es, die eigeninitiativ und tatkräftig ihn und die Familie rettet, und statt in der Rolle der künftigen dienenden Gattin erscheint sie als Heroine, mit Helm und Spieß (37,17 f.).

Ebenso wenig erfüllt Toni die Opferrolle, die Gustav ihr in Mariane Congreve angeboten hatte. Sie läßt sich nicht hinschlachten für ihn, sondern sie handelt an seiner Statt, macht ihn zum wehrlosen Objekt ihrer (richtigen) Planung, geht bewußt ein vielfaches Risiko dabei ein und meistert die schwierigen Folgesituationen mit großer Souveränität.[11] Ist

---

40 Ein junger Mann verläßt das Elternhaus, begegnet in der Fremde einem Mädchen, das er liebt, löst es aus seinem Elternhaus heraus und gründet mit ihm eine neue Familie: das ist eines der zentralen Erzählschemata des 18. Jahrhunderts. Das Bürgerliche Trauerspiel arbeitet mit seinem Mißlingen, auf andere Weise Goethes *Werther*.

41 33,23–34,32. Ihre zielgerichteten Reden sind um so erstaunlicher, als Kleist sie sich bewußt sein läßt, wie Gustav sie wahrnimmt (s. Anm. 39), weshalb sie »vor Wut und Schmerz« weint (34,23 f.). Schwer verständlich, daß diese Frau in der Sekundärliteratur an Schillers Begriff der »schönen Seele« erinnern soll, bloß weil Kleist (bei ihrem Tod) davon spricht, daß sie ihre »schöne Seele« ausgehaucht habe (43,5). Der Gleichklang von »eine schöne

es überinterpretiert, unter diesem Aspekt auch ihren letzten Auftritt zu deuten? Da tritt nicht Gustavs ohnmächtige »liebe Braut« (22,11) ins Zimmer, sondern eine selbstbewußte farbige Frau, mit einem Kind auf dem Arm, für das sie Verantwortung trägt. So scheint es fast folgerichtig, daß Gustav sie, die bloßes Opfer zu sein sich weigerte, gewaltsam zum Opfer macht. – Im Geschlechterdiskurs der zeitgenössischen Verlobungsgeschichten findet diese Frau ebenso wenig einen Platz wie im Rassendiskurs. Beide sind mächtiger als sie, beide werden aber auch an ihr zuschanden. Kleist installiert die Diskurse, gerade indem er sie bricht. – Dieses Doppelverhältnis kann genauer gezeigt werden an der Behandlung des Rassenproblems in der *Verlobung*.

III

»Hatte Kleist Rassenvorurteile?« Peter Horns Aufsatz[42] von 1975 hat diese Frage im Hinblick auf die *Verlobung in St. Domingo* erstmals aufgeworfen; ihre Beantwortung ist schwieriger, als Horns entschiedenes »natürlich nicht!« vermuten ließ. Zwar: nach den Arbeiten von Toni Morrison, Edward Said und anderen zur rassistischen und imperialistischen Grundstruktur europäischer Kulturen[43] ist der Vorurteilsbegriff mit seiner aufklärerischen Scheidung in Schein und Wahrheit obsolet geworden; er ist selbst Teil des Pro-

---

Seele *haben*« und »eine schöne Seele *sein*« scheint von unwiderstehlicher Verführungskraft (Belege u. a.: Müller-Salget, Anm. 2, S. 854; Brittnacher, Anm. 9), und das starke, reizvolle Anfangsbild von Unschuld und Sexualität verstellt offenbar den Blick auf Tonis Handlungen im zweiten Teil der Erzählung.

42 Vgl. Anm. 14.

43 Toni Morrison, *Playing in the Dark. Whiteness and the Literary Imagination*, Cambridge (Mass.) / London 1992, dt.: *Im Dunkeln Spielen*, Reinbek bei Hamburg 1995. Edward W. Said, *Kultur und Imperialismus. Einbildungskraft und Politik im Zeitalter der Macht*, Frankfurt a. M. 1994 [amerik. Orig. 1993].

blems, das er bezeichnen soll. Doch um so entschiedener ist danach zu fragen, wo Kleists Text im Diskurszusammenhang des 18. Jahrhunderts über das Verhältnis von europäischen und kolonisierten Völkern zu situieren ist.

Die Verlobung in St. Domingo ist eine Liebesgeschichte; die Rassenprobleme auf Haiti sind nicht ihr Thema, sondern sind Merkmal der Situation, in der Kleist seine unglücklich Liebenden agieren läßt. Andererseits hat Kleist das neuzeitliche Erzählmuster: »Liebe über soziale Grenzen hinweg« (Grenzen der Adelsgeschlechter, der Stände, der Familien), diesmal nicht zufällig ins Extrem der Rassengrenze gesteigert. Je tiefer der soziale Graben zwischen den Liebenden, desto größer die Kraft der Liebe, die ihn, und sei es scheiternd, überwindet. Kleist hat auch sonst die Verheißung der neuzeitlichen Liebesvorstellung beim Wort genommen, daß die Geschlechterliebe das einzige vertrauenswürdige, soziale Band sei in einer sonst von Selbstsucht, Konkurrenzverhältnissen und Feindschaften durchzogenen Welt.[44] Um das erneut zu erproben, hat er sich diesmal tief in die Situation des Rassengegensatzes eingelassen. – Zugleich dürfte ihn die Gustav-Figur, der Fremde zwischen den Kulturen, herausgefordert haben, den Gegensatz zwischen Schwarzen und Weißen zu einer eigenen, komplexen Strukturschicht seiner Novelle auszubauen, mit Sinn für erzählerische Effekte und Kenntnis zeitgenössischer Argumentationsmuster.

Die Forschung der letzten Jahre hat Wichtiges über diese Strukturschicht herausgefunden. Da ist die Plazierung der Geschichte in der Endphase der Haitianischen Revolution, als die Weltmacht Frankreich von aufständischen Schwarzen aus ihrer reichen Kolonie vertrieben wurde; Sigrid Weigel hat darauf hingewiesen, daß der Satz »als die Schwarzen die Weißen ermordeten« weniger als (schiefe) Realaussage über

---

44 So im ersten Band der *Erzählungen* in der *Marquise von O. . .* und im *Erdbeben in Chili.*

die Lage auf Haiti verstanden werden muß denn als Zitat aus dem »kollektiven Gedächtnis der Europäer«, das den Schock der Niederlage westlicher Zivilisation verarbeiten mußte.[45] Hansjakob Werlen hat zeitgenössische Positionen benannt, die sich der gleichen Argumente bedienten, wie Kleist sie dem Erzähler oder Gustav in den Mund legt.[46] Vor allem aber ist mehrfach herausgestellt worden, daß das »binäre Ordnungssystem«,[47] mit dem der Erzähler die Geschichte eröffnet, vom erzählten Stoff unterlaufen und konterkariert wird.[48] Kleists situatives Erzählen, das sich auf die reale Lage der von ihm geschilderten Personen einläßt, dekuvriert den Erzähler.

Auch Gustavs etwas differenziertere Urteile, deren Einräumungen doch nur die vorhandenen Herrschaftsverhältnisse absichern (14,33–15,7), werden durch den Kontext fragwürdig gemacht. Wenn er in einem Atem behauptet, daß die vielfachen Untaten der Weißen deren Recht auf Suprematie über die Schwarzen nicht schwäche, daß aber die Tat einer einzelnen Schwarzen jede »Rache des Himmels« legitimiere (15,5 vs. 16,1 ff.), dann richten sich solche

---

45 Weigel (Anm. 14), S. 204. Eine umfangreiche motivgeschichtliche Untersuchung: Beverly Harris-Schenz, *Black Images in Eighteenth-Century German Literature*, Stuttgart 1981 (ein kurzer Abriß: Beverly Harris-Schenz, »Der Sklave. Ein Bild des Schwarzen in der deutschen Literatur des 18. Jahrhunderts«, in: *Akten des VI. Internationalen Germanisten-Kongresses*, hrsg. von Heinz Rupp und Hans-Gert Roloff, Basel 1980, Bd. 3, S. 430–434); eine neuere, eindringliche Darstellung des publizistischen und literarischen Kolonialdiskurses: Zantop (Anm. 5).

46 Werlen (Anm. 16).

47 Ebd., S. 460.

48 So griff z. B. der so »furchtbare alte Neger« durchaus begründet, in Erinnerung an das ihm von den Weißen angetane Unrecht, zur Gewalt, auch hat er ein fast sentimental herzliches Verhältnis zu Toni, liebt seinen Sohn abgöttisch und hält sich an Verträge; Herr Villeneuve hingegen war (gegenüber Babekan) ein äußerst grausamer Herr: die »sechzig Peitschenhiebe«, die er ihr austeilen ließ (14,4), waren mehr, als der berüchtigte Code Noir an Höchststrafe vorsah.

Äußerungen durch ihr interessebegründetes Mißverhältnis selbst.[49]

So weit kann mit Recht davon gesprochen werden, daß Kleists Erzählung das eurozentrische Denken des Erzählers und Gustavs kritisiere, – ein Denken, das die Kategorie der Rassenzugehörigkeit benutzt, um kulturelle und politische Herrschaft durch moralische Urteile zu legitimieren, und das Kleist durch die Konfrontation mit der Wirklichkeit der dargestellten Menschen in seiner Unangemessenheit entlarvt.

Doch betrifft dies eher Randgebiete der Novelle, wenn auch kraß und aufwendig gestaltete. In ihrem Zentrum, der Liebesgeschichte, hingegen arbeitet eine Verknüpfung von Liebe und Rassendiskurs, die dichter und ungebrochener ist als alles, was ich bisher dargestellt habe. Die Liebe Tonis zu Gustav bedeutet den Übertritt einer Farbigen in die Welt der Weißen, und dieser Übertritt wird als Aufstieg präsentiert.[50] Tonis lange Ohnmacht in der Liebesnacht betont die Bedeutung des Wechsels; Tonis Selbstaussagen danach zeigen, daß sie ihn als einen Eintritt in eine bessere, höhere Welt versteht (23,3–24,7 und passim, bis 40,5 ff.). Gustav hatte ihr ohnehin die weiße und die schwarze Frau als Bilder des Guten und des Bösen angeboten.

Entscheidend aber ist, daß auch die immanente Wertskala der Erzählung diese Hierarchisierung bestätigt. Tonis Übertritt wird mit hohen Symbolen, Kreuz und Ringwechsel, ausgestattet (21,6 ff.; 44,17); die Rechtsvorstellungen, die sie nun gegenüber ihrer Mutter vertritt, sind die allgemeinen Menschenrechte der Aufklärung und der Französischen Revolution (23,3 ff.); in ihr erwacht ein Gewissen, dessen Stimme sie über ihr eigenes Glück stellt (30,27–31,2):

49 Obendrein dient Gustav die ganze Passage dazu, die »kurze Verlegenheit« wegzureden, in die er durch Babekans »erbitterte Rede« über das ihr von Herrn Bertrand angetane Unrecht versetzt worden war (14,10).
50 Dieser Gesichtspunkt steht im Mittelpunkt der Interpretationen von Uerlings (Anm. 15) und Werlen (Anm. 16).

im Menschenbild des 18. Jahrhunderts Inbegriff der autonomen Persönlichkeit; aus einer hordenähnlichen Sippengemeinschaft mit nur wenigen familialen Zügen heraustretend, in der kein Kind die gleichen Eltern hat, keines in einer legitimierten Beziehung lebt und sie selbst vaterlos bei ihrer Mutter aufgewachsen ist, wird Toni begrüßt von einer wohlgeordneten, juristisch wie emotional intakten europäischen Familie mit einem gegenwärtigen, mächtigen Familienoberhaupt und einem fernen, »ehrwürdigen« Gattenvater (21,19). Und als sei es damit noch nicht genug, wird diese Skala überlegener ›weißer‹ Wertvorstellungen, denen beizutreten die hellhäutige Toni für wert befunden wird,[51] auch noch ausdrücklich benannt: es war »ein menschliches Gefühl«, das sie »übernahm«[52], so daß sie Gustav um den Hals fiel und mit ihm zu schlafen bereit war (20,30 ff.). Dieses Gefühl kam nicht aus ihr selbst, sie folgte mit ihm nicht ihrer Natur, nein, es mußte erst »von manchen Seiten geweckt« werden (ebd.). Das Recht, als Mensch zu fühlen und zu handeln, das Toni nach ihrem Übertritt zu den Weißen jedem Menschen, unabhängig von seiner Nationalität zugesteht, ihr selbst wird es nicht zugestanden; in ihr hatte es nur geschlummert, aktualisiert wird es erst durch den Kontakt der Farbigen mit weißer Kultur.[53]

51 Tonis falsche Bezeichnung als »Mestize« (4,14; d. i. Mischling von Schwarzen und Indianern) dürfte als Bemühen zu deuten sein, die Dreiviertelweiße auf der Skala der Hautfarben zu situieren. Nicht nur Gustav, auch die Erzählung benutzt also diese Skala als Werteskala.

52 Das heute fremd klingende »übernahm« (vgl. auch 16,14 f.) ist im älteren Sinn von »überwältigen, übermannen« im 18. Jahrhundert gebräuchlich (*Grimms Wörterbuch*, Bd. 11, 1936, S. 437).

53 Um einem möglichen Einwand zu begegnen: Der Satz dürfte nicht der Figur des konservativen Erzählers zuzurechnen sein. Dessen vorschnelle Urteile werden von der Erzählung widerrufen; hingegen beruht auf der Vorstellung, daß die Geschlechterliebe ein zutiefst menschliches Gefühl, das menschliche Gefühl schlechthin sei, die gesamte Konstruktion der Erzählung. – Die aus dem Liebesdiskurs des 18. Jahrhunderts stammende Zentralstellung des Wertes »Liebe« wird von Kleist übernommen. Oft reduziert er die Darstellung der Liebe bis in die Sprachlosigkeit; daß er auch sie je ›dekonstruiere‹, sehe ich nicht.

Es muß nicht betont werden, daß diese Hierarchisierung der Kulturen nicht dem Autor Kleist und seiner Erzählung anzulasten ist, sondern daß darin die innere Widersprüchlichkeit eines europäischen Aufklärungsdiskurses wirksam ist, für den der universale Anspruch der Menschenrechte auf der Ausschließung derer beruht, die von der weißen Norm abweichen.[54] Die Logik der Konstruktion von Kleists Geschichte treibt diese Widersprüchlichkeit heraus. Als Erzählung von einer absoluten Liebe angesiedelt dort, wo schwarze Kolonialsklaven und weiße Herren sich begegnen, trägt sie die Wertskala europäischer Selbstverwirklichungs- und Humanitätsvorstellung in diesen Grenzstreifen hinein und setzt sie dort als Norm, die Allgemeingültigkeit beansprucht und eben damit Nicht-Weiße deklassiert.[55] Die eurozentrische Rassenhierarchie, die Kleists *Verlobung in St. Domingo* an ihren Rändern so überzogen gesetzt und so deutlich unterlaufen hatte, diese Hierarchie propagiert sie in ihrem Innern.

IV

Im Hinblick auf den Geschlechterdiskurs wie auf den Rassendiskurs des 18. Jahrhunderts hat sich gezeigt, daß Kleist den harten Kern beider Diskurse, die erhöhte Position des Mannes und des Europäers, in seiner Erzählung zugleich setzt und bricht (also auch setzt). Ich sehe keinen Grund, dieses widersprüchliche Verhältnis mit einem ästhetischen oder moralischen Programm der Dekonstruktion zu

54 Hierzu Werlen (Anm. 16), S. 459 f.
55 Noch einmal zum Vergleich *Penthesilea*. Auch dort die liebende, fremde Frau, fasziniert von der griechischen Zivilisation; aber als Frauen und als Menschen waren die Amazonen den Griechen und war Penthesilea dem Achill überlegen, und Penthesilea weigerte sich, zu den Griechen überzulaufen. Sie blieb Königin der Amazonen. Darin drückt sich m. E. nicht nur der Gattungsunterschied Königinnendrama vs. bürgerliche Prosa aus, sondern auch die härtere Struktur des Rassendiskurses gegenüber einem allgemeinen Zivilisationsdiskurs.

erklären, das Kleist in seinen Erzählungen realisiere.[56] Es scheint mir vielmehr eine Folge von Kleists Erzählweise zu sein, die gerade nicht an Programmen und Werten interessiert ist, sondern an der Bewährung von Personen in extremen Situationen. Kleist verfolgt im Erzählen das Handeln seiner Figuren mit großer Detailversessenheit durch alle Situationen hindurch, – bis sie ihr Begehren haben durchsetzen können, wie die Marquise von O… im fragilen Schluß ihrer Geschichte, oder bis sie scheitern, wie Toni, an den falschen Bildern in den Herzen der anderen und ihrer selbst. Im Zuge dieses Erzählweges enthüllt sich dann die Macht der Diskurse wie die Grenze, die sie gegebenenfalls an der Wirklichkeit des einzelnen Menschen finden.

So setzt Kleist in dieser Geschichte einer Liebesprobe den Rassengegensatz zur Instrumentierung ein; er soll die Liebe unter schwierigste Bedingungen stellen. Diesem Erzählzweck dient er in der Exposition: je krasser, desto besser.[57] Dann aber entwickelt das Erzählen seine eigene Dynamik: die Gegebenheiten der erzählten Personen machen sich geltend, und zugleich entfaltet der Rassendiskurs, als das Gesetz der Welt, in der die Geschichte spielt, eine eigene Dynamik. Das geschieht in drei weiteren Schritten. Schon bald entdeckt Kleists Erzählen (mögliche) wirkliche Bedingungen einer Farbigen-Existenz in Haiti und zeigt an ihnen die Unangemessenheit eines ›groben‹ rassistischen Denkens, wie es der Erzähler und Gustav vertreten: deren Urteile werden an Fakten aus Congo Hoangos und Babekans Leben zuschanden.[58] Doch der nun sich entwickelnden Situation: »farbige Frau liebt weißen Mann«, ist ein eigener eurozentrischer Diskurs immanent: Toni, Gustav *und* »die Er-

---

56 So z. B. Reuß (Anm. 4), Fischer (Anm. 5), Marx (Anm. 23).
57 Beispiele s. Anm. 21.
58 In diesen beiden Figuren ist das Leiden der Verschleppung und der Sklaverei präsent, also das den Schwarzen angetane Unrecht und damit die Begründung für ihren Aufstand. Es wird vom Erzähler und von Gustav heruntergespielt und von der Erzählung nicht betont; aber es wird nicht verschwiegen. Das ist nicht wenig.

zählung« interpretieren diese Situation als Übertritt in die ›höhere‹ weiße Kultur. Dagegen jedoch setzt Kleists Erzählen, in einer erneuten Wendung, die Wirklichkeit seiner Figur. Toni ist im Erzählen stark geworden. Für eine starke, und zumal für eine auch als »Mestizin« immer noch fremdartige Frau aber gibt es in weißen Erzählungen keinen Platz. Also muß sie sterben, und sie stirbt als Farbige – mit der beschriebenen Konsequenz, daß damit die weiße Welt ihre Macht beweist, aber gerade dadurch die von allen angestrebte Integration der Fremden in die europäische Familie scheitert.[59] Dramatik und Stil machen klar, daß hier der Angelpunkt der Erzählung liegt.

Kleists situatives Erzählen zeigt sich auf vielen Ebenen seiner Novellen. Es zeigt sich in ihrem Sprachstil,[60] es enthüllt die begrenzte Geltung des humanistischen Menschlichkeitsdiskurses,[61] es führt zu Inkohärenzen im Text: wichtiger als durchgehende Stimmigkeit ist dann die situative Bedeutsamkeit von Details.[62] Auch die auffallende

---

59 Die These, daß es die *Wirklichkeit* der Farbigen sei, die die eurozentristische Perspektive von Erzähler und Gustav widerlege, steht im Zentrum von Rey Fleming, »Race and Difference It Makes in Kleist's *Die Verlobung in St. Domingo*«, in: *German Quarterly* 65 (1992) S. 306–317: im Unterschied zu den entsprechenden Werken der Romantik marginalisiere Kleist nicht den Anderen, repräsentiert durch Farbige oder Frauen, sondern nehme ihn in seiner Andersheit wahr. – Das bestätigt der Vergleich mit der im 18. Jahrhundert verbreiteten Geschichte von Inkle und Yariko (Yariko ist eine *europaisierte* Farbige); vgl. dazu u. a. Uerlings (Anm. 15) und Zantop (Anm. 5).

60 Dazu Herrmann (Anm. 20).

61 Vgl. S. 130–133.

62 So wäre z. B. die Verwandlung der Gebäude auf Villeneuves Pflanzung zu erklären (s. o. bei Anm. 7): Hoango ist Herr der Pflanzung geworden, das Erzählen hat diesen Weg mitvollzogen und bebildert ihn; so wechselt die Nacht je nach Situation ihren Zustand (5,10 – 6,18 – 16,10 f.); da gibt es auch noch Entdeckungen zu machen, wenn die »Jünglinge«, die sich um Toni bemühen, plötzlich »die Freunde« sind (41,28 und 33), etc. – Handlungswichtige Details behandelt Kleist anders: die Pistolen werden schon 16,29 eingeführt, Gustavs Erinnerung an Mariane schon 6,37. – Eine weitere Variante zur Detailplazierung ist die explizite Bemühung des Zufalls: 32,37.

Funktion von Erzählstrategien hat hier ihren Grund. So scheut der Erzähler in der Exposition keine Übertreibung, um die Gefahr zu dramatisieren, in die Gustav gerät; so wechselt der Text ins poetisch-empfindsame Genre um einer Liebesszene willen, ohne Rücksicht auf die prosaischen Fensterläden[63]; und so greift er in das Arsenal romantischer Motive, um der Geschichte einen poetischen Abschluß zu geben: das gemeinsame Grab der Liebenden am Möwenweiher, die doch noch gewechselten Ringe, Gebete und »Wohnungen des ewigen Friedens« (44,14–19). Und dann, zu Haus in der Schweiz, das Denkmal für die beiden Liebenden.

»A monumental lie« hat Werlen dieses Abschlußbild genannt und zornig moniert, Kleists Geschichte lösche damit ihre eigenen zentralen Probleme aus, Rasse, Sexualität und Kultur.[64] Ich würde eher betonen, daß selbst die – unbezweifelbare – Re-Familiarisierung und Re-Europäisierung, die Kleist mit dem zweistufigen Schluß vornimmt, nicht ohne Brüche und Widersprüche ist. Die Aneignung der Frau aus der anderen Kultur durch die Welt der Europäer hat ihre Grenze. Toni bleibt in ihrem Land (die Strömlis hätten auch beider Asche mit nach Europa nehmen können), Gustav bleibt »der Fremde« und dort begraben, wo er umkam, im fernen Haiti. Nur ein »Denkmal« verweist in Europa auf die ferne Realität, – und dieses Denkmal ist ein schwacher, vergänglicher Zeiger, kein strahlendes Monument. »noch [...] 1807« war es »unter den Büschen« des Strömlischen Gartens (44,32) zu sehen. Nur vier Jahre liegt das Ende in Santo Domingo beim Erscheinen der Erzählung zurück, bestenfalls drei Jahre kann Strömli am Rigi wohnen – aber Kleist beschreibt das Denkmal, als erinnere es an eine lang zurückliegende Geschichte. Ein abschließendes, märchenhaftes »es war einmal«, das in deutlichem Kon-

---

63 Vgl. Anm. 33.
64 Werlen (Anm. 16), S. 469.

trast steht zum – wie wir wissen: auch nur vorgespiegelten – Wahrheitsanspruch des Anfangs (»wie jedermann weiß«).

Kleists Text läßt offen, wie dieser Schluß mit seinen vielen Widersprüchlichkeiten gedeutet werden soll. Ich interpretiere ihn poetologisch. Das im Medium des Rassen- und Geschlechterdiskurses durchgeführte Experiment ist zu Ende; der Erzähler hat seine tödlich ernst gemeinte Geschichte vorgetragen. Jetzt rückt er sie mit leichter Ironie in poetische Ferne und entläßt sein Publikum aus ihrem Bann.

Alle Novellen Kleists (bis auf den *Findling*) kennen eine solche Schlußwendung ins scheinbar Versöhnliche. Sie hebt den Ernst der Erzählung nicht auf. Sie erinnert aber daran, daß der Handlungsdramatiker und Sprachkünstler Kleist, bei allem Engagement an seine Personen und ihre Situationen, sich dessen sehr bewußt ist, was er hier tut: erzählen.

Literaturhinweise

Heinrich von Kleist: Die Verlobung in St. Domingo. In: Der Frei-
    müthige. Nr. 60–68. 25. März – 5. April 1811.
Heinrich von Kleist: Die Verlobung in St. Domingo. In: Erzählun-
    gen. Von Heinrich von Kleist. Zweiter Theil. Berlin: Realschul-
    buchhandlung, 1811. S. 1–85.

Angress, Ruth: Kleist's Treatment of Imperialism. *Die Herrmanns-
    schlacht* and *Die Verlobung in St. Domingo.* In: Monatshefte für
    deutschen Unterricht, deutsche Sprache und Literatur 69 (1977)
    S. 17–33. [Dt. Fass. in: Ruth Klüger: Katastrophen. Über deutsche
    Literatur. Göttingen 1994. S. 133–162.]
Buch, Hans-Christoph: Die Scheidung von San Domingo. Wie die
    Negersklaven von Haiti Robespierre beim Wort nahmen. Berlin
    1967.
Fink, Gonthier-Louis: Das Motiv der Rebellion in Kleists Werk im
    Spannungsfeld der Französischen Revolution und der Napoleo-
    nischen Kriege. In: Kleist-Jahrbuch (1988/89) S. 64–88.
Fischer, Bernd: *Die Verlobung in St. Domingo.* In: B. F.: Ironische
    Metaphysik. Die Erzählungen Heinrich von Kleists. München
    1988. S. 100–1129. [Zugleich in: Dirk Grathoff (Hrsg.): Heinrich
    von Kleist. Studien zu Werk und Wirkung. Opladen 1980. S. 248–
    262.]
Fleming, Rey: Race and Difference It Makes in Kleist's *Die Verlo-
    bung in St. Domingo.* In: German Quarterly 65 (1992) S. 306–
    317.
Gilman, Sander I.: Blackness without Blacks. Essays on the Image
    of the Black in German. Boston 1982.
Harris-Schenz, Beverly: Der Sklave. Ein Bild des Schwarzen in der
    deutschen Literatur des 18. Jahrhunderts. In: Akten des VI. Inter-
    nationalen Germanisten-Kongresses. Hrsg. von Heinz Rupp und
    Hans-Gert Roloff. Basel 1980. Bd. 3. S. 430–434.
– Black Images in Eighteenth-Century German Literature. Stutt-
    gart 1981.
Herrmann, Hans Peter: Zufall und Ich. Zum Begriff der Situation in
    den Novellen Heinrichs von Kleist. In: Heinrich von Kleist. Auf-
    sätze und Essays. Hrsg. von Walter Müller-Seidel. Darmstadt
    1967. (Wege der Forschung. 147.) S. 367–411. [Zuerst 1961.]
– Sprache und Liebe. Beobachtungen zu Kleists *Penthesilea.* In:

Heinrich von Kleist. Hrsg. von Heinz-Ludwig Arnold [u. a.] (Text + Kritik, Sd.-Bd.). München 1993. S. 26–48.

Horn, Peter: Hatte Kleist Rassenvorurteile? Eine kritische Auseinandersetzung mit der Literatur zur *Verlobung in St. Domingo*. In: P. H.: Heinrich von Kleists Erzählungen. Eine Einführung. Königstein i. Ts. 1978. S. 134–147. [Zuerst 1975.]

James, Cyral L. R.: Die schwarzen Jakobiner. Toussaint l'Ouverture und die Unabhängigkeitsrevolution in Haiti. Köln/Berlin 1984. [Zuerst New York 1938.]

Marx, Stephanie: *Die Verlobung in St. Domingo*. In: St. M.: Beispiele des Beispiellosen. Heinrich von Kleists Erzählungen ohne Moral. Würzburg 1994. S. 19–48.

Moser, Christian: Verfehlte Gefühle. Wissen, Begehren, Darstellen bei Kleist und Rousseau. Würzburg 1993.

Morrison, Toni: Playing in the Dark. Whiteness and the Literary Imagination. Cambridge (Mass.) / London 1992. [Dt. u. d. T.: Im Dunkeln spielen. Reinbek bei Hamburg 1995.]

Reuß, Roland: *Die Verlobung in St. Domingo* – eine Einführung in Kleists Erzählen. Basel / Frankfurt a. M. 1988. (Berliner Kleist-Blätter. 1.)

Said, Edward W.: Kultur und Imperialismus. Einbildungskraft und Politik im Zeitalter der Macht. Aus dem Amerik. von Hans Henschen. Frankfurt a. M. 1994.

Uerlings, Herbert: Preussen in Haiti? Zur interkulturellen Begegnung in Kleists *Verlobung in St. Domingo*. In: Kleist-Jahrbuch (1991) S. 185–201.

Weigel, Sigrid: Der Körper im Kreuzpunkt von Liebesgeschichte und Rassendiskurs in Kleists Erzählung *Die Verlobung in St. Domingo*. In: Kleist-Jahrbuch (1991) S. 202–217.

– »Ein neues Alphabet schreiben auf andre Leiber«. Fortschreibung und Umschrift tradierter Revolutionsmythen in den *Karibischen Geschichten* von Seghers, Buch und Müller. In: S. W.: Bilder des kulturellen Gedächtnisses. Beiträge zur Gegenwartsliteratur. Dülmen-Hiddingsel 1994. S. 163–177.

Werlen, Hansjakob: Seduction and Betrayel: Race and Gender in Kleist's *Verlobung in St. Domingo*. In: Monatshefte für deutschen Unterricht, deutsche Sprache und Literatur 84 (1992) S. 459–471.

Zantop, Susanne: Verlobung, Hochzeit und Scheidung in San Domingo: Die Haitianische Revolution in zeitgenössischer deutscher Literatur (1792–1817). In: Neue Welt / Dritte Welt. Interkulturelle Beziehungen Deutschlands zu Lateinamerika und der Karibik. Hrsg. von Sigrid Bauschinger und Susan L. Cocalis. Tübingen/Basel 1994. S. 29–52.

Zeller, Hans: Kleists Novellen vor dem Hintergrund der Erzählnormen. Nichterfüllte Voraussetzungen ihrer Interpretation. In: Kleist-Jahrbuch (1994) S. 83–103.

Das Bettelweib von Locarno

Von Ulrike Landfester

Am 11. Oktober 1810, im zehnten Blatt der von Heinrich von Kleist herausgegebenen *Berliner Abendblätter*, erscheint ein von ihm selbst verfaßter Text, der nicht nur seines Umfangs wegen aus dem Rahmen der bisher praktizierten Berichterstattung fällt: die Erzählung *Das Bettelweib von Locarno*, stofflich, wie Emil Staiger abschätzig befindet, »weiter nichts als eine Schauermär«[1], scheinbar ohne jenen Bezug zur Gegenwart, der für die journalistische Publikation kennzeichnend ist. Die von Staiger initiierte Tradition von primär mit der formalen Struktur der Erzählung befaßten Analysen[2] ist nur langsam von Versuchen abgelöst worden, auch deren Stoff schärfer in den Blick zu fassen,[3] und Stefanie Marx deutet sie 1994 erstmals auch in ihrer Beziehung zu anderen Texten der *Abendblätter*.[4] Vor dem Hintergrund von Kleists publizistischer Tätigkeit, die ihrerseits in den vergangenen Jahren zunehmend in den Fokus der

1 Emil Staiger, »Heinrich von Kleist, *Das Bettelweib von Locarno*. Zum Problem des dramatischen Stils« [1948], in: *Heinrich von Kleist. Aufsätze und Essays*, hrsg. von Walter Müller-Seidel, Darmstadt 1987 (Wege der Forschung, 147), S. 113–129, hier S. 129.

2 Vgl. dazu vor allem Jürgen Schröder, »*Das Bettelweib von Locarno*. Zum Gespenstischen in den Novellen Heinrich von Kleists«, in: *Germanisch-Romanische Monatsschrift* 17 (1967) S. 193–207; Hellmuth Himmel, »Musikalische Fugentechnik in Kleists *Bettelweib von Locarno*«, in: *Sprachkunst* 2 (1971) S. 188–210; Eckart Pastor / Robert Leroy, »Die Brüchigkeit als Erzählprinzip in Kleists *Bettelweib von Locarno*«, in: *Études germaniques* 34 (1979) S. 164–175.

3 So in jüngerer Zeit u. a. bei Bernd Fischer, *Ironische Metaphysik. Die Erzählungen Heinrich von Kleists*, München 1988, S. 84–90, und Gerhard Gönner, *Vom »zerspaltenen Herzen« und der »gebrechlichen Einrichtung der Welt«. Versuch einer Phänomenologie der Gewalt bei Kleist*, Stuttgart 1989, S. 50–53.

4 Stefanie Marx, *Beispiele des Beispiellosen. Heinrich von Kleists Erzählungen ohne Moral*, Würzburg 1994 (Epistemata. Würzburger wissenschaftliche Schriften, Reihe Literaturwissenschaft, 129), S. 49–65.

Forschung gerückt ist,[5] läßt sich die Erzählung nunmehr als ein Text lesen, der, weit davon entfernt, bloße »Schauermär« zu sein, vielmehr programmatisch mit einem für die Herausgabe und Textgestaltung der *Abendblätter* zentralen Problem befaßt ist, mit dem Verhältnis zwischen auf Objektivität verpflichteter Faktenkolportage und erzählerischer Sinnstiftung nämlich, das Kleist hier zweifach codiert: einmal als sozialkritisch deutbaren Konflikt zwischen Adel und Volk, zum anderen aber, diesem Konflikt polemisch verbunden, als das Dilemma seiner Erzählsprache zwischen der normativen Macht sprachlicher Artikulation und jenen »unartikulierte[n] Töne[n]«[6], die er wenige Jahre zuvor in dem Aufsatz *Über die allmähliche Verfertigung der Gedanken beim Reden* als Charakteristikum des schöpferischen Redeflusses angeführt hatte.

Diese Konfliktstruktur tritt bereits in der Bewegung hervor, in der Kleist den Text gewissermaßen zweifach beginnen läßt. Der Urszene der Handlung, der Begegnung zwischen Marchese und Bettelweib, ist die Urszene des Erzählens selbst vorgeschaltet, angelegt im Spannungsfeld zwischen fremdem Ort und vergangener Zeit auf der einen Seite – »Am Fuße der Alpen [...] befand sich ein altes [...] Schloß« (45,2 f.)[7] – und der von »Schutt und Trümmern« (45,5) gezeichneten Gegenwart auf der anderen, deren Ge-

---

5 Vgl. dazu vor allem Heinrich Aretz, *Heinrich von Kleist als Journalist. Untersuchungen zum »Phöbus«, zur »Germania« und den »Berliner Abendblättern«*, Stuttgart 1984; Frank Haase, *Kleists Nachrichtentechnik. Eine diskursanalytische Untersuchung*, Opladen 1986; Siegfried Schulz, *Heinrich von Kleist als politischer Publizist*, Frankfurt a. M. / Bern [u. a.] 1989 (Europäische Hochschulschriften, Reihe 1: Deutsche Sprache und Literatur, 1147).

6 Heinrich von Kleist, »Über die allmähliche Verfertigung der Gedanken beim Reden«, in: H. v. K., *Sämtliche Werke und Briefe*, hrsg. von Helmut Sembdner, München [9]1993 [hier und im folgenden zit. als: SW], Bd. 2, S. 319–324, hier S. 320.

7 Heinrich von Kleist, *Die Verlobung in St. Domingo, Das Bettelweib von Locarno, Der Findling, Erzählungen*, Anm. von Christine Ruhrberg, Stuttgart 1996 (Reclams Universal-Bibliothek, 8003), S. 45–48, hier und im folgenden mit unmittelbar im Text angeschlossenen Seiten- und Zeilenzahlen zitiert.

schichte es zu rekonstruieren gilt. Die Gebrochenheit der
»Trümmer«, an der das Erzählen entspringt, findet ihr Pendant in der knappen Schilderung eines zerbrechenden Körpers, mit der nunmehr die Handlung einsetzt: Die »alte
kranke Frau, die sich bettelnd vor der Türe eingefunden
hatte« (45,7 f.) und in einem der Zimmer des Schlosses »auf
Stroh, das man ihr unterschüttete, [...] von der Hausfrau
aus Mitleiden gebettet worden war« (45,6–9), wird von dem
in dieses Zimmer tretenden Marchese »unwillig« angewie-
sen, »sich hinter den Ofen zu verfügen« (45,12 f.), kommt
dem Befehl nach, »glitschte mit der Krücke auf dem glatten
Boden aus, und beschädigte sich, auf eine gefährliche Weise,
das Kreuz; dergestalt, daß sie zwar noch mit unsäglicher
Mühe aufstand und quer, wie es vorgeschrieben war, über
das Zimmer ging, hinter den Ofen aber, unter Stöhnen und
Ächzen, niedersank und verschied.« (45,14–20)

Die Affinität zwischen dem zerstörten Schloß, dessen
Reste »man jetzt [...] liegen sieht« (45,4 f.), und dem Nie-
dersinken der tödlich ›beschädigten‹ Bettlerin entbindet ein
dialektisches Spiel zwischen der Handlungsebene, auf der
nirgends explizit ein Kausalzusammenhang zwischen beidem hergestellt wird, und der poetologischen Selbstreflexion, in der in Kleists Text die Möglichkeiten und Grenzen sprachlicher Versinnlichung solchen Zusammenhanges
ausmißt.[8] Die Doppelung der Anfänge, die jeder für sich
Kleists »anthropologische[s] Modell vom mit einem ursprünglichen Schaden – vielleicht dem Erbschaden des Sündenfalls [...] – behafteten Anfang«[9] einlösen, öffnet die Er-

8 Vgl. dazu insgesamt Michael Wirth, *Heinrich von Kleist. Die Abkehr vom
Ursprung. Studien zu einer Poetik der verweigerten Kausalität*; Bern [u. a.]
1992 (Europäische Hochschulschriften, Reihe 1, Deutsche Sprache und Literatur, 1278).
9 Gerhard Neumann, »Das Stocken der Sprache und das Straucheln des Körpers. Umrisse von Kleists kultureller Anthropologie«, in: *Heinrich von
Kleist. Rechtsfall – Kriegsfall – Sündenfall*, hrsg. von Gerhard Neumann,
Freiburg i. Br. 1994 (Rombach Wissenschaft: Reihe Litterae, 20), S. 13–29,
hier S. 13.

zählung auf zwei mögliche Lektüren hin, die durch die suggestiv auf den Sündenfall verweisende Parallelisierung von Zerfall und Sturz untrennbar ineinander verschlungen sind. Von Handlung, Figurenkonstellation und Requisiten getragen, läßt die eine Lektüre ein konkret gegenwartsdiagnostisches Anliegen der *Abendblätter* ahnen; eingefaßt vom ausdrücklich markierten Einsatz des Erzählens jedoch, der, insofern ihm kein ebenso ausdrücklich markiertes Ende entspricht, immer auf das Erzählen selbst zurückverweist, fungiert diese Ebene des Textes letztlich als Inzitament und Trägermedium einer zweiten Schicht, in der Kleist dem Medium Zeitung die poetische Vision als Instrument auch und gerade journalistischer Wahrheitsfindung einschreibt.

Mit der Nennung des »Bettelweibes« spielt bereits der Titel der Erzählung auf einen aktuellen Sachverhalt an. Seit der Mitte des 18. Jahrhunderts war die Bevölkerungszahl in Preußen von 3,5 auf etwa 6,2 Millionen angewachsen, ohne daß die langsamere Steigerung der Rohstoffproduktion den volkswirtschaftlichen Bedarf zu decken vermochte. Zwischen 1801 und 1805 verschärften landwirtschaftliche Krisen das Elend des ohnehin von den Bedarfsdefiziten am stärksten betroffenen vierten Standes, und die 1807 begonnene preußische Wirtschaftsreform hob mit ihrer Agrar- und Gewerbegesetzgebung schließlich die traditionellen Formen der Subsistenzsicherung ersatzlos auf, darunter im Zuge der Bauernbefreiung die Fürsorgepflicht des Landadels für seine verarmten Untertanen. Die Auswirkungen dieser Reformpolitik spiegeln sich in den drei Figuren, die zu Beginn der Erzählhandlung aufeinandertreffen: Die Bettlerin gehört zu den Armen, die als Vagabunden zu überleben suchen, nachdem die Rechtsgrundlage ihres ständischen Versorgungsanspruches erloschen ist; die Armenpflege ist nunmehr ausschließlich Sache privater Wohltätigkeit, wie sie vom »Mitleiden« der Marquise als einer typischen adeligen »Hausfrau« inspiriert wird, während der Marchese, gekennzeichnet durch das Insignium feudalen

Jagdprivilegs, die »Büchse« (45,11), die Willkür des Befehls, der mittelbar den Tod der Bettlerin verursacht, nicht einmal reflektieren muß.[10]

Das Machtwort des Hausherrn und der Sturz der Bettlerin sind einander einzig in ihrer zeitlichen Abfolge klar zugeordnet und erfüllen so nicht den Tatbestand adäquater Kausalität, mit dem dieser Sturz eindeutig als Rechtsfall faßbar wäre. Entsprechend konstruiert der Text eine Symmetrie zwischen der weiteren Geschichte des Marchese und der des Bettelweibes,[11] an deren Achse der juristisch und politisch objektivierbare Schuldspruch vom unaufhaltsamen Vollzug des einem historischen Prozeß immanenten Gesetzes ersetzt wird: »Mehrere Jahre nachher« erweist sich, daß »Krieg und Mißwachs« (45,21 f.) nicht nur das Vagabundendasein des Bettelweibes bedingen, sondern auch den Marchese in den Sog einer Entwicklung geraten lassen, in deren Verlauf sich das ökonomische Prinzip des Landadels in den Ruin wirtschaftet; »bedenkliche Vermögensumstände« (45,22) machen die Assimilation feudaler Strukturen an die Geldwirtschaft der beginnenden Moderne notwendig, und der Marchese sieht sich gezwungen, den von seinen Untertanen durch Steuern und Abgaben finanzierten Besitz durch den »Handel« (45,25) mit einem vermögenden Städter, dem »florentinischen Ritter« (45,23), in Kapital zu verwandeln. Der ökonomische Anschluß des anachronistischen Erbbesitzstandes an die Gegenwart scheitert jedoch, als die zu Beginn der Handlung modellhaft verdichtete Fahrlässigkeit des Adels gegenüber denjenigen, die über Generationen hinweg seine Existenzgrundlage garantiert und nach den Reformen nicht einmal mehr Anspruch auf Versorgung hatten, als akustische Spur des Vergangenen ihr

10 Zu diesen Zusammenhängen vgl. Christoph Sachße / Florian Tennstedt, *Geschichte der Armenfürsorge in Deutschland. Vom Spätmittelalter bis zum Ersten Weltkrieg*, Stuttgart [u. a.] 1980, S. 181 ff.

11 Vgl. dazu Margarete Landwehr, »The Balancing Scales of Justice«, in: *Colloquia Germanica* 25 (1992) S. 255–274, bes. S. 261 ff.

Recht an eben dieser Gegenwart wahrnimmt. Unfähig, die
Ursache dieser Spur als Bestandteil der eigenen Geschichte
zu identifizieren, kann der Marchese der Wiederkehr des
Verdrängten nur mit den Waffen des gleich der Jagd dem
Adel vorbehaltenen Duells, »Degen und Pistolen« (47,16)
entgegentreten, um die entstandenen Gerüchte »mit einem entscheidenden Verfahren niederzuschlagen« (46,16 f.).
Noch nicht einmal aber, als er die Flamme der für dieses
Verfahren in das Spukzimmer mitgebrachten Kerzen zum
Inferno wahnsinniger Selbstzerstörung anfacht, gibt deren
Schein den Blick auf eine Substanz frei, über die entschieden
werden könnte. Erst die »weißen Gebeine« (48,9) des Marchese sammeln das Licht einer allerdings äußerst verhalten
lancierten Wahrheit auf sich: Seine verstreuten Knochen
werden »von den Landleuten zusammengetragen« (48,8)
und dort niedergelegt, wo eingangs die »alte kranke Frau
[. . .] gebettet worden war« (45,7–9); der vierte Stand selbst
vollzieht die Geste, die, sprachlich textfern wie das »Stöhnen und Ächzen« (passim) der Bettlerin, die Laute des
Spuks und die davon inspirierten Gerüchte, den Zusammenhang zwischen dem rechtlosen Elend der Armen und
dem Untergang des Landadels herstellt.

Der scheinbar »naive Gerechtigkeitsbegriff«[12], den diese
Geste manifest werden läßt, erweist sich in der selbst fast
gespenstisch anmutenden Folgerichtigkeit, mit der das Skelett des Marchese am Ende an den Ort zurückkehrt, von
dem aus das Bettelweib seine Bewegung durch den Text an-
getreten hatte, als Resultat einer hochkomplexen Erzählstrategie, die die Frage nach Recht und Unrecht der handelnden Figuren in die Frage nach der Schuldhaftigkeit von
Sprache schlechthin einmünden läßt. Das topographische
Gefüge, in dem der Text einer solchen Engführung von Ver-
geltung und Raumsemantik entgegendrängt, ist trotz der
Faktentreue simulierenden »protokollarische[n] Blässe«[13]

12 Fischer (Anm. 3), S. 85.
13 Schröder (Anm. 2), S. 194.

seiner Präsentation kein mimetisch erfaßbarer Ort, sondern vielmehr ein abstrakt zu denkender Sprachraum, in dem Kleist die Vorgaben seines eigenen Erzählens zugleich einholt und aufsprengt. Der Name »Locarno« situiert die Erzählung in Italien und damit in jenem Land, das Goethe in *Wilhelm Meisters Lehrjahre* als Ursprungsland der Naturpoesie schlechthin benannt und in diesem Sinne in die Kunstlehre der Romantik eingespeist hatte. Ebenfalls in Italien angesiedelt ist Horace Walpoles Gespensterroman *The Castle of Otranto* (1764), aus der Kleist sowohl die Figur des Marchese als auch das Motiv der Zerstörung des Schlosses entlehnt haben dürfte, ein Bezug, der schon durch die Übereinstimmung der Vokale von »Locarno« und »Otranto« angedeutet wird. Kleists Schloß jedoch ist nur mehr die fast zitathaft eingesetzte Staffage für einen erzählerischen Akt, der eine überaus straffe syntaktische Textorganisation scharf gegen die eigentümliche Unstimmigkeit der durch sie fingierten Realität abstechen läßt. Angefangen von der Kombination des italienischen »Marchese« mit der französischen »Marquise« bis zu den aus dem Feuer unglaubwürdig weiß hervorgehenden Gebeinen des ersteren[14] ist der Stoff der Erzählung so sehr von Brüchen durchsetzt, daß der endliche Zerfall des Schlosses nur mehr als deren logische Folge erscheint; ebenso konsequent, wie der Erzähler mit der Glättung dieser Brüche auch die explizite Verknüpfung des Spuks mit dem Tod der Bettlerin verweigert, ersetzt er die fehlerhafte Kulissenarchitektur des in den Blick genommenen Gebäudes durch eine »funktional in einem statisch-architektonischen Sinne«[15] angelegte fehlerfreie Sprachführung, die damit als eigentliches Raumwerk des Textes hervortritt.

In diesem Raumwerk erschließt Kleist mit dem Zimmer, in dem das Bettelweib stirbt, eine Bühne des Erzählens, die

---

14 Zu einer Auflistung der Brüche im fiktiven Handlungsraum der Erzählung vgl. Leroy/Pastor (Anm. 2).
15 Schröder (Anm. 2), S. 197.

– als Büchsenzimmer des Marchese, Lagerstätte der Bettlerin und Schlafraum des Ritters – den verschiedensten Funktionen dienstbar gemacht werden kann. Hier agieren mit den Protagonisten der Urszene zwei einander diametral entgegengesetzte Sprachfunktionen: Der Marchese ist als Repräsentant des Adelsstandes zugleich Repräsentant einer Definitionsmacht, die im Gestus des Befehls ihre reinste Form findet, während die Bettlerin auf der anderen Seite der Grenze steht, die die klassische Autonomieästhetik zwischen Sprachkunst und trivialer Lebensäußerung gezogen hat. Stumm, mit »unsäglicher Mühe«, bewegt sie sich »quer, wie es vorgeschrieben war« (45,17 f.), entlang dieser Grenze schweigend über die Bühne der Handlung, bis ihr Sturz mit den unverständlichen, qualvoll sich dem sterbenden Körper entringenden Lautzeichen ein Störgeräusch freisetzt, das, wie sich zeigt, dem Textraum nicht mehr auszutreiben ist. Das Bild, in dem Kleist diesen Einbruch des Unartikulierten in die Sprache seiner Erzählung faßt, ist das »Kreuz« der Bettlerin, das, als vitales Zentrum im Körper der durch Alter, Krankheit, Geschlecht[16] und sozialen Status deklassierten Frau benannt, neuerlich einen gedoppelten Anfang in den Text hineinholt: das Märtyrium Christi, das den Evangelien zufolge den Sündenfall der Genesis entsühnt und damit das Überleben der menschlichen Kultur sichert. »[A]uf eine gefährliche Weise« beschädigt (45,15 f.), verliert das Kreuz mit seiner versöhnenden Wirkung auch die Fähigkeit, das architektonische Gefüge, von dem der Text spricht, im Gleichgewicht zu halten. Der Tod der Bettlerin setzt die Erbsünde wieder in ihr Recht ein, und die Schnittstelle zwischen Subjekt und verbaler Gewalt, auf deren Funktionsfähigkeit die kulturstiftende Macht der dis-

---

16 Zur Deutung des Textes als Inszenierung eines Geschlechterkampfes vgl. Gerhard Schulz, »Kleists *Bettelweib von Locarno* – Eine Ehegeschichte?«, in: Jahrbuch der Deutschen Schillergesellschaft 18 (1974) S. 431–440, sowie Gero von Wilpert, »Der Ausrutscher des Bettelweibs von Locarno. ›Capriccio con fuoco‹«, in: Seminar 26 (1990) S. 283–293.

kursiven ›Vorschrift‹ schlechthin gründet, verschwindet, als
sei sie selbst spukhaft gewesen; keine der späteren akustischen Erscheinungen enthält auch nur mehr die Erinnerung
an den Fall des Bettelweibes, geschweige denn an die prä-
zise Natur ihrer tödlichen Verletzung.[17]

Durch die Aussparung erzeugt Kleist eine Leerstelle, die
dem Regelwerk der Erzählsprache die Aura einer dezen-
trisch gedachten poetischen Vision entgegensetzt. Seit 1799
hatte er in Briefen an die Stiefschwester Ulrike und später
an Wilhelmine von Zenge wiederholt von Gehörhalluzina-
tionen berichtet, an deren unkontrollierbarem Automatis-
mus für Kleist in existentieller Weise die Frage nach der
Tragfähigkeit von Kants Theorie eines integrativen, rational
strukturierten Selbstbewußtseins aufbrach.[18] Kleist beant-
wortete diese Frage schließlich, indem er, gegen Kant auf
der Annahme einer vom reflexiven Ich nicht einholbaren
Subjektivität insistierend, »die aus der transzendentalen
Apperzeption erwachsene Verunsicherung durch ein ästhe-
tisches Bewußtsein in den Griff zu bekommen [suchte], das
die auditiven Halluzinationen als Versinnlichung der mo-
ralisch-sittlichen Vernunft verstand«.[19] Wie das Kreuz im
Körper der Bettlerin, so bildet die spukhafte Wiederkehr
»unartikulierte[r] Töne« das vitale Zentrum im Sprachkör-
per eines Textes, der sich gerade in der Integration des Irrationalen als eigentliche »Werkstätte der Vernunft«[20] einsetzt.
Die Leerstelle, durch die die Urszene der Verknüpfung mit
ihrer akustischen Spur entzogen wird, ist Fluchtpunkt eines
Erzählens, das den Erbschaden der Gegenwart zu diagnostizieren vermag, indem es auf der impliziten Verweiskraft

17 Vgl. Kevin Hilliard, »›Rittergeschichte mit Gespenst‹: the narrative of the
   subconscious in Kleist's *Das Bettelweib von Locarno*«, in: German Life &
   Letters 44 (1990/91) S. 281–290.
18 Vgl. zu diesem Zusammenhang Haase (Anm. 5), S. 23–34, sowie zur sogenannten ›Kant-Krise‹ Dirk Grathoff, *Kleists Geheimnisse. Unbekannte
   Seiten einer Biographie*, Opladen 1993, S. 79–98.
19 Haase (Anm. 5), S. 32.
20 SW 2,320.

scheinbar unverbunden neben- und nacheinander dargebo-
tener Handlungselemente insistiert: »Die Reihen der Vorstellungen und ihrer Bezeichnungen«, so hatte Kleist dieses
Verfahren eines bei aller Strenge perfektionierter Diktion
mit visionärer Kraft begabten Erzählens beschrieben, »gehen neben einander fort, und die Gemütsakten für eins und
das andere, kongruieren. Die Sprache ist alsdann keine Fes-
sel, etwa wie ein Hemmschuh an dem Rade des Geistes,
sondern wie ein zweites [...] Rad an seiner Achse.«[21] Um
solcherart Schwungrad sein zu können, muß die Sprache
sich der semantischen zugunsten der rein syntaktischen Verknüpfung von Tatbeständen enthalten, vor allem, wenn sie
den Anforderungen zu genügen hat, die dem Medium Zeitung inhärent sind. Am Ende des Textes zur leuchtenden
Helligkeit eines zweifelsfrei sichtbaren Sachverhaltes geläu-
tert, sind die Gebeine des Marchese das Produkt eines Er-
zählverfahrens, das das geschilderte Geschehen buchstäblich auf das bloße Skelett einer Faktensammlung reduziert.
Gleich den Knochen des Toten aber deuten die einzelnen
Teile dieser Sammlung eine Beziehung zueinander an, die,
auf der Handlungsebene von den »Landleuten« realisiert,
poetologisch durch die Kohärenz der Erzählsprache ver-
bürgt wird, so daß die syntaktische Fügung des letzten Satzes der Bewegung entspricht, mit der die anthropomorphe
Form des Skeletts »zusammengetragen« und in der Gegenwart plaziert wird; »noch jetzt«, so schließt der Text mit einem fernen Echo auf die eingangs eingeführte Jetztzeitigkeit
der Schloßruine, liegt es »in dem Winkel des Zimmers, von
welchem er das Bettelweib von Locarno hatte aufstehen
heißen« (48,7–11).

In der Geschichte dieses Bettelweibes verschränken sich
Sozialkritik, literarische und journalistische Selbstreflexion
im Zeichen einer Wahrheitsermittlung, die Poesie und
Recht als aufeinander durchlässige Aspekte eines publizi-

21 SW 2,322.

stischen Modellfalls zusammenfügt. Als Angehörige einer
Volksgruppe, deren Armut ein konkretes politisches Problem darstellt, das von Kleist in Beziehung zur historischen Entwicklung Preußens gesetzt wird, verkörpert die
Bettlerin zugleich auch eine poetische Tradition, die, von
der klassischen Kunstlehre ignoriert, zum Bezugsrahmen
der Romantik gehört: jene mündlich tradierte Volkskunst
nämlich, die bereits Goethe und Herder mit der Nieder-
schrift erlauschter Liedtexte gefeiert hatten und die 1806
mit der von Clemens Brentano und Achim von Arnim –
beide Beiträger auch der *Abendblätter* – zusammengestell-
ten Sammlung *Des Knaben Wunderhorn* in den Kanon romantischer Literatur Eingang gefunden hatte. Schon Jahre
zuvor hatten auch die mit Brentano und Arnim befreunde-
ten Brüder Grimm damit begonnen, Liedgut – das schließlich in das *Wunderhorn* einging[22] – und Märchen zu archi-
vieren, um 1812 mit dem ersten Band ihrer *Kinder- und
Hausmärchen* die im Volk überlieferten Phantasien von einer Welt, die immer schon auch den Zauber des Irrationalen beherbergt, als »Dichtung« zu rehabilitieren, als Teil eines kulturellen Erbes, wovon bisher »selbst die Erinnerung
verloren war«.[23] 1817 sollte Brentano mit seiner *Geschichte
vom braven Kasperl und dem schönen Annerl* mit der Figur der alten Frau, deren Bericht der Erzähler mitzuschrei-
ben vorgibt, den Überlieferungsträgern solcher Volksdich-
tung ein literarisches Denkmal setzen, und noch 1844/45
beschwor seine Schwester Bettine von Arnim, Widmungs-
trägerin des ersten Bandes der *Kinder- und Hausmärchen*,
in den Erzählungen einer alten Bettlerin die Stimme der
Armut für den letzten Teil ihres sogenannten *Armenbu-
ches*, das den inzwischen zu einem ersten Höhepunkt ge-
langten Pauperismus in Zeitungsberichten und Armenlisten

22 Vgl. Wilhelm Schoof, *Zur Entstehungsgeschichte der Grimmschen Märchen*, Hamburg 1959, S. 11–38.
23 *Kinder- und Hausmärchen, gesammelt durch die Brüder Grimm*, 1. Bd.,
Berlin 1812, S. Vf.

statistisch dokumentieren sollte. In diesen Texten konkretisieren Brentano und besonders Bettine von Arnim, was Kleist 1810 im *Bettelweib von Locarno* nur andeutet: den gemeinsamen Quellgrund von Volkskunst und der Geschichte der Zeitung. Vom Tagesjournalismus des 18. Jahrhunderts reicht eine ununterbrochene Filiationslinie über die Flugblattpublizistik der frühen Neuzeit, die Aktuelles mehr der sensationellen Reize als einer abstrakten Geschehenslogik wegen kolportierte, zurück bis zur mündlichen Weitergabe von durch Lautmalerei, Reim und Melodie balladesk gebundenen Stoffen, in einen Horizont hinein, den sogar Staiger schon als relevant erspürt, wenn er den Erzähler des *Bettelweibes* als »Bänkelsänger«[24] bezeichnet. Von hier aus läßt sich die radikale Verdichtung der Erzählform, gemeinsam mit dem Verzicht auf die Rationalisierung des Geschehens zugunsten eines spektakulären Spukeffektes, als Rückgriff auf eine Vergangenheit bestimmen, in der Journalismus, mündlich übermittelte Volkspoesie und selbst das Gerücht, das im *Bettelweib* direkte Folge der akustischen Erscheinung ist, nicht getrennt voneinander gedacht werden konnten.

Das Trauma des beschädigten Anfanges codiert demnach einen doppelten Erinnerungsverlust: Die Unfähigkeit der Protagonisten, das anonyme Bettelweib zu erinnern und die von ihr hinterlassenen Lautzeichen der eigenen Geschichte zu integrieren, bedroht die historische Entwicklung der gegenwärtigen Welt, während die seit dem 17. Jahrhundert für das Medium Zeitung verbindliche Vorschrift rein faktenorientierter Berichterstattung das ursprüngliche Recht der Poesie am journalistischen Erzählen ausgrenzt. Das Anliegen der Erzählung, diesen Erinnerungsverlust zu überwinden, greift dabei weit über den Text selbst hinaus: Entspricht der Verweiskraft, die die Knochen des Marchese als zu einer gemeinsamen Form gehörig kenntlich macht, die

24 Staiger (Anm. 1), S. 129.

Verweiskraft der vom Erzähler angeführten Tatbestände, so läßt sich auch im Verhältnis zwischen dem *Bettelweib* und einer Reihe anderer Texte in den *Abendblättern* eine Bedeutung feststellen, kraft derer die Erzählung in ihrem publizistischen Kontext eine programmatische Funktion erfüllt. So berichtet der regelmäßig erscheinende *Polizei-Rapport* in auffälliger Häufung von meist gezielt angelegten Bränden in Berlin, in denen das organisierte Verbrechen als Symptom einer gefährdeten Gesellschaft zutage tritt;[25] vor allem aber nimmt Kleist in den ersten Blättern seiner Zeitung zwei Texte auf, die einen ähnlich spukhaften Gerechtigkeitsvollzug mitteilen wie denjenigen, den der Marchese im *Bettelweib* erleidet: einmal in der Rubrik *Tagesbegebenheiten* die Geschichte des Blitzschlages, die einen Arbeiter tötet, nachdem er einem anderen den schützenden Platz unter einem Baum verweigert hat,[26] und zum anderen die Anekdote *Der Griffel Gottes*, ebenfalls die Geschichte eines Blitzschlages, der auf dem Grabstein einer prunkvoll begrabenen Frau mit den Worten »*sie ist gerichtet!*« deren »bösartiges Leben« dem Vergessen entreißt.[27]

In solchen Texten spricht sich ein Wahrheitsbegehren aus, das die Möglichkeiten der von der Zeitung zu garantierenden Objektivierung überschreitet. Der Journalist Kleist kann, schon der rigorosen Zensur wegen, die Zusammenhänge zwischen aktueller Politik und ebenso aktuellen Übelständen wie dem beginnenden Pauperismus und der

25 Folgende Ausgaben berichten vor dem Erscheinen des *Bettelweibes* von derartigen Bränden: das Extrablatt zum 1. Blatt vom 1. Oktober 1810 enthält sechs Brandberichte (S. 5 f.), von denen einer im 2. Blatt vom 2. Oktober 1810 wieder aufgenommen wird (S. 9 f.), das 3. Blatt vom 3. Oktober 1810 (S. 14); das 6. Blatt vom 7. Oktober 1810 enthält unter einer Rubrik *Gerüchte* einen Kommentar zu der für einige der Brände verantwortlichen Bande (S. 26); das Extrablatt zum 8. Oktober 1810 gibt ausschließlich *Polizeiliche Tages-Mittheilungen* zu demselben Thema (S. 31 f.); ein weiteres *Stadt-Gerücht* dazu erscheint im 8. Blatt vom 9. Oktober 1810 (S. 34).

26 *Berliner Abendblätter*, 2. Blatt, Berlin, 2. Oktober 1810, S. 10.

27 *Berliner Abendblätter*, 5. Blatt, Berlin, 5. Oktober 1810, S. 21.

wachsenden Kriminalität so wenig explizit herstellen,[28] wie
das Genus der »Tagesbegebenheit« die verallgemeinernde
Darstellung des Irrationalen als einem nicht wegzudenken-
den Bestandteil kultureller Diskurse erlaubt. Um Wahrheitsbegehren und Vorschrift dennoch zu vermitteln, entwickelt Kleist die Strategie einer metonymisch angelegten
Sinnstiftung, deren Geschichte er im *Bettelweib von Locarno* gleichsam als Anweisung zu einer allmählichen Verfertigung der Gedanken beim Lesen bereitstellt – eine Strategie also, die, in der periodischen Wiederkehr der Erscheinung im doppelten Sinn von Veröffentlichung und Vision
angelegt, das Unternehmen der *Abendblätter* selbst charakterisiert.

28 Der Zensurkonflikt, in den Kleist wenig später wegen dem am 16. November 1810 in den *Abendblättern* erschienenen Aufsatz Adam Müllers *Vom
Nationalcredit* geriet, dokumentiert diese Einschränkung; Müller verlieh
darin einer tiefen, von Kleist offenkundig geteilten Skepsis gegenüber der
preußischen Finanzpolitik Ausdruck. Vgl. dazu auch Dirk Grathoff, »Die
Zensurkonflikte der *Berliner Abendblätter*. Zur Beziehung von Journalismus und Öffentlichkeit bei Heinrich von Kleist, in: *Ideologiekritische
Studien zur Literatur*, hrsg. von Klaus Peter und Dirk Grathoff, Frankfurt a. M. 1972, S. 135–168.

Literaturhinweise

Heinrich von Kleist: *Das Bettelweib von Locarno*. In: Berliner Abendblätter. 10. Blatt. 11. Oktober 1810. S. 39–42. Auch in: Berliner Abendblätter. Herausgegeben von Heinrich von Kleist. Faks.-Ausg. Hrsg. von Julius Petersen mit einem Nachw. von Georg Minde-Pouet. Leipzig 1925. [Photomech. Nachdr. dieser Ausg., mit Nachw. und Quellenregister von Helmut Sembdner, Stuttgart: Cotta, 1959.]

Heinrich von Kleist: Das Bettelweib von Locarno. In: Erzählungen. Von Heinrich von Kleist. Zweiter Theil. Berlin: Realschulbuchhandlung, 1811. S. 86–92.

Conrady, Karl Otto: Die Erzählweise Heinrich von Kleists. Untersuchungen und Interpretationen. Diss. Münster 1953. [Masch.]

Fischer, Bernd: Ironische Metaphysik. Die Erzählungen Heinrich von Kleists. München 1988.

Glenny, Robert E.: The Manipulation of Reality in Works by Heinrich von Kleist. New York / Bern [u. a.] 1987.

Gönner, Gerhard: Vom »zerspaltenen Herzen« und der »gebrechlichen Einrichtung der Welt«. Versuch einer Phänomenologie der Gewalt bei Kleist. Stuttgart 1989.

Grawe, Christian: Kleist, *Das Bettelweib von Locarno*: Eine Geschichte, die ›eines tieferen ideellen Gehalts entbehrt‹. In: C. G.: Sprache im Prosawerk. Bonn 1974. S. 89–97.

Hilliard, Kevin: »Rittergeschichte mit Gespenst«: the Narration of the Subconscious in Kleist's *Das Bettelweib von Locarno*. In: German Life & Letters 44 (1990/91) S. 281–290.

Himmel, Hellmuth: Musikalische Fugentechnik in Kleists *Bettelweib von Locarno*. In: Sprachkunst 2 (1971) S. 188–210.

Holz, Hans Heinz: Macht und Ohnmacht der Sprache. Untersuchungen zum Sprachverständnis und Stil Heinrich von Kleists. Frankfurt a. M. / Bonn 1962.

Horn, Peter: Heinrich von Kleists Erzählungen: Eine Einführung. Königstein i. Ts. 1978.

Kayser, Wolfgang: Kleist als Erzähler. In: W. K.: Die Vortragsreise. Studien zur Literatur. Bern 1958. S. 169–183.

Kraft, Helga: Erhörtes und Unerhörtes. Die Welt des Klanges bei Heinrich von Kleist. München 1976.

Landwehr, Margarete: The Balancing Scales of Justice. In: Colloquia Germanica 25 (1992) S. 255–274.

156   *Ulrike Landfester*

Marx, Stefanie: Beispiele des Beispiellosen. Heinrich von Kleists Er-
    zählungen ohne Moral. Würzburg 1994.
Pastor, Eckart / Leroy, Robert: Die Brüchigkeit als Erzählprinzip in
    Kleists *Bettelweib von Locarno*. In: Études germaniques 34
    (1979) S. 164–175.
Schröder, Jürgen: *Das Bettelweib von Locarno*. Zum Gespensti-
    schen in den Novellen Heinrich von Kleists. In: Germanisch-Ro-
    manische Monatsschrift 17 (1967) S. 193–207.
Schulz, Gerhard: Kleists *Bettelweib von Locarno* – Eine Ehe-
    geschichte? In: Jahrbuch der Deutschen Schillergesellschaft 18
    (1974) S. 431–440.
Staiger, Emil: Heinrich von Kleist, *Das Bettelweib von Locarno*.
    Zum Problem des dramatischen Stils [1948]. In: Heinrich von
    Kleist. Aufsätze und Essays. Hrsg. von Walter Müller-Seidel.
    Darmstadt 1987. (Wege der Forschung. 147.) S. 113–129.
Werlich, Egon: Kleists *Bettelweib von Locarno*. Versuch einer Auf-
    wertung des Gehalts. In: Wirkendes Wort 15 (1965) S. 239–257.
Wilpert, Gero von: Der Ausrutscher des Bettelweibs von Locarno.
    »Capriccio con fuoco«. In: Seminar 26 (1990) S. 283–293.
Wirth, Michael: Heinrich von Kleist. Die Abkehr vom Ursprung.
    Studien zu einer Poetik der verweigerten Kausalität. Bern [u. a.]
    1992.

Der Findling

Redlichkeit versus Verstellung –
oder zwei Arten, böse zu werden

Von Günter Oesterle

I

Wie keine andere Erzählung Kleists läßt sich *Der Findling*
explizit als Sequenz von »Vorfällen« lesen. Sieben Mal wird
dieser Begriff in der Erzählung als Gliederungsakzent verwendet (51, 52, 56, 57, 59, 66), nicht mitgerechnet der Gebrauch der verbalen Form, etwa bei der Frage: »was vorgefallen sei« (55,26).[1] Die zeitgenössische Konjunktur des
Wortes »Vorfall« ist in der Medizin, Kriminalistik und der
ihr nahestehenden Publizistik zu beobachten, und selbst-
redend ist dieser Begriff auch dem auf aktuelle Polizeinach-
richten bedachten Herausgeber der *Berliner Abendblätter*,
Heinrich von Kleist, geläufig.[2] Die Erzählung *Der Findling*
bestätigt den »wenigstens in älterer Sprache« bezeugten
sprachgeschichtlichen Befund, daß »Vorfall« sich leichter
»mit einem ungünstigen als günstigen« Ausgang verbinde.[3]

Nach den Wörterbüchern von Adelung, Campe und später auch der Grimms ist der »Vorfall« erst gegen Ende des

1 Textzitate erfolgen mit Seiten- und Zeilenzahl nach der Ausgabe: Heinrich
von Kleist, *Die Verlobung in St. Domingo, Das Bettelweib von Locarno,
Der Findling, Erzählungen*, Anm. von Christine Ruhrberg, Stuttgart 1996
(Reclams Universal-Bibliothek, 8003).
2 Ein Blick in die von Karl Philipp Moritz herausgegebene *Erfahrungsseelen-
kunde* oder die Schriften Georg Forsters kann diesen Befund bestätigen.
Vgl. auch Kleists aktuelle Notiz unter der Überschrift »Tragische Vorfälle«,
in: *Berliner Abendblätter*, hrsg. von Heinrich von Kleist (21. März 1811),
Stuttgart 1980, S. 272 (Nachdr.).
3 Jacob und Wilhelm Grimm, »Vorfall«, in: J. und W. G., *Deutsches Wörterbuch*, Bd. 26, München 1984, S. 1011 f.

18. Jahrhunderts in die Bedeutungsrichtung einer »unvermuteten Begebenheit« gelenkt worden.[4] Diese sprachliche Präzisierung gibt Anlaß, den Begriff im Kontext der sich damals neu konstituierenden Gattung Novelle zu situieren und ins Umfeld von Goethes sehr viel späterem Versuch einer Novellenbestimmung mit der Formel »unerhörte Begebenheit« zu stellen.[5] Das liegt um so näher, weil man, nach Campe, »bei dem Vorfalle [...] vorzüglich auf die Folgen der Begebenheit« zu achten habe,[6] was wiederum mit Bouterweks und später Grillparzers Novellendefinition aufs Genaueste korrespondiert.[7]

Bekanntlich neigen romantische Schriftsteller dazu, die ehemals plastische Bedeutung der Wörter zu reanimieren. Vergleichbares läßt sich auch in Kleists Erzählung Der Findling beobachten. Der Erzähleinsatz stellt eine buchstäbliche, konkrete Umsetzung der in Adelungs Wörterbuch vorgetragenen Begriffsexplikation vor. Danach ist ein »Vorfall« »gleichsam etwas, was uns unvermuthet in den Weg fällt«.[8] Entsprechend fällt dem aus der Gefahrenzone abreisenden Handlungsreisenden Piachi unversehens und überraschend der von einer pestartigen Krankheit befallene Findling Nicolo in den Weg. Es ließe sich ein Sprachbaum aufzeichnen, der aus Adelungs Bestimmungsstücken von »Vorfall«, also aus den »kleinen, unerheblichen« und »unvermuteten Begebenheiten« die Genese einer Katastrophe narrativ rekonstruierte.[9] Zum Beweis für das Kleine und

4 [Johann Christoph Adelung], Versuch eines vollständigen grammatisch-kritischen Wörterbuches der hochdeutschen Mundart mit beständiger Vergleichung der übrigen Mundarten, Tl. 4, Leipzig 1780, Sp. 1651.

5 Johann Peter Eckermann, Gespräche mit Goethe in den letzten Jahren seines Lebens, hrsg. von Heinz Schlaffer, München 1996 (Münchener Ausgabe), Bd. 19, S. 203.

6 Joachim Heinrich Campe (Hrsg.), Wörterbuch der deutschen Sprache, Braunschweig 1811, Sp. 472.

7 Vgl. Arnold Hirsch, Der Gattungsbegriff ›Novelle‹, Berlin 1928, S. 30.

8 Adelung (Anm. 4), S. 1651.

9 Ebd.

Unerhebliche menschlicher Vorfälle bemüht Adelung nämlich die Vergleichsgröße Gottes: »Ist wohl ein Vorfall in der
Welt, welcher nicht in Ansehung Gottes für nichts zu rechnen sei?«.[10] Die narrative Experimentalanordnung *Findling*
demonstriert hingegen, daß sich aus scheinbar kleinen, unerheblichen Begebenheiten unter bestimmten Umständen
fatale, die soziale und göttliche Ordnung ausrenkenden
Folgen ergeben können.

II

Als Untertitel des *Findlings* könnte man mit einiger
Berechtigung wählen: Ein Kaufmann verrechnet sich.
Freilich auch dies bedürfte einer Korrektur, denn *die*
unvermutete, alles in Gang setzende Begebenheit, die mit-
leidige Aufnahme des kranken Jünglings durch einen
»Güterhändler« namens Piachi (49,2) geschieht unter
Ausklammerung jeglichen »kaufmännischen Interesses«
(49,17 f.). Vergegenwärtigen wir den Dreischritt zu Beginn der Erzählung. Piachi unterbricht nach Bekanntwer-
den einer pestartigen Krankheit aus Sorge für seinen ihn
begleitenden elfjährigen Sohn seine Reise; er stellt »alles
kaufmännische Interesse« hintan. Das Überraschende des
Erzählbeginns ist freilich, daß Piachi diese väterliche Für-
sorge nicht konsequent beibehält. Er reist zwar aus dem
Krisengebiet ab und weist auch das für ihn und seinen
Sohn lebensgefährliche Ansinnen eines erkrankten jungen
Bittstellers zunächst vehement ab. Aus zunächst unerklärlichen Gründen hält er diese Erstreaktion der Abwehr
nicht bei, sondern nimmt in einer ebenso spontanen wie
ohne Überlegung vorgenommenen Hilfe den kranken
Knaben aus Mitleid in die Kutsche auf. Die empfindsame,
die Rousseausche Lehre beherzigende Tat, »Leidenden

10 Ebd.

ohne Überlegung Hilfe zu leisten«,[11] ist genauso frei von
kaufmännischem Kalkül wie das zweite Risiko, später den
Findling an Stelle seines inzwischen verstorbenen Sohnes in
»große(r) Bewegung« (50,33) in seinen Wagen zu heben.
Dieses zweite Risiko kompensiert zwar faktisch den Schaden des ersten, geschieht aber blind und unbesehen in pa-
thetischer Bewegung.

»Erst« nach vollbrachter Entscheidung, schon »auf der
Straße, vor den Toren der Stadt« sieht »sich der Landmäkler
[...] an« (50,37), was er sich da eingekauft hat. Er sieht
einen wort- und bewegungskargen »steif(en)«, (51,19)
nüsseknackenden Nicolo, was nicht so ganz mit dessen anfänglich expressiver Gestik zusammenstimmen will. Auch
wenn man Kleists beziehungsreiche Namensgebungen
nicht kennt, ist man hier verführt, an eine eigenwillige
Umdeutung der »Legende von dem geraubten, aber durch
des heiligen Nikolaus Hilfe den Eltern wiedergeschenkten
Sohn« zu denken.[12] Immerhin scheint Nikolaus, der Patron
aller Kaufleute und Reisenden,[13] auf den Findling abgefärbt
zu haben, denn in Rom stellt sich nach und nach heraus, daß
Nicolo ein hervorragend geeigneter Geschäftsmann und
potentieller Nachfolger ist. Erst jetzt taucht im Text die
kaufmännische Gleichung von Geld und Liebe explizit auf,
wenn es etwa in metaphorischer Wendung heißt: Piachi
habe »auf eine leicht begreifliche Weise, den Jungen in dem
Maße lieb gewonnen, als er ihm teuer zu stehen gekommen

---

11 Jean-Jacques Rousseau, »Abhandlung über den Ursprung und die Grundlagen der Ungleichheit unter den Menschen«, in: J.-J. R., *Schriften*, hrsg.
   von Henning Ritter, München 1978, S. 221. Vgl. Rudolf Behrens, »*Der
   Findling*. Heinrich von Kleists Erzählung des infortunes de la vertu
   im Spannungsfeld zwischen Helvetius und Rousseau«, in: *Romanische
   Literaturbeziehungen im 19. und 20. Jahrhundert*, hrsg. von Angel San
   Miguel [u. a.], Tübingen 1985, S. 16.
12 Hanns Bächthold-Stäubli (Hrsg.), *Handwörterbuch des Aberglaubens*,
   Bd. 4, Berlin 1934/35, Sp. 1088.
13 Ebd.

war« (51,24–26). Mit der schnell erfolgten Adoption scheint
das so abrupt aufgetretene Übel ausgestanden zu sein. Und
doch bleibt ein »Risikoverteilungsrisiko« übrig![14] In einem
einzigen Satz kommen die beiden »gefährlichen Felde(r)«
(52,13) geschlechtsspezifisch verteilt als Sorgen von Adoptivvater und -mutter zur Sprache: »Nichts hatte der Vater,
der ein geschworner Feind aller Bigotterie war, an ihm aus-
zusetzen, als den Umgang mit den Mönchen des Karmeli-
terklosters [. . .]; und nichts ihrerseits die Mutter, als einen
früh, wie es ihr schien, in der Brust desselben sich regenden
Hang für das weibliche Geschlecht« (51,35–52,6). Wenigstens für das »letzte Übel« (52,17) schien es jedoch ein Heilmittel zu geben. Ganz im Sinne aufklärerischer Philosophie, Medizin und Pädagogik, nach der »der Ehestand
zu seinem Zwecke die Tilgung der Geilheit durch den
Beyschlaf habe«[15], wird der triebstarke Nicolo in seinem
zwanzigsten Lebensjahr der Nichte seiner Adoptivmutter
mit dem sprechenden Namen Constanza angetraut (52).
Schlußstein dieser Integrationspolitik, die mit der Adoption
begann und mit der Einheirat in die Familie fortgesetzt
wurde, ist schließlich der größte Vertrauens-»Beweis«
(52,19). Es ist, wie sich herausstellen wird, »die riskanteste
Vorleistung« Piachis für die Zukunft.[16]

Die Übertragung seines »ganze(n) Vermögen(s), das seinem Güterhandel zum Grunde lag« (52,26 f.) wird nachdrücklich, als »das Letzte und Äußerste« (52,23 f.) bezeichnet, was der Kaufmann Piachi für den Findling tun konnte.
Sie stellt einen »Beweis« vollständigen Vertrauens in einer
Situation dar, in der eine ursprünglich fraglose Vertrautheit
wie beim eigenen Sohn, nicht existiert und die »Grenze zum

14 Niklas Luhmann, *Soziologie des Risikos*, Berlin 1991, S. 39.
15 Christian Wolff, *Vernünftige Gedanken. Von dem Gebrauche der Theile in Menschen, Thieren und Pflantzen*, Frankfurt a. M. 1725, S. 504. Vgl. Christoph Wilhelm Hufeland, *Makrobiotik oder die Kunst, das menschliche Leben zu verlängern*, Frankfurt a. M., 1984, S. 121 f.
16 Luhmann (Anm. 14), S. 50 und 80.

Unvertrauten und daher zum Fremden« nicht mehr gewährleistet ist.[17]

Der hier entworfene ethische Orientierungsrahmen aufklärerischer Klugheits-Philosophie und »Privat-Politik« ist offensichtlich. An die Stelle von »Bigotterie« (51,36) und Verstellung, die Piachi verabscheut (51), tritt eine in den »moralischen Wochenschriften« propagierte *Redlichkeit*.[18] Der »Alte«, Piachi, (57,20) wird ausdrücklich mit diesem Epitheton charakterisiert. Die Redlichkeitshaltung ist ein Versuch, »Übel« durch »feste Grundsätze«, d. h. durch juristische, familiäre und finanzielle Integration und Anerkennung zu bannen. Sie gedenkt, eine unsichere Aussicht in eine erhoffbare Erwartung verwandeln zu können. An die Stelle der auf Simulation und Dissimulation ausgerichteten höfischen Klugheitslehren des 17. Jahrhunderts und ihrer Ausforschungstechnik tritt eine »Aufrichtigkeitsunterstellung« und ein »Vertrauensvorschuß, der auf einer interpersonalen Wechselseitigkeit basiert«.[19] Die am Hofe geübte, affekthermeneutische Überraschungsstrategie des »simulierenden Gegenüber« wird abgelöst von einer aufgeklärten, »durch die Tugendlehre revidierten« Klugheitslehre mit einem »verinnerlichten Ehrkonzept« und dem »Affektziel einer anhaltenden Gemütsruhe«.[20] Im Sinne dieses »freundschaftlich-kommunikativen Konzepts« von ›Ruhe und Zufriedenheit‹[21] heißt es zum Abschluß des ersten Abschnitts der Novelle: »beide Eltern vereinigten sich in der Zufrie-

---

17 Niklas Luhmann, *Vertrauen. Ein Mechanismus der Reduktion sozialer Komplexität*, Stuttgart 1989, S. 21.

18 Ute Schneider, *Der moralische Charakter. Ein Mittel aufklärerischer Menschendarstellung in den frühen deutschen Wochenschriften*, Stuttgart 1976.

19 Rüdiger Campe, *Affekt und Ausdruck. Zur Umwandlung der literarischen Rede im 17. und 18. Jahrhundert*, Tübingen 1990, S. 454.

20 Thomas Rahn, »Psychologie des Zeremoniells. Affekttheorie und Pragmatik in der Zeremoniellwissenschaft des 18. Jahrhunderts«, in: *Zeremoniell als höfische Ästhetik in Spätmittelalter und Früher Neuzeit*, hrsg. von Jörg Jochen Berns und Thomas Rahn, Tübingen 1995, S. 96 f.

21 Martin Disselkamp, *Die Stadt der Gelehrten. Studien zu Johann Joachim Winckelmanns Briefen aus Rom*, Tübingen 1993, S. 214 f.

denheit mit ihm, und um ihm davon einen Beweis zu geben, ward ihm eine glänzende Ausstattung zuteil« (52,18–20).

Der erste »Vorfall« und seine Folgeproblematik demonstriert die Aporie der Welthaltung aufklärerischer Redlichkeit.[22] Sie speist sich aus einer alle Klugheitslehren und kaufmännischen Interessen außer Kraft setzenden Unmittelbarkeit von Gefühl und Mitleid. Aus dem erschütternden Vorfall folgt eine Serie an Vorgaben, die durch nichts als Redlichkeit, Gutgläubigkeit und Vertrauen gedeckt sind. Die »kalkulierte Restrisikoverteilungsstrategie«[23] aber gipfelt im höchsten Risiko des Bürgers, im Wagnis, sein Vermögen schon zu Lebzeiten zu vererben.

Schon der mit literarischen Gattungsvorgaben kühn operierende Erzähleinsatz im *Findling* zeugt von der narrativ zur Verhandlung anstehenden Konstellation: Redlichkeit versus Verstellung. Die Novelle beginnt mit einem intertextuellen Wagnis: die Grundfigur der Novellengattung Boccaccios, die Flucht vor der Pest, wird aufgegriffen und mit der Grundfigur des empfindsamen Romans, der Begegnung eines mildtätigen Spenders mit einem Bettler auf extravagante Weise kombiniert.

III

Bis Mitte der siebziger Jahre überwog in der Forschung zu Kleists *Der Findling* die moralische Wertung. Sie war eindeutig und folgte der Erzählerperspektive. Auf der einen Seite befanden sich der »redliche« (57,31) »Güterhändler« Piachi und seine »treffliche« Frau Elvire (51,15), auf der anderen Seite der »höllische Bösewicht« (66,18) Nicolo oder, wie ihn Thomas Mann kennzeichnete, der »schurkische Ad-

22 Diese Welthaltung aufklärerischer Redlichkeit ist keineswegs »restaurativ« oder als »konventionelle Moral« zu beschreiben, wie es unhistorisch verfahrende Interpretationen zu behaupten pflegen, z. B. Konrad Dietzfalbinger, *Familie bei Kleist*, Diss. München 1979 (Masch.), S. 335 f.
23 Luhmann (Anm. 14), S. 39.

optivsohn«.[24] Spätestens mit der bahnbrechenden Studie
von Jürgen Schröder von 1985[25] setzte sich eine Umkehrung
von Wertung und Perspektive durch: Eine »extrem kommu-
nikationsgestörte«[26], emotional ausgekühlte Familienbe-
ziehung, in der der Adoptivvater als »unumschränkte(r)
moralischer Zuchtmeister« regiere[27] und die Adoptivmutter
»permanenten seelischen Ehebruch« begehe, treibe den
»Armen« (gemeint ist der Adoptivsohn Nicolo) »regelrecht
in (das) Schlafzimmer« seiner jungen Adoptivmutter.[28] An
die Stelle moralischer Kriterien tritt nun ein familien-psy-
chologisches Bewertungsschema.[29] Das Verhalten des Ad-
optivsohns erklärt sich danach aus den Verhältnissen einer
»unnatürlichen Familie«.[30]

Nicolo suche vergeblich »das Rätsel seiner Identität« zu
lösen.[31] So erhellend Schröders Rekonstruktion der in die
Erzählung eingelagerten ökonomischen, pädagogischen,
theologischen und physikalischen Diskurse ist, so treffend
die Demonstration einer radikalen Umpolung alter literarischer Schemata durch Kleist (hier etwa der vorgegebenen

24 Thomas Mann, Heinrich von Kleist und seine Erzählungen, in: *Schriften und Reden zur Literatur, Kunst und Philosophie*, Bd. 3, Frankfurt a. M. 1968, S. 307.
25 Jürgen Schröder, »Kleists Novelle *Der Findling*. Ein Plädoyer für Nicolo«,
in: *Kleist-Jahrbuch* (1985) S. 109–127. Vgl. als frühen Versuch einer Um-
wertung: Manfred Durzak, »Zur utopischen Funktion des Kindesbildes in
Kleists Erzählungen«, in: *Colloquia Germanica* 3 (1969) S. 111–129.
26 Ebd., S. 114.
27 Ebd., S. 113.
28 Ebd.
29 Ich nenne nur einige der familienpsychologisch ausgerichteten Analysen:
Rolf Dürst, *Heinrich von Kleist. Dichter zwischen Ursprung und Endzeit.
Kleists Werk im Lichte idealistischer Eschatologie*, Bern 1965, S. 72; Beate
Beckmann, *Kleists Bewußtseinskritik. Eine Untersuchung der Erzählformen seiner Novellen*, Bern 1978, S. 111; Eva-Maria Anker-Mader, *Kleists
Familienmodelle im Spannungsfeld zwischen Krise und Persistanz*,
München 1992, S. 60 f.; Günter Blamberger, »Aggression und Autonomie.
Familienkonflikte bei Heinrich von Kleist«, in: *Der Deutschunterricht* 1
(1994) S. 41–44.
30 Schröder (Anm. 25), S. 114.
31 Ebd., S. 115.

Dreiecksgeschichte) zu lesen ist, so problematisch, weil unhistorisch bleiben gleichwohl die Ergebnisse einer existen-
tialistisch identitätsorientierten Forschung.[32] »Die Welt« ist
in der Erzählung *Der Findling* nicht einfach universell eine
»aus den Fugen« geratene[33], sondern, so die hier vorge-
stellte These, Kleists *Findling* ist ideengeschichtlich in den
Rahmen einer Debatte um das von Immanuel Kant behauptete »radikal Böse« des Menschen zu stellen[34] und sozialge-
schichtlich in einer brisanten Konstellation unterschied-
licher Lebenshaltungen nach 1800 anzusiedeln.[35]

Am *Findling* ist die von der Aufklärung geprägte und in
Kants Moralphilosophie gipfelnde Welthaltung der Redlichkeit mit der Überlebens- und Aufstiegsmimikry eines

---

32 Das existentialistische Moment der Deutung zeigt sich am deutlichsten am
Ende der Interpretation Schröders, in der Kleists »Findlings- und Fremd-
lingserfahrung« mit seinem literarischen Produkt in eins gesetzt wird: Im
Findling habe »Kleist die Geschichte seiner Seele so weit veräußert und
verfremdet wie nirgends sonst«. Vgl. Schröder (Anm. 25), S. 124.

33 Ebd., S. 113.

34 Für den auffälligen Befund, daß, trotz der von Kleist im Brief aus Paris
vom 15./16. August 1801 gestellten Frage »Was ist böse?« die Forschung
den Bezug zu der von Kant initiierten Debatte *Über das radikale Böse in
der menschlichen Natur* nicht hergestellt hat, lassen sich zwei Gründe nennen. Zum einen dürfte die unhistorische Reduktion der älteren Forschung
auf »gewisse Grundformeln eines weltanschaulichen Mythos« (wie Erna
Moore es 1974 zusammenfaßte) vom »Einbruch des Urbösen« (Pongs)
oder von der »Seinsfinsternis« (Blöcker), die Perspektive auf die zeitgenössische, zwischen Philosophie, Ethik und Theologie geführte kontroverse
Debatte verstellt haben; zum anderen dürfte die Eingrenzung der sogenannten Kantkrise auf die erkenntnistheoretische Problemstellung die für
Kleist und die meisten romantischen Schriftsteller nicht weniger brisanten
Fragen der Kantschen Moralphilosophie in den Hintergrund gedrängt ha-
ben. Vgl. Erna Moore, »Heinrich von Kleists *Findling*. Psychologie des
Verhängnisses«, in: *Colloquia Germanica* (1969) S. 275; Hermann Pongs,
Das Bild in der Dichtung. Voruntersuchungen zum Symbol, Neuaufl. Mar-
burg 1963, S. 154; Günter Blöcker, *Heinrich von Kleist oder das absolute
Ich*, Berlin 1960.

35 Zu der Problematik, daß mit dem letzten Drittel des 18. Jahrhunderts Wai-
senkinder als Arbeitskraft in bürgerliche Familien aufgenommen werden,
vgl. Herwig Blankertz, *Geschichte der Pädagogik von der Aufklärung bis
zur Gegenwart*, Wetzlar 1982.

»underdog« aus dem »gemeinen Volk« konfrontiert, wie sie
sehr viel später Nietzsche in seiner Schrift »Fröhliche Wissenschaft« reflektiert hat.[36] Solange die Kunst der Verstellung eine höfische war und damit für den Bürger extern
blieb, irritierte sie ihn nur wenig. Als aber die Kunst der
Simulation und Dissimulation eine Strategie des »gemeinen
Volkes« wurde und ins Innere des bürgerlichen Lebens vor-
drang, war die prekäre Balance bürgerlicher Redlichkeit,
bestehend aus Offenherzigkeit, Tugend und kalkulierter
Klugheit, zutiefst gefährdet.[37] Statt der »Plädoyers« für Nicolo oder die Adoptiveltern bedarf es poetologischer und
philosophiehistorischer Analysen. In der Erzählung *Der
Findling* wird die Genese des »satanischen Plan(s)« Nicolos
(64,26) aus »kleinen« und »unerheblichen Begebenheiten«
nuanciert hergeleitet und nicht aus einer desolaten »kom-
munikationsgestörten Kleinfamilie«. Das abrupt veränderte
Verhalten des Findlings nach seinem Einstieg in den Wagen
von der zunächst ausdrucksreichen Gestik des Flehens und
Glückliche-Reise-Wünschens zu einem wortkargen und
steifen Habitus, insbesondere aber sein im Volksglauben
mit Erotik und Teuflischem in Zusammenhang gebrachtes
Nüsseknacken[38] ausgerechnet angesichts des empfindsam

36 Friedrich Nietzsche, »Die fröhliche Wissenschaft«, in: F. N., *Werke in drei
    Bänden*, hrsg. von Karl Schlechta, Bd. 2, Frankfurt a. M., 1969, S. 508 f. Vgl.
    Ursula Geitner, *Die Sprache der Verstellung. Studien zum rhetorischen und
    anthropologischen Wissen im 17. und 18. Jahrhundert*, Tübingen 1992,
    S. 69 f.
37 Daß die Handlung der Erzählung in Italien spielt und der Findling ein Si-
    zilianer von Geburt ist, dürfte nicht ganz ohne Bedeutung sein, arbeitet
    doch Kleist in seinen Erzählungen mit derartigen tradierten Vorurteilen.
    So heißt es doch schon in einer 1666 in Hamburg erschienenen Klugheits-
    lehre von Christian Georg Bessel unter dem sprechenden Titel *Schmiede des
    politischen Glücks*, S. 105: »Die Italiäner extendiren die Nothwendigkeit
    dieser Stell- und Verstellungskunst noch weiter / sagende: chi non sa
    fingere, non sa vivere; wer nicht zu simuliren weiß, der weiß auch nicht zu
    leben«, zit. nach: Geitner (Anm. 36), S. 75.
38 Marianne Beuckert, *Symbolik der Pflanzen*, Frankfurt a. M. 1995, S. 329:
    »Nüsse sind allgemeine Symbole der Fruchtbarkeit. [. . .] Im Christentum
    [. . .] sah man in den übernommenen und nur wenig gewandelten Frucht-

trauernden Piachis, legt die Hypothese nahe, daß eine Disposition zu Nicolos späteren »Übeln«, seine Bigotterie bzw. Verstellung und seinen Hang zur Ausschweifung, schon vor Eintritt in die Kleinfamilie vorlag.[39] Statt Sozialisationsschäden nachzurechnen, dürfte vielversprechender sein, die Kleistsche Erzählung als eine Experimentalanordnung zu beobachten, in der gezeigt wird, wie die Welthaltung aufklärerisch-bürgerlicher Redlichkeit mit ihrer Kombination aus unmittelbarem Gefühl, kalkulierter Klugheit und risikobereitem Vertrauen in zweifache Gefährdung gerät. Sie ist, wie die im zweiten »Vorfall« erzählte Geschichte der Errettung der jungen Elvire nahelegt, einerseits dem fraglosen, vorbildlichen Heroismus eines Patriziersohnes unterlegen, andererseits ist sie machtlos gegenüber einem anarchischen »verwilderte(n)« (61,29), von Trieb, Kalkül und Verstellung gelenktem Lebensverhalten eines Mannes aus dem »gemeinen Volke«. Eine Interpretation, die nicht die bürgerliche Individualitäts- und Identitätssemantik zugrunde legt, sondern die durch Kant initiierte Debatte um das radikal Böse ins Auge faßt, kann die bislang in der Forschung unverstandene Logik nachzeichnen, wie, wann und warum Piachis Welthaltung der Redlichkeit umschlägt in dissimulatio; sie kann »die ganz unwahrscheinlichen Züge der Erzählung«[40] plausibilisieren, nämlich warum der »red-

barkeitssymbolen auch die Gefahren einer übersteigerten Sinnlichkeit«. Vgl. Bächthold-Stäubli (Anm. 12), Bd. 9, S. 72 f.: »Die Schädlichkeit der Walnuß findet auch darin ihren Ausdruck, daß die alten ›Etymologen‹ (Isidor von Sevilla), das lateinische ›nux‹ von ›nocere‹ (schaden) ableiteten, und ein sizilianisches Sprichwort sagt: ›Nuci noci‹ (d. h. die Nuß schadet)«.

39 Vgl. Gerhard Gönner, *Von ›zerspaltenen Herzen‹ und der gebrechlichen Einrichtung der Welt. Versuch einer Phänomenologie der Gewalt bei Kleist*, Stuttgart 1989, S. 113, mit der These, daß die »etwas starre Schönheit« des Knaben Nicolo verweise auf den Verstellungskünstler und den mythischen Todesboten Hermes, »dem der Hadeszugang in Sizilien sehr vertraut sein dürfte«.

40 Heinrich von Kleist, *Erzählungen, Anekdoten, Gedichte, Schriften*, hrsg. von Klaus Müller-Salget, Frankfurt a. M. 1990, S. 874.

liche« Piachi einen verstellten Brief schreibt, sie kann verständlich machen, wie und warum schließlich der »gute Alte« »ein monströser, unersättlicher Mörder« wird.[41]

IV

Jede der handelnden Personen in Kleists Erzählung hat eine Vorgeschichte, die ausdrücklich oder latent in die erzählte Geschichte hineinragt. Die Vorgeschichte des Findlings Nicolo bleibt weitgehend verborgen. Der Leser kann nur aus dem abrupten Wechsel von der Pathognomik des Bittens und Verabschiedens zu einer steifen und unzugänglichen Haltung Rückschlüsse auf die Dissimulationsfähigkeit dieses erzählten Probanden machen. Piachis Vorgeschichte verliert sich mit dem Tod seines elfjährigen Sohnes aus erster Ehe. Das intrigante Umfeld der Verführerin des fünfzehnjährigen Nicolo und »Beischläferin« des Bischofs wird kurz umrissen. Am ausführlichsten kommt die Vorgeschichte der jungen Frau des »Güterhändlers« zu Wort. Der »rührende Vorfall, aus der Geschichte ihrer Kindheit« (52,32 f.) wird als zweiter Erzählstrang nach der Darstellung des Verlustes des Kindes aus erster Ehe und der kompensatorischen Aufnahme des Findlings entwickelt. Dieser nachgetragene Vorfall nimmt eine Schlüsselstellung in der gesamten Erzählung ein. Er bestimmt nicht nur die Folgeerzählung, sondern strahlt auch motivationserklärend auf den Anfang der Erzählung zurück. Die Errettung der dreizehnjährigen Elvire durch einen Edelmann mit dem (wie wir erst später erfahren) Namen »Aloysius« (63,35) ist eine in der Plastizität der Konstellation ebenso eindrückliche (Elvire rettet sich aus dem brennenden Haus auf eine in Tuchfärberhäusern typische bauliche Besonderheit, einen ins Meer hinausragenden Balken) wie heroische Tat, mit einer allerdings unerwarteten tragischen Wendung. So signifikant für

41 Schröder (Anm. 25), S. 112.

den ersten Vorfall Piachis abrupter Wechsel von einer ableh-
nenden Erstreaktion auf den flehenden »Findling« zu einer
mitleidigen, ihn aufnehmenden Zweitreaktion ist, so charakteristisch ist für den an zweiter Stelle erzählten »Vorfall«
die Diskrepanz zwischen geglückter kühner Tat und vor-
ausgehendem, unkalkulierbarem Unfall, der Kopfverwun-
dung des Retters. Alle »Kunst« der Ärzte, so heißt es im
Text, »war, durch eine unbegreifliche Schickung des Himmels, vergeblich« (53,34 f.). Wie ein Märtyrer »litt und
starb« (54,11 f.) der Jüngling unter den Augen der Pflegerin
Elvire. Dieser »Vorfall« und seine traurigen Folgen schuf
die Voraussetzung für die melancholische Grundhaltung Elvires, die wiederum im Rahmen der Redlichkeitsmoral zu
einer verständnisvollen und schonenden ›dissimulatio‹ zwischen den Ehepartnern führte, nämlich zum Verschweigen
der tragischen Vorgeschichte. Die Folgen dieser Geheimhal-
tung aber machen wiederum Geschichte: extern galt Elvire
als nervenschwach,[42] intern erlaubte ihr das Schweigen über
ihr Vorleben die verehrende Konservierung und liebende
»Vergötterung« (64,36) des toten Retters. Die Pointe nun
ist, daß erst die nachgetragene, zweite Geschichte das unge-
reimte und widersprüchliche Verhalten Piachis, der spontanen Ablehnung des Findlings und seiner nachträglichen
Aufnahme verständlich machen kann. Es läßt sich nämlich
als Akt der Schonung begreifen, daß der während des Geschehens auf der Reise so tief erregte Kaufmann, nach
Hause zurückgekehrt, den Vorfall des Verlustes und der
Kompensation seines toten Sohnes »Elvire, seiner jungen
trefflichen Gemahlin« nur durch eine »kurze(n) Erzählung«
(51,14 f.) mitteilt. Erst im nachhinein, so recht erst von dem
sich abzeichnenden Ende der Erzählung her, als die Verführerin Nicolos, Xaviera Tartini, das »Geheimnis« (64,8), den

42 Vgl. Ursula Geitner, »Passio Hysterica – Die alltägliche Sorge um das
   Selbst. Im Zusammenhang von Literatur, Pathologie und Weiblichkeit im
   18. Jahrhundert«, in: *Frauen – Weiblichkeit – Schrift* hrsg. von Renate Ber-
   ger, Berlin 1985, S. 130 f.

Namen des »seit zwölf Jahren« (63,34) verstorbenen Retters dem überraschten Nicolo ausplaudert, wird schließlich der abrupte Verhaltenswechsel Piachis bei dem an einer pestartigen Erkrankung leidenden fremden Knaben transparent. Auch der »Landmäkler« (50,37) wird zum Retter; als solcher handelte er in einer doppelten Nachfolge, der des Heiligen Aloysius[43], der im Dienst an Pestkranken starb und der des Erretters seiner Frau, dessen Namenspatron der Heilige war. Die imitatio Christi im dritten Glied fällt freilich recht kläglich und unheroisch aus.[44] Die Erzählung Kleists ist eine Entmystifizierung und Profanisierung des Retters und des Helfers, indem sich der Gerettete aus der Passivität des Empfangenden heraus zum Täter der Geschichte macht.

Ist schon das Verhältnis der beiden einleitend erzählten Vorfälle kompliziert, insofern die nachgestellte Vorgeschichte der Rettung Elvires die vorangestellte Folgegeschichte, die Leben gefährdende Aufnahme des kranken Nicolo, mitinterpretiert, so ist der an dritter Stelle des Erzählablaufs plazierte »Vorfall« nicht weniger komplex auf die beiden vorausgegangenen Fälle bezogen. Die im folgenden erzählte Geschichte von der heimlichen Verabredung Nicolos mit seiner ehemaligen Geliebten zur Zeit des Carneval scheint zwar weit entfernt von der vorgängigen Erzählung angesiedelt. Allein das von Nicolo zufällig gewählte Kostüm, die »Maske eines genuesischen Ritters« (54,32), schafft einen überraschenden Zusammenhang zum Retter von Elvire, der, wie dem Leser inzwischen bekannt, »ein junger Genueser, vom Geschlecht der Patrizier« (53,17 f.) war.

---

43 Diethelm Brüggemann, »Aloysius, Marquis von Montferrat. Der ›genuesische Ritter‹ in Kleists Erzählung *Der Findling*. Zugleich ein Beitrag zur Ikonographie des hl. Aloysius von Gonzaga«, in: D. B., *Drei Mystifikationen Heinrich von Kleists*, Berlin 1985, S. 179.
44 Vgl. Moore (Anm. 34), S. 277 f. Dort findet sich freilich eine psychologische Deutung der irrationalen heroischen Tat.

So ergibt sich, daß die drei eingangs erzählten Vorfälle sich unter dem Gesichtspunkt des Helfersyndroms zusammengruppieren. Piachis Imitationsversuch des heldenmütigen jungen Retters aus Genua läßt sich sentimental nennen. Die Folgegeschichte des als Genuesen verkleideten Nicolo geht ins Komödiantische. Diese Teilgeschichte beginnt mit einer den Vorfall einzigartig verbildlichenden Genreszene: Elvire will tief in der Nacht ihrem alten Gemahl, dem »plötzlich eine Unpäßlichkeit zugestoßen war [. . .] helfen« (54,35 f.). Während sie, »auf der Kante eines Stuhles stehend, unter den Gläsern und Caravinen« eines im Winkel stehenden Küchenschranks umhersucht, nimmt sie plötzlich »mit Bestürzung« den »harmlos« eintretenden, im Karnevalskostüm eines Genueser Ritters gekleideten Nicolo als ihren wiedererstandenen Retter schockhaft wahr und fällt »bei seinem Anblick von dem Schemel, auf welchem sie stand, auf das Getäfel des Bodens nieder« (55,3–13). Die Erst- und Zweitreaktion Nicolos auf diesen Unfall verhält sich spiegelverkehrt zu der Piachis in der Eingangsszene gegenüber dem um Aufnahme flehenden Findling. Während bei Piachi, angesichts des Unglücks zunächst Abwehr und Entsetzen, dann Mitleid und Hilfe zu beobachten ist, läßt sich bei Nicolo zunächst spontane Hilfsbereitschaft feststellen, die aber dem Kalkül und der Besorgnis, entdeckt zu werden, Platz macht. Die Verstellung wird permanent. War Nicolo »heimlich, und ohne Vorwissen seiner Gemahlin« »unter der Vorspiegelung, daß er bei einem Freund eingeladen sei, auf dem Karneval« gewesen (54,29–31), so tritt er nun den Herbeieilenden im »Schlafrock« entgegen, harmlos fragend, »was vorgefallen sei« (55,25 f.). Der Schock auf Seiten Elvirens und die perfekte ›dissimulatio‹ auf Seiten Nicolos führen dazu, daß »der Zusammenhang der Sache in ein ewiges Geheimnis gehüllt« bleibt (55,29 f.), d. h., daß Vorfall und Unfall als »Zufall« (55,33) im Sinne von »Anfall«, »krankhafter Störung« abgetan werden konnten.[45]

45 Grimm (Anm. 3), Bd. 32, Sp. 343 f.

Damit war freilich eine Disposition geschaffen, daß Vertrauen leicht in Mißtrauen umschlagen konnte und als Folge davon die Integrationsbemühungen Piachis scheitern mußten. Zum Ausbruch des Dissenses zwischen Adoptiveltern und Adoptivsohn kommt es, als Nicolos Gemahlin im Wochenbett stirbt und Nicolo nicht einmal in der Trauerzeit gewillt ist, Triebverzicht zu leisten. Auf diese »tief(e)« Entwürdigung (vgl. 57,1) der Familienehre antwortet Elvire erneut mit Schweigen (der dissimulatio ersten Grades), Piachi aber wählt nun selbst die Form der Verstellung und List, um den Ausschluß seines Adoptivsohnes aus der »Republik der Redlichen« feierlich zu vollziehen. Eine von Piachi »mit verstellter Schrift, im Namen Xavieras« (56,30 f.) verfaßte Botschaft lockt Nicolo »noch vor Nacht« in die Magdalenenkirche, wo er statt des versprochenen Stelldicheins »zu seinem Erstaunen einen ihm wohlbekannten Leichenzug herannahen sah« (57,8 f.). Piachi nutzt das nun inszenierte Begräbnis zeremoniell als »institutionalisiertes, ausdrückliches Zeichensystem«[46], um den Ausschluß des Findlings aus der die Leiche segnenden Familie zu demonstrieren. Die Leiche wird »als ob Nicolo gar nicht gegenwärtig wäre, noch einmal entdeckelt, durch die Anwesenden gesegnet, und alsdann versenkt« (57,13–15). Die Begräbniszeremonie entwickelt sich zum Zeremoniell einer Exklusion. Die von Piachi angewandte List, Verstellung und demonstrative Herrschaftsgeste ist keine »der ganz unwahrscheinlichen Züge der Erzählung«[47], sondern folgt einer inneren Logik der Redlichkeitsphilosophie und der Doppelgesichtigkeit der Moral,[48] die mit Hilfe von Klugheit

46 Wolfgang Weber, »Zeremoniell und Disziplin. J. B. von Rohrs Ceremonial-Wissenschaft (1728/29) im Kontext der frühneuzeitlichen Sozialdisziplinierung, in: Berns/Rahn (Anm. 20), S. 9.
47 Müller-Salget (Anm. 40).
48 Vgl. Niklas Luhmann, »Ethik als Reflexionstheorie der Moral«, in: N. L., *Gesellschaftsstruktur und Semantik. Studien zur Wissenssoziologie der modernen Gesellschaft*, Bd. 3, Frankfurt a. M. 1993, S. 370: »Moral ist ein ris-

den Fremden zu integrieren versucht, notfalls aber auch mit Klugheit zu herrschen weiß.[49] »Dieser Vorfall« einer harten Sozialdisziplinierung mußte freilich den erneut zum Findling degradierten Adoptivsohn »tief beschäm[en]« (57,17). Mit der Entwürdigung der Redlichkeit auf der einen und der Beschämung des triebhaften anarchischen Verhaltens auf der anderen Seite ist der Höhe- und Umschlagpunkt der Geschichte erreicht. Jetzt kann nur noch auf beiden Seiten ihre zerstörerische Logik walten. Statt der intendierten Reue bei Nicolo erfolgt eine gesteigerte dissimulatio. Und nun fallen im Text selbst die für diese Interpretation leitenden Begriffe: »der Widerstand, den man ihm [Nicolo] entgegen setzte [...] übte ihn in der Kunst, die Aufmerksamkeit des redlichen Alten zu umgehen« (57,28–31).

V

Für die Interpretation des *Findling* könnte ein bislang wenig beachteter novellentheoretischer Befund von besonderer Bedeutung sein. Man hat zurecht betont, die berühmte Novellendefinition Goethes, »Was ist eine Novelle anders als eine sich ereignete unerhörte Begebenheit?«[50], dürfe man nicht zu eng als Singularisierung auf *eine* Begebenheit lesen; es wäre nämlich ein gewichtiges Charakteristikum vieler Novellen, daß ihr Gefüge aus *zwei* polar angelegten Textsequenzen zusammengesetzt sei.[51] Dies läßt sich insbesondere von der Novelle *Der Findling* behaupten. Während bis zur beschriebenen Peripetie des beschämenden Ausschlusses von Nicolo aus dem Familienverband der

kantes Unternehmen. Wer moralisiert, läßt sich auf ein Risiko ein und wird bei Widerstand sich leicht in der Lage finden, nach stärkeren Mitteln suchen zu müssen oder an Selbstachtung einzubüßen.«

49 Weber (Anm. 46), S. 10.
50 Eckermann (Anm. 5).
51 Heinrich Henel, »Anfänge der deutschen Novelle«, in: *Monatshefte für deutschen Unterricht, deutsche Sprache und Literatur* 77 (1985) S. 434 f.

»Redlichen« die erzählten vier Vorfälle trotz komplexer
Vernetzung untereinander relativ selbständig blieben, folgt
nun eine fünfteilige Textsequenz in dramatischer Verket-
tung und Steigerung. Waren bislang Integration oder Ausschluß des Fremden sowie Stellvertretung und Substitution
Probleme, geht es nun um Verwechslungen und Vertau-
schungen. Wurden vorab Geschehnisse und Vorgänge als
Fakten geschildert, also in der Form von »Beobachtung erster Ordnung«[52], wird nun, insbesondere beim beschämten
und ausgeschlossenen Findling Nicolo, die »Beobachtung
der Beobachtungsweise« und das »rekursive Errechnen von
Errechnungen« dominant.[53] Die Vorgänge und Deutungen
werden typisch novellistisch in das »Bewußtsein der Beteiligten verlegt«.[54] Während die erste Erzählsequenz die Re-
paraturfähigkeit fataler Ereignisse zu unterstellen sucht,
entfaltet die zweite Novellenhälfte eine Dynamik aus Kalkül und »Taumel« (60,36), aus Recherche und Projektion,
die allenthalben zur Verstörung der Sinne (vgl. 65) führt.
Selbst der ›coole‹ Findling Nicolo, der zu Beginn der Novelle physiognomisch so dargestellt wird, als »veränderte«
er »seine Mienen« niemals (51,4), wird im Verlauf der »Ent-
deckung(en)« (62,21; 63,19) vom Blick durch das Schlüssel-
loch des Schlafgemachs seiner Stiefmutter bis zur »Eröffnung« ihres »Geheimnisses« (64,8) durch ein Affektbad von
Erstaunen (vgl. 62,12) und »Erröten« (60,14) geschickt, so
daß es selbst ihm nicht mehr gelingt, seine »Verlegenheit
[...] zu verbergen« und ein »häßliche[s] Zucken seiner
Oberlippe« (64,16–19) zu unterdrücken. Die Dynamik entsteht aus einer hochkomplexen Gegenbewegung innerhalb
des Textes: Je mehr der Findling die Ausspähung und Be-
rechnung seines Opfers Elvire vorantreibt, desto mehr und
tiefer verstrickt er sich im Dunkel seiner eigenen Psyche
und im Labyrinth seiner Identität. Bei dieser Identitäts-

52 Luhmann (Anm. 14), S. 24.
53 Ebd., S. 240.
54 Henel (Anm. 51), S. 443.

probe kommt auf höchst intrikate Weise ein eigentümlicher Wettstreit zwischen Bild und Text, zwischen der höheren Betroffenheitsstärke durch Bilder oder durch Buchstaben zum Tragen. Nicolo, der im Schlafgemach seiner Adoptivmutter das lebensgroße Bildnis eines von ihr »vergötterte[n]« Fremden entdeckt, errötet zwar plötzlich, als er selbst von neutralen Beobachtern damit identifiziert wird. Immerhin vermag er noch, seine dadurch ausgelöste Verlegenheit »wegzuspotten« (60,14 f.). Allein als er »zufällig« »in trüben Gedanken« (62,10 f.) brütend das Anagramm seines Namens »Nicolo« als »Colino«, den Namen des von seiner Adoptivmutter »Vergötterten« ausfindig macht, »erstaunt« er »darüber, wie er noch in seinem Leben nicht getan« (62,12 f.). Nicht durch das zweideutige Bild, sondern durch das eindeutige Anagramm wird klar, daß die »Erscheinung des *Gleichen* in der Gestalt des anderen« möglich ist,[55] daß »eine auf einen Partialaspekt systematisch aufmerksame Lektüre [. . .] jederzeit einen latenten Hintergrund, ein verborgenes Geheimnis, eine Sprache unter der Sprache« finden kann.[56] Als der Entzifferer Nicolo dann schließlich erkennen muß, daß Colino nicht ein Kryptogramm für ihn selbst darstellt, sondern er nur als Nach-Text eines »Vor-Textes« figuriert, fallen alle seine Erwartungen und narzißtischen Projektionen in sich zusammen. Er ist nun wirklich der Beschämte und Ausgestoßene, ein Findling, der »aus der Wiege genommen« (63,31) und dem all seine Mimikry nichts geholfen hat.[57] War die Beschämung in der Magdalenenkirche zunächst noch extern, ein Ausschluß aus dem Familienzeremoniell, so trifft sie mit der Erkenntnis, daß Colino keine Deckadresse für

---

55 Jean Starobinski, *Wörter unter Wörtern. Die Anagramme von Ferdinand de Saussure*, Frankfurt a. M. 1980, S. 46.

56 Ebd., S. 130. Vgl. Ekkehard Zeeb, *Die Unlesbarkeit der Welt und die Lesbarkeit der Texte*, Würzburg 1995, S. 82 ff.

57 Vgl. Anthony Stephens, »Name und Identitätsproblematik bei Kleist und Kafka«, in: *Jahrbuch des Deutschen Hochstifts* (1985) S. 223–259. Gerhard Neumann, »Hexenküche und Abendmahl. Die Sprache der Liebe im Werk Heinrich von Kleists«, in: *Freiburger Universitätsblätter* 9 (1986) S. 14 f.

den geliebten und »vergötterten« Nicolo ist, sondern Nicolo ein Quid pro quo für den verstorbenen Geliebten Elvires, den Ich-Kern des Findlings.[58]

VI

Der Wendepunkt der Novelle stellt eine eindrückliche Kippfigur dar. Nach gescheitertem Vergewaltigungsversuch seiner Adoptivmutter wirft sich Nicolo »dem Alten zu Füßen« und bittet um »Vergebung« (65,29–31). Als dann Piachi mit »sprachlos[er]« Gebärde, die Peitsche in der Hand, »ihm die Tür« weist (66,1), ersteht er »plötzlich [...] vom Fußboden« und »erklärt« (66,4 f.) in Umkehrung von Dankbarkeit und Vertrauen aggressiv sein Recht auf Haus und Besitz. In dieser abrupten Wendung von quasi religiöser Unterwerfung zu plötzlicher Herrschaftsusurpation sind die symbolischen Zeichen der Geschichte brennpunktartig versammelt. Zugleich wird die Problematik des Bösen auch in ihrem ideengeschichtlichen Hintergrund offenkundig. Allein die Beobachtung der Gestik in dieser Szene gibt den Blick frei für die ikonographische Grundfigur und dadurch für die triadische Struktur der Novelle. Man kann nämlich daran auf konzentrierteste Weise das symbolische Spiel von Exklusion und Inklusion erkennen, das gestisch, auf Seiten Nicolos durch eine als Selbstbehauptung getarnte Unterwerfungshaltung, auf Seiten Piachis durch einen pathetischen Annahme- oder Abweisungsgestus gekennzeichnet ist. Erinnern wir uns an den pathognomisch auffälligen Eintritt des Findlings in die Geschichte. »Nach Art der Flehenden«, heißt es, hatte er »die Hände« zu dem im Wagen befindlichen Handlungsreisenden ausgestreckt (49,20 f.). Seine Aufnahme und Adoption führte am Ende der ersten Textsequenz in der »Magdalenenkirche« zum zeremoniell

58 Vgl. Léon Wurmser, *Die Maske der Scham. Die Psychoanalyse von Schameffekten und Schamkonflikten*, Berlin 1990.

feierlichen Ausschluß des Findlings aus dem Kreis der redlichen Familie (vgl. 57). In der Folge wiederholt und steigert sich das Geschehen. Die zweite Textsequenz beginnt mit geheuchelter »Reue« Nicolos und dem Gelöbnis auf zukünftigen Triebverzicht (57). In Wahrheit richtet sich das Begehren des Findlings nun auf das intime Zentrum der Kleinfamilie, das Bett der jungen Adoptivmutter.[59] Suchte bislang die Verstellungskunst und Begierde Nicolos ihr Ziel außerhalb der Familie, so steuert sie nun auf den Sturz Elvires zu (59). Mit dieser Wendung vom Externen ins Interne der Familie wächst freilich auch die moralische Zurechenbarkeit. Während man noch beim jungen Nicolo, in gewissem Grade bis zum Tod seiner Gemahlin, entlastend von einem »Hang für das weibliche Geschlecht« (52,5 f.), also von einem dem Naturtrieb geschuldeten »Übel« (52,17) sprechen konnte, verwandelt sich nun das Verhalten gegenüber seinen Adoptiveltern in eine von Kalkül und Vernunft geleitete Bösartigkeit. Die narrative Experimentalanordnung des *Findlings* bezieht sich offensichtlich auf die von Kant eingeleitete »ethische Revolution«[60], nach der das Böse nicht mehr primär durch Sinnlichkeit verursacht wird, sondern durch verkehrte Maximen, d. h. durch ein subjektives, vernunftgeleitetes, »spontanes« Wollen.[61] *Der Findling* läßt sich als eine Probebühne der Kantschen Argumentationsfiguren des »radikal Bösen« lesen, freilich nicht um diese bloß narrativ zu bestätigen, sondern um die Paradoxalität dieses Ansatzes, die nicht mitgedachten Folgen, insbesondere aber das von Kant ausgegrenzte absolute Böse zu profilieren.

---

59 Vgl. Hannelore Schlaffer, *Poetik der Novelle*, Stuttgart 1993, S. 34.

60 Christoph Schulte, *Radikal böse. Die Karriere des Bösen von Kant bis Nietzsche*, München 1988, S. 111.

61 Immanuel Kant, »Die Religion innerhalb der Grenzen der bloßen Vernunft«, in: I. K., *Schriften zur Ethik und Religionsphilosophie*, hrsg. von Wilhelm Weischedel, Darmstadt 1968, S. 670. Bedeutsam ist freilich in diesem Zusammenhang, daß das Mitleid Piachis aus der Perspektive des Kantschen moralischen Gesetzes einer »verkehrten Maxime« entsprang.

Kant handelt vom radikal Bösen, nicht vom absolut Bösen. Das Böse ist von ihm radikal gefaßt, weil es nicht auf ein partialisierbares einzelnes Laster reduziert und damit entlastend einem Naturtrieb oder einem Milieu zugeschrieben werden kann.[62] Das Böse kann zwar »durch die Triebfedern der Sinnlichkeit affiziert, nicht aber necessitiert« werden.[63] Es geschieht aus Freiheit und ist daher zurechenbar. Als von Milieu und Naturtrieb unabhängige, »intelligible Tat« läßt sich das Böse also, nach Kants Argumentation, nicht auf eine »gelegenheitliche Abweichung«[64] marginalisieren. Es betrifft die moralische Persönlichkeit als Ganzes. Nicolos intelligente, mit Verstellung und Affekten arbeitende Usurpation dokumentiert ganz im Kantschen Sinne ein als »schreiende[s] Beispiel«[65] zu verstehende »Verderbtheit der Gesinnung«.[66] Damit aber nicht genug. Der »satanische Plan« Nicolos (64,26) läßt sich als eine im Kantschen Sinne »boshafte Vernunft«[67] beschreiben, die durch den radikalen Widerstand, durch den »Trotz« gegen das moralische Gesetz selbst bestimmt wird.[68] Eine solche Haltung »absoluter Bosheit« bzw. »boshafter Selbstbestimmung«[69] ist allerdings für den Aufklärer Kant »auf den Menschen [nicht] anwendbar, weil dadurch [. . .] das Subjekt zu einem teuflischen Wesen gemacht werden würde«.[70]

Der Rekurs auf Kants »ethische Revolution« macht auch die bislang in der Forschung unverstandene Reaktion des »redlichen« Piachi plausibel. Denn Kant kann sich eine Überwindung des Bösen nicht durch eine Verhaltensänderung, sondern nur durch eine »Art von Wiedergeburt« in

62 Ebd., S. 680.
63 Schulte (Anm. 60), S. 56.
64 Kant (Anm. 61), S. 680.
65 Ebd.
66 Ebd., S. 683.
67 Schulte (Anm. 60), S. 106.
68 Ebd., S. 105.
69 Kant (Anm. 61), S. 684.
70 Ebd., S. 698.

Form einer »Revolution in der Gesinnung«[71] vorstellen. Der von Piachi in der Magdalenenkirche am Sarge von Nicolos verstorbener Frau inszenierte Schock sollte eine derartige Selbstbesserung initiieren. Es hatte freilich, gleichsam eine Systemlücke der Kantschen Argumentation einholend,[72] nur eine Verschärfung der Verstellung auf Seiten Nicolos zur Folge. Erst recht steht Piachis Reaktion auf Nicolos boshafte Inversion des moralischen Gesetzes, seine mit »unerhörte[r] Frechheit« (66,10) vorgetragene Usurpation von Haus und Besitz Piachis, im Horizont der Kantschen Autonomieethik. Nicht von ungefähr wurde diese von romantischen Philosophen (etwa Franz von Baader) des Atheismus verdächtigt, lehnte sie doch jeglichen Rekurs auf die Gnade Gottes zugunsten einer Selbstbesserung aus eigener Kraft ab.[73] Piachis Verweigerung jeglichen Gnadenerweises angesichts der Pervertierung des moralischen Gesetzes durch die römische Kirche ist ein radikaler, von Kants Autonomieethik ausgehender, sie aber zugleich überschreitender »Anspruch auf Selbstgesetzgebung«. So endet die Novelle mit einer doppelten Blickführung gleichsam mit einem Widerstreit zwischen dem Bösen der Philosophen und dem Bösen der Theologen.[74] Aus der Sicht des Kantschen Sittengesetzes verkörpert Nicolo ein das menschliche Maß überschreitendes absolut Böses, aus der Sicht des »Gesetzes Gottes« ist der gnadenverweigernde Piachi der Inbegriff des Teuflischen, Atheistischen und Bösen.

71 Schulte (Anm. 60), S. 112.
72 Schulte (Anm. 60), S. 166 f.
73 Aus dieser Perspektive ist Piachis anhaltender Rachewunsch weder »eine überraschende Verwandlung des ehrbaren Händlers Piachi in ein dämonisches Monstrum« (Moore, Anm. 34, S. 291) noch »eine dichterische Chiffre für das Pathos des Protestes *gegen* das Böse«, wie Hoffmeister vermutet. Werner Hoffmeister, »Heinrich von Kleists *Findling*«, in: *Monatshefte für deutschen Unterricht, deutsche Sprache und Literatur* 58 (1966) S. 51.
74 Vgl. Hans Blumenberg, »Kant und die Frage nach dem ›gnädigen Gott‹«, in: *Studium Generale* 7 (1954) S. 556.

Literaturhinweise

Heinrich von Kleist: Der Findling. In: Erzählungen. Von Heinrich von Kleist. Zweiter Theil. Berlin: Realschulbuchhandlung, 1811. S. 93–132.

Göttler, Fritz: Handlungssysteme in Heinrich von Kleists *Der Findling*. Diskussion und Anwendung narrativer Kategorien und Analyseverfahren. Frankfurt a. M. / Bern 1983.

Heubi, Albert: Heinrich von Kleists Novelle *Der Findling*. Motivuntersuchungen und Erklärungen im Rahmen des Gesamtwerks. Zürich 1948.

Jansen, K. Peter: »Monk Lewis« und Heinrich von Kleist. In: Kleist-Jahrbuch (1984) S. 25–54.

Schröder, Jürgen: Kleists Novelle *Der Findling*. Ein Plädoyer für Nicolo. In: Kleist-Jahrbuch (1985) S. 109–127.

Die heilige Cäcilie oder die Gewalt der Musik

Von Walter Hinderer

Die Novelle ist in zwei Fassungen überliefert, die sich deutlich nach Erzähltechnik und Kommunikationsstrategie unterscheiden. Jochen Schmidt meinte deshalb: »Während die sehr viel kürzere Erstfassung noch ein flüchtiges Erzählstück ist, das die wunderbare Begebenheit in einem Zuge durchnimmt, erhält die zweite Fassung eine intensiv gestufte Tiefenform«.[1] Die erste Fassung erschien 1810 in den *Berliner Abendblättern* als »Taufangebinde für Cäcilie M...«, wie in Klammern die Widmung signalisiert, und die zweite 1811 in Heinrich von Kleists *Erzählungen. Zweiter Theil.* Das Tauf- und Patengeschenk für Adam Müllers Tochter läßt jedoch keineswegs auf ein gesichertes Entstehungsdatum schließen.[2] Es könnte nämlich durchaus sein, daß Cäcilie, der dritte Vorname von Müllers Tochter (Isidora Maria Cäcilie Kunigunde) als freundschaftliche Referenz für Kleists Text gewählt wurde.

Wie dem auch sei, der außerästhetische Kontext der Taufe mit der illustren Reihe hochadeliger und bürgerlicher Paten ist insofern nicht ohne Komik, als Adam Müller bereits 1805 konvertiert war, aber nichtsdestoweniger seine Tochter von dem damals berühmten Prediger Franz Theremin, mit dem er befreundet war, protestantisch taufen ließ.[3] Kleist, der für die Schrift *Die Lehre vom Gegensatz* seines Freundes Adam Müller eine besondere Vorliebe hatte,

---

1 Jochen Schmidt, *Heinrich von Kleist. Studien zu seiner poetischen Verfahrensweise*, Tübingen 1974, S. 207.

2 Vgl. die Anmerkungen von Roland Reuß in: Heinrich von Kleist, *Sämtliche Werke*, Brandenburger Ausgabe, Bd. 2, S. 5. *Das Bettelweib von Locarno. Der Findling. Die heilige Cäcilie oder die Gewalt der Musik*, Frankfurt a. M. 1997, S. 108.

3 Zum Kontext vgl. Rosemarie Puschmann, *Heinrich von Kleists Cäcilien-Erzählung*, Bielefeld 1988, S. 7 f., 145 (Abb. 1).

dürfte diese offensichtliche Pointe kaum entgangen sein. Nicht von ungefähr hat Wolfgang Wittkowski[4] das Tauffest, nach Jakob Baxa[5] ein »glanzvolles Fest der Berliner Romantik«, zu Recht als »eine leibhaftige Demonstration romantischer Ironie« bezeichnet. Der Doppeldeutigkeit des Kontextes entspricht die Doppeldeutigkeit des Textes, obgleich im »Taufangebinde« im Vergleich zur späteren Fassung zweifelsohne eindimensionaler erzählt wird. Die Gattungsbezeichnung *Eine Legende* steht hier noch nicht in Klammern, und der Erzähler interpretiert die »unerhörte Begebenheit« mit dem »zu gleicher Zeit schrecklichen und herrlichen Wunder« am Anfang des letzten Abschnitts sogar als »Triumph der Religion«[6]. Außerdem werden hier die beiden Teile des Titels *Die heilige Cäcilie oder die Gewalt der Musik* am Schluß insofern aufeinander bezogen, als nach der Aussage der Legende die heilige Cäcilie das Kloster »durch die geheimnißvolle Gewalt der Musik«[7] gerettet habe. Allerdings wird diese Aussage durch das gleich zweimal erwähnte historische Faktum relativiert, daß das Kloster »vermöge eines Artikels im westphälischen Frieden«[8] säkularisiert worden sei.

Säkularisation und »Triumph der Religion« sind einander ebenso antithetisch gegenübergestellt wie Säkularisation und Legende, so daß sowohl der »Triumph« als auch den Legendencharakter des Textes relativiert, wenn nicht in Zweifel gezogen wird. Schon aus diesem Grund läßt sich selbst das im Vergleich zur zweiten Fassung planer erzählte »Taufangebinde« nicht als religiöser affirmativer Text interpretieren.

Für die positive ästhetische romantische Erfahrung des katholischen Rituals wird nicht selten Kleists Brief an Wil-

---

4 Wolfgang Wittkowski, »*Die heilige Cäcilie* und *Der Zweikampf*. Kleists Legenden und die romantische Ironie«, in: *Colloquia Germanica* 5 (1972) S. 30 f.

5 In: Euphorion (1959) S. 101 f.

6 Brandenburger Ausgabe (Anm. 2), S. 68.

7 Ebd., S. 72.

8 Ebd., S. 68, 72.

helmine von Zenge (21. Mai 1801) herangezogen. Der Dichter zeigt sich hier neben der Wirkung andrer Künste vor allem von der emotionalen Wirkung der »größten, erhebendsten Musik« der katholischen Kirche beeindruckt. Spricht das »katholische Fest« mit Hilfe von einer Art Gesamtkunstwerk »zu allen Sinnen« und versteht es vor allem die Musik, »das Herz gewaltsam zu bewegen«, so appelliert seiner Ansicht nach der protestantische Gottesdienst nur an »den kalten Verstand« (SW 2,651).[9] Interessant an dieser Briefstelle ist, daß hier bereits den rezeptionsästhetischen Vorgang dieser Affektregie als eine »gewaltsame Bewegung« bezeichnet. Die doppelte Konnotierung von »Gewalt« und »Macht« der Musik erwähnt schon der Artikel *Musik* in Johann Georg Sulzers *Allgemeine Theorie der schönen Künste* (1793). »Man wird von keiner andern Kunst sehen«, so heißt es dort, »daß sie sich der Gemüther so schnell und so unwiderstehlich bemächtigt, wie durch die Musik geschieht«.[10] So wie durch die »Kraft« der Musik »Menschen in schweren Anfällen des Wahnwitzes [...] etwas besänftiget« werden können, so ist es andererseits auch möglich, »gesunde Menschen [...] in so heftige Leidenschaft« zu versetzen, »daß sie bis auf einen geringen Grad der Raserey kommen«.[11] Selbst die »bloße Harmonie« mit entsprechenden Dissonanzen kann sowohl »Ruh« als »Unruh«, »Schrecken und Angst« oder »Fröhlichkeit« erwecken. Die »Gewalt der Musik«, auf die Kleists beide Erzähltexte schon vom Titel her anspielen, gehört also durchaus zum Selbstverständnis der Zeit. Vor allem für den zweiten Erzähltext könnte überdies der Hinweis von Sulzers Lexikon reklamiert werden, daß »diese göttliche Kunst von der Politik zur Ausführung der wichtigsten Ge-

---

9 Heinrich von Kleist, *Sämtliche Werke*, 2 Bde., hrsg. von Helmut Sembdner, München ⁹1993 [zit. als: SW].
10 Johann Georg Sulzer, *Allgemeine Theorie der Schönen Künste*, Reprogr. Nachdr. der 2., verm. Aufl., Bd. 3, Leipzig 1973, Hildesheim 1967, S. 432.
11 Ebd., S. 427.

schäfte könnte zur Hülfe gerufen werden«. Denn es kann keine Frage sein, daß im zweiten Erzähltext, in dem die Gattungsangabe nicht ohne Grund in Klammern gesetzt ist, der politische Diskurs eindeutig auf die Entstehung und damit letzten Endes auf die Destruktion der Legende bezogen ist.

Dem zitierten Brief an Wilhelmine von Zenge stehen aber mehrere Beispiele sowohl in seinen Briefen als auch in seinen literarischen Texten gegenüber, die sich prononciert kritisch mit der Institution der katholischen Kirche auseinandersetzen,[12] was nicht bedeutet, daß Kleist deswegen die Defizite des Protestantismus verschweigt. Sein Würzburger Bericht, um nur eine Stelle zu nennen, betont den Schematismus und die Äußerlichkeit des katholischen Rituals (SW 2,554,555 f.). Die »Heere von Pfaffen und Mönchen, buntscheckig montiert«, kommen ihm vor »wie die Reichstruppen«; sie »laufen uns unaufhörlich entgegen und erinnern uns an die gemeinste Erde«. Bei den »Zeremonien« verstimmt ihn der durchschaubare Zweck und er kommentiert: »Mir wenigstens erfüllt eine Todeskälte das Herz, sobald ich weiß, daß man auf mein Gefühl gerechnet hat« (SW 2,556). Andererseits schreibt Kleist etwas später in diesem Zusammenhang über eine der vortrefflichsten katholischen Anstalten, das »*Julius-Hospital*«, welches im 16. Jahrhundert von Fürstbischof Julius gestiftet worden war und in dem »*jeder* Unglückliche seine Zuflucht« fand, »wäre es auch ein Protestant oder ein Jude« (SW 2,559 f.). Der ausführliche Bericht (SW 2,559–562), in dem Kleist mehrere der kranken Insassen schildert, steht sicher wie die Schilderung eines Besuches im *Stift St. Hiob zu*** von Matthias Claudius, auf den Peter Horn hinweist,[13] in einer

---

12 Darauf wies vor allem Peter Horn hin, vgl. P. H., *Heinrich von Kleists Erzählungen. Eine Einführung*, Königstein i. Ts. 1978, S. 187–192.

13 Ebd., S. 191; Matthias Claudius, *Der Besuch im St. Hiob zu***. In: Matthias Claudius, *Sämtliche Werke*, Berlin/Darmstadt/Wien 1958, S. 261–265.

engeren thematischen Beziehung zu den vier »Bilderstürmern« von Kleists Erzählung, die die »Gewalt der Musik« getroffen und ihre Sinne »verrückt« hat.[14]

Die Legende der heiligen Cäcilia im vorromantischen und romantischen Diskurs

In seiner *Legende der heiligen Cäcilia* erzählt Friedrich Rochlitz, der an der musiktheoretischen Diskussion der Zeit regen Anteil nimmt und wie die Romantiker die Instrumentalmusik favorisiert,[15] die überlieferte Leidensgeschichte ebenso schlicht wie unkritisch nach. Dabei hatte sich Herder bereits in den achtziger Jahren des 18. Jahrhunderts in dem Gespräch *Die heilige Cäcilia oder wie man zu Ruhm kommt*[16] nicht ohne Ironie mit der Legende auseinandergesetzt.[17] Der Dialog verweist nicht nur in leicht parodistischem Ton auf Händels Oratorium mit dem bezeichnenden Titel *Alexander's Feast or the Power of Musick* (1736) nach der Ode zum Cäcilientag von Dryden[18], sondern revidiert auch kritisch die Sanktionierung Cäcilias als

14 Mit Recht hat Christine Lubkoll (*Mythos Musik. Poetische Entwürfe des Musikalischen in der Literatur um 1800*, Freiburg i. Br. 1995, S. 204 [Anm. 210]) in diesem Zusammenhang auf die Erzählung *Der Besuch im Irrenhause* (1804) von Friedrich Rochlitz aufmerksam gemacht. Dort ist von einem Kranken die Rede, der von der Kirchenmusik entrückt wurde und nun »eine höchst seltsame Musik« auf dem Pianoforte erzeugt (Friedrich Rochlitz, *Sämmtliche Schriften*, Bd. 6, Züllichau 1822, S. 10 f.).

15 Vgl. Rochlitz, Bd. 6, *Lebenstag des Tonkünstlers*, S. 102.

16 Herders *Sämmtliche Werke*, hrsg. von Bernhard Suphan, Bd. 15, Berlin 1888, S. 160–164.

17 Vgl. Puschmann (Anm. 3), S. 65 ff. Auch Bianca Theisen weist in ihrem Buch (*Bogenschluß. Kleists Formalisierung des Lesens*, Freiburg i. Br. 1996, S. 124) auf diesen Ansatz Herders hin.

18 Ramler übersetzte übrigens 1770 den Titel »Power of Musick« als »Gewalt der Musik«; vgl. Puschmann (Anm. 3), S. 65 f.; ebenso Hans Maier, »Cäcilia unter den Deutschen. Herder, Goethe, Wackenroder, Kleist«, in: *Kleist-Jahrbuch* (1994) S. 67–82.

»Schutzpatronin der Musik«. Die christliche Märtyrerin Cäcilia, die eigentlich »*Musik nicht liebte*«, wurde bloß wegen des Übersetzungsfehlers eines unwissenden Mönchs zur Erfinderin der Orgel und musikalischen Muse. Herder entwickelt hier im Dialog wie später Kleist in der Erzählung den Prozeß der Entstehung einer Legende (»*wie man zu Preis und Ruhm kommt*«). Der kritische Gesprächspartner A fügt bei Herder den pragmatischen Kommentar an, daß er trotz allem lieber »die heilige Cäcilia zur Schutzpatronin der Musik haben« wolle als irgendeinen »bärtigen Apostel«; denn »eine Dame muß Göttin der Musik seyn«, und er meint, »daß selbst die himmlischen Chöre meistens weiblichen Geschlechts sind und daß die Männer nur allenfalls dazu brummen und im Baß aushalten«.[19] In der zweiten Fassung der Erzählung von Kleist findet sich sogar in Klammern der nachdrückliche Hinweis auf die »weibliche Geschlechtsart dieser geheimnisvollen Kunst« (43,26 f.),[20] die – offensichtlich genug – mit dem ebenso schrillen wie unmusikalischen Ritual der vier Brüder konfrontiert wird.

Allerdings fand Herder auf Grund seiner Erfahrungen in Italien 1793 zu einer positiveren Einstellung gegenüber der Schutzpatronin, obwohl er selbst in dem neuen Aufsatz *Cäcilia* nicht die Mißverständnisse verschweigt, denen die Legende ihre Entstehung verdankt. Er weist hier zunächst auf die Vorteile der »schönen christlichen Muse«, die »durch Gemählde und Gesänge berühmt worden, und durch beide aufs Herz der Menschen wohltätig gewirkt hat«.[21] Er preist auch die Oden, die zu ihrem Feiertag, am 22. November, gedichtet wurden, und bemerkt allgemein aus pragmatischer Perspektive: »Schön ists überhaupt für jede Kunst, eine solche Schutzgöttin und einen Tag des Wetteifers zu ihrem

19 Herder (Anm. 16), S. 163.
20 Textzitate mit Seiten- und Zeilenzahlen nach der Ausgabe: Heinrich von Kleist, *Der Zweikampf, Die heilige Cäcilie, Sämtliche Anekdoten [. . .]*, Stuttgart 1984 [u. ö.] (Reclams Universal-Bibliothek, 8004), S. 42–56.
21 Herder (Anm. 16), Bd. 16, S. 255.

Preise in *Ausübung der Kunst selbst* zu haben«.[22] In diesem
Kontext fällt auch ein Stichwort, das das musikästhetische
Konzept der Frühromantik vorwegnimmt, wie es dann vor
allem Wackenroder und Tieck entwickelt haben. »Andacht«,
verkündet Herder hier, »ist die höchst Summe der Musik,
heilige, himmlische Harmonie, Ergebung und Freude«.[23]
Religion und Musik werden also bereits von Herder in einen Zusammenhang gestellt. Er verweist außerdem auch auf
»die unerreichbaren Muster der älteren Musik der Kirche«,
wie das nach Wackenroder auch noch E. T. A. Hoffmann in
seinem Aufsatz *Alte und neue Kirchenmusik* praktiziert hat.
Nicht von ungefähr erfahren die fiktionalisierten Kapellmeister sowohl in Wackenroders Novelle *Das merkwürdige
musikalische Leben des Tonkünstlers Joseph Berglinger* als
auch in Hoffmanns Romanfragment *Kater Murr* ihr musi-
kalisches Initialerlebnis durch Kirchenmusik.[24]

Musik, die »romantischste aller Künste« (E. T. A. Hoffmann), schildert nach Wackenroder »menschliche Gefühle
auf eine übermenschliche Art«.[25] Musik ist keine Begriffs-,
sondern eine Empfindungssprache,[26] wie das schon der zitierte Artikel in Sulzers Lexikon programmatisch verkündet. Ausdrücke wie »Stimmung« und »Verstimmung«, die
auch in einem Brief des Dichters an Marie von Kleist (Sommer 1811) auftauchen, weisen »als Metaphern für Gemüts-
zustände« deutlich auf ihren musikalischen Ursprung hin.
Ähnlich wie Novalis hat nämlich Kleist Begriffe aus der
Anthropologie, Psychologie, Musik und Mathematik in ei-

---

22 Ebd.
23 Ebd., S. 256.
24 Vgl. dazu meinen Aufsatz: W. H., »Literarisch-ästhetische Auftakte zur romantischen Musik«, in: *Jahrbuch der Deutschen Schillergesellschaft* 41
   (1997) S. 210–235.
25 E. T. A. Hoffmann, *Schriften zur Musik*, hrsg. von Friedrich Schnapp,
   Darmstadt 1968, S. 34; Wilhelm Heinrich Wackenroder, *Werke und Briefe*,
   hrsg. von Gerda Heinrich, München 1984, S. 194.
26 Vgl. Carl Dahlhaus, *Klassische und romantische Musikästhetik*, Laaber
   1988, S. 149–160.

nen gemeinsamen Zusammenhang gestellt. Das folgende Zitat von Novalis könnte in der Tat auch von Kleist stammen: »Das Wort Stimmung deutet auf musikalische Seelenverhältnisse. Die Akustik der Seele ist noch ein dunkles, vielleicht aber sehr wichtiges Feld. Harmonische und disharmonische Schwingungen«.[27]

Wenn Kleist an einer Stelle die Musik als die »Wurzel« und »algebraische Formel« aller Künste versteht[28] (SW 2,875) und mit dieser Einsicht seine eigene Poetik begründen will, so entfernt er sich damit noch keineswegs von den ästhetischen Konzepten der Romantik. Auch scheint er ebenfalls die Instrumental- gegenüber der Vokalmusik favorisiert zu haben; denn auffallenderweise ist bei der Aufführung der Messe oder des Oratoriums in seiner Novelle nie von Gesang die Rede. Dagegen zersetzt er in seiner zweiten Fassung alle Ansätze, die Musik zur Religion, zu einem »Triumph der Religion« verklären. Allerdings hatte bereits Wackenroder, der in einem Essay die Symphonie als »Triumph der Instrumente« feierte, die Vergötterung der Kunst als Aberglaube und Götzendienst entlarvt. »Die Kunst ist eine verführerische, verbotene Frucht; wer einmal ihren innersten, süßesten Saft geschmeckt hat, der ist unwiederbringlich verloren für die tätige, lebendige Welt«, heißt es in einem Brief des Kapellmeisters Joseph Berglinger,[29] der nach der Aufführung seines Meisterwerks, eines Oratoriums, von einer Nervenschwäche befallen wird und bald darauf stirbt. Kleists Kapellmeisterin Antonia erkrankt ebenfalls an einem Nervenfieber und stirbt ganz ähnlich nach der »wunderbaren« Aufführung des alten Oratoriums. Wird der angeblich unmögliche Auftritt Antonias durch die sanktionierte legendäre Erscheinung der heiligen Cäcilie als Wunder deklariert, so illustriert Wackenroders Erzählung den Glauben des Tonkünstlers Berglinger mit einem Ge-

27 Zit. nach: ebd., S. 158.
28 Vgl. ebd., S. 152 ff.; siehe auch Lubkoll (Anm. 14), S. 199 f.
29 Wackenroder (Anm. 25), S. 332.

dicht an die heilige Cäcilia. Dieser bittet die christliche Muse, ihm zu helfen, daß er der Menschen Seelen »durch die Kraft der Töne« Meister sei.[30]

Der von Herder in seinem zweiten *Cäcilia*-Aufsatz angedeutete Ursprung der Musik aus dem Geiste der Religion führt im romantischen Diskurs zum Kompensationsmuster eines erfahrenen Sinnverlusts, das allerdings früh als solches durchschaut wurde. Auf der anderen Seite entsteht so etwas wie ein kanonisiertes Repertoire von »Wunder- und Herzenstönen«, mit welchen die heilige Cäcilia ihre Lieblinge »Leo, Durante, Palestrina, Marcello, Pergolese, Händel, Bach u. f. begeistert« hat.[31] Ihre Leidensgeschichte, die in dem berühmten Gemälde von Raffael[32] wenigstens noch angedeutet wurde, ist in dem vielbeachteten Werk[33] Carlo Dolcis, das Kleist vielleicht von der Dresdner Gemäldegalerie her kannte, bereits von der Darstellung der orgelspielenden Musikerin verdrängt worden.[34] Herder betont die nützlichen Seiten der Schutzpatronin. Was die Entstehung von Legenden betraf, blieb er ein unverbesserlicher kritischer Realist. In seinen Ausführungen *Ueber die Legende* meint er nicht ohne Polemik: »Dreierlei warf man den Legenden vor, und keins mit Unrecht. Sie fehlen, sagte man, *gegen die historische Wahrheit, gegen echte Moral, den Zweck der Menschheit*, endlich gegen die *Regeln einer guten Einkleidung und Schreibart*«.[35] Herder kritisiert die einfältige und

---

30 Ebd., S. 236 f.; auf Wackenroders Erzählung verweisen bes. Lubkoll (Anm. 14), S. 220, und Theisen (Anm. 17), S. 125.

31 Herder (Anm. 21), S. 260; vgl. auch Herder, ebd., Bd. 23, S. 556–573; außerdem E. T. A. Hoffmann, *Alte und neue Kirchenmusik*, in: Hoffmann (Anm. 25), S. 214, 217 ff., 225 ff.

32 Darstellung Cäcilias mit den zertrümmerten Instrumenten und dem Blick nach oben.

33 Vgl. Puschmann (Anm. 3), S. 20–27.

34 Theisen (Anm. 17, S. 124) verweist auf die Cäcilien-Darstellung des Malers Johann Carl Andreas Ludewig, auf den zuerst aufmerksam machte: Helmut Börsch-Supan, »Berlin 1810. Bildende Kunst«, in: *Kleist-Jahrbuch* (1987) S. 52–75 (bes. S. 67 f.).

35 Herder (Anm. 21), S. 388.

kunstlose Darstellungsart der Legenden und ihren Mangel an »incommensurabler« Form. Die indirekten und direkten Vorwürfe, die er in einem langen Paragraphen referiert, aber nicht eigens widerlegt, zielen auf folgende Intentionen der Legende: »Den Müßiggang zu ehren, Einsiedelei, Aberglauben, überspannete Andacht, falsche Tugenden, eine fromme Dummheit, eine den Geist ermordende Frömmigkeit, Heuchelei und Abgötterei zu empfehlen«.[36] Die Aufzählung gipfelt in der Frage, warum man dieses »böse Ideal einer verführenden Sittenlehre« loben solle, die »zu leerer Andacht, zu einem niedrigen Aberglauben, zu einer nutzlosen Anstrengung, endlich zu jener völligen *Aushöhlung* der Seele leitet, die mit äußersten Schmerzen ihren Kern aus sich gebohrt hat und wie eine hohle Nuß dem Herren weihet«.[37] Herders Stellungnahme ist ebenso kurz wie programmatisch: »spottet nicht, sondern bessert!« Er ruft zu einer Modernisierung der Legende auf, einer differenzierten und tiefschürfenden Analyse der menschlichen Natur und prophezeit: »Sie wird wieder werden, was ihr Name sagt, ein *durchaus zu Lesendes*, eine *Legende*«.[38]

Fast könnte man meinen, Heinrich von Kleist hätte diesen Aufruf Herders mit seiner Gattungsbezeichnung in Klammern befolgt und in komplexer Form »*ein durchaus zu Lesendes*« hergestellt, eine Antilegende. Kleist praktiziert in seiner Erzählung *Die heilige Cäcilie oder die Gewalt der Musik*, die Legende und Kunstwirkung schon im Titel antithetisch gegenübergestellt, ein Verfahren, das Kafka dann auf epigrammatische Weise an der Prometheus-Sage demonstrieren wird. Veranschaulicht Kafka an vier Textvarianten, wie sich die Arbeit am Mythos mehr und mehr erschöpft, weil sie das »Unerklärliche« zu erklären und zu

---

36 Ebd., S. 393.
37 Ebd., S. 394.
38 Ebd., S. 395. Gernot Müller (*Kleist und die bildende Kunst*, Tübingen/ Basel 1995, S. 292 ff.) interpretiert die »Legende« als Beispiel für »Kleists Ästhetik des Verzeichnens«.

rationalisieren sucht, so entlarvt Kleist die Legende als ideo-
logisches und politisches Konstrukt. Was Sage oder Mythos
bei Kafka leisten wollen, versucht die Legende bei Kleist:
nämlich die Erklärung eines Unerklärlichen. Die Frage ist,
ob der Prozeß des Lesens, mit dem Kleist den Leser durch
die angebliche Legende führt, ähnlich wie bei Kafka wieder
ins Gegenteil umschlägt. Der letzte Satz der Sprachdemon-
stration Kafkas lautet bekanntlich: »Da sie [die Sage] aus einem Wahrheitsgrund kommt, muß sie wieder im Unerklärlichen enden«.[39]

Die allmähliche Verfertigung der Legende

In seiner *Strukturalen Anthropologie* deklariert Claude
Lévi-Strauss die Differenz von Poesie und Mythos folgendermaßen: »die Poesie ist eine Form der Sprache, die nur
mit zahlreichen Deformationen in eine andere Sprache
übersetzt werden kann, während die Qualität oder Beschaffenheit des Mythos trotz der schlimmsten Übersetzung bestehen« bleibt.[40] Der Grund liegt für Lévi-Strauss darin, daß
die »Substanz des Mythos [...] weder im Stil noch in der
Erzählweise oder des Syntax« liegt, »sondern in der *Geschichte*, die darin erzählt wird«. Das scheint der rezeptionsästhetischen Kritik, die Herder an der Legende übt, direkt zu widersprechen; denn auch Legenden erzählen Geschichten, die allerdings »durch das, was *Andacht* vermöge,
zur Nachfolge reizen sollten«.[41] *Per definitionem* sind es
allerdings »christliche Heiligengeschichten«, die »in früh-
christlicher Zeit entstanden [sind] aus der Lesung während
des Gottesdienstes oder in einer klösterlichen Gemein-

39 Franz Kafka, *Hochzeitsvorbereitungen auf dem Lande*, Frankfurt a. M.
    1976, S. 74.
40 Claude Lévi-Strauss, *Strukturale Anthropologie*, Frankfurt a. M. 1967,
    S. 230.
41 Herder (Anm. 21), S. 387.

schaft«.[42] Von den Reformatoren abgewertet und der Aufklärung als Dokumente des Aberglaubens denunziert,
erfährt die Gattung erst wieder in der Romantik eine Er-
neuerung. In den *Herzensergießungen eines kunstliebenden
Klosterbruders* wird dann die Heiligenlegende zur Künst-
lerlegende, werden Kunst und Religion konnotiert. Diese
Konnotation setzt Heinrich von Kleist bereits in der Titel-
formulierung einer Befragung aus. Er verbindet außerdem
das ursprünglich ahistorische Konzept[43] der Hagiographie
mit einer historischen Einblendung[44] und unterminiert den
Wahrheitsanspruch der Legende durch eine komplizierte
Erzähltechnik, die in der Tiefenstruktur Widersprüche ins
Spiel bringt, welche die Oberflächenstruktur allzu offensichtlich zu schließen versucht.

Gegenüber der Erstfassung weist Kleists 1811 publizierte
Erzählung entscheidende Veränderungen auf. Das Geschehen wird diachronisch segmentiert und einer differenzierte-
ren, vielschichtigeren Optik ausgesetzt.[45] Besteht der in den
Berliner Abendblättern erschienene Text aus drei Abschnitten, so der umgearbeitete aus sechs, zum Teil umfangreichen
Segmenten. Es fällt auf, daß die Segmente untereinander
durch bestimmte, in der Handlung eingelagerte Motive verknüpft sind.[46] Die Mutter begibt sich auf die Suche nach ihren verschollenen Söhnen. Dem Brief des Prädikanten an
einen Freund verdankt sie den Hinweis auf den Augenzeugen Veit Gotthelf. Die betrüblichen Entdeckungen führen
sie schließlich zum »entsetzlichen Schauplatz« (52,24) der

42 *Die Religion in Geschichte und Gegenwart. Handwörterbuch für Theologie und Religionswissenschaft*, Bd. 5, Tübingen ³1961, Sp. 1301.
43 Herder (Anm. 21), S. 388.
44 Lévi-Strauss (Anm. 40, S. 230) reklamiert dies als charakteristisch für den
   Mythos.
45 Vgl. Dorothea von Mücke, »Der Fluch der Heiligen Cäcilie«, in: *Poetica* 26
   (1994) S. 1 f., 107 ff.
46 Vgl. Werner Hoffmeister, »Die Doppeldeutigkeit der Erzählweise in Heinrich von Kleists *Die heilige Cäcilie*«, in: *Festschrift für Werner Neuse*, hrsg.
   von Herbert Lederer und Joachim Seyppel, Berlin 1967, S. 50 ff.

Handlung, dem Dom. Die zweite Etappe dieses fünften Abschnitts beruht allerdings ebenso auf Kontingenz wie schon der erste Abschnitt der Erzählung. Der Plan zur »Bilderstürmerei« (42,22) wird nämlich erst entwickelt, als der ursprüngliche Grund des Treffens der vier Brüder in Aachen: die Erbschaft »eines alten, ihnen allen unbekannten Oheims« (45,10) zu erheben, auf alle möglichen, im Text nicht näher bezeichneten Hindernisse stößt. Statt bürgerlicher Erbschaft soll es nun das »Schauspiel« (42,22) einer Revolution geben, so könnte man eine für Kleist so typische Wendung der Dinge auf einen pointierten Nenner bringen.

Bilden die Segmente 1 und 2 von der Handlung her eine Einheit, so lassen sich die Segmente 3, 4, und 5 einander zuordnen: alle drei beginnen mit einer Zeitangabe (»Sechs Jahre darauf«, 45,29, »am Morgen des folgenden Tages«, 47,25 f., »Drei Tage darauf«, 52,20), die mit den Nachforschungen der Mutter im Zusammenhang stehen. Auch die beiden ersten Segmente der Erzählung werden durch Zeitbestimmungen eingeleitet. Die Zeitangabe im ersten Segment ordnet die Geschichte historisch dem »Ende des sechzehnten Jahrhunderts« zu und spezifiziert: »als die Bilderstürmerei in den Niederlanden wütete« (42,5 f.). Mit dieser Spezifikation wird schon die religiöse als politische Auseinandersetzung zwischen Protestanten und Katholiken signalisiert,[47] wobei daran zu erinnern wäre, daß nicht von ungefähr im 18. Jahrhundert der Kampf der Niederländer von Goethes *Egmont* bis Schillers *Don Carlos* als Modell bürgerlicher Emanzipation und Mündigkeit diente.

---

47 Auf den Kontext einer machtpolitischen Auseinandersetzung verweisen auch: Donald A. Haase / Rachel Freudenburg, »Power, Truth and Interpretation: The Hermeneutic Act and Kleist's *Die heilige Cäcilie*«, in: *Deutsche Vierteljahrsschrift für Literaturwissenschaft und Geistesgeschichte* 60 (1986) H. 1, S. 92; Gerhard Gönner, *Von »zerspaltenen Herzen« und der »gebrechlichen Einrichtung der Welt«. Versuch einer Phänomenologie der Gewalt bei Kleist*, Stuttgart 1989, S. 95; Thomas Heine, »Kleist's *St. Cecilia* and the Power of Politics«, in: *Seminar* 16 (1980) H. 2, S. 74 ff.

Die »Bilderstürmerei« selbst, die im Nebensatz mit dem
Verb »wüten« vom Erzähler bereits negativ bewertet wird,
zielt auf einen Hauptunterschied der beiden Konfessionen
im Hinblick auf den Repräsentationscharakter des Bildli-
chen.[48] Bezeichnenderweise wurde von den »Bilderstürmern« gerade das Fronleichnamsfest, das Luther als das »al-
lerschädlichste« Fest bezeichnet hatte,[49] für die gewalttätige
Aktion gewählt, die aber bald eine höhere Gewalt außer
Kraft setzte. Von der Handlung her läßt sich die Erzählung
in folgende drei Hauptphasen einteilen: 1. Der politischen
Aktion der Brüder scheint das Kloster hilflos ausgeliefert
zu sein (Segment 1), bis die Gewalt der Musik (Segment 2)
zu einer Entmächtigung der Bilderstürmer führt und der
Anschein einer Legende entsteht. 2. Sechs Jahre später
forscht die Mutter dem Verbleib ihrer Söhne nach und versucht den Sachverhalt aufzuklären (Segment 3 und 4). Sie
findet diese in einem Irrenhaus und kann den »schauderhaften Anblick dieser Unglücklichen nicht ertragen« (47,21 f.).
Ein Augenzeuge und Mitbeteiligter (Veit Gotthelf) liefert
einen dramatischen Bericht der Vorgänge. 3. Nach der Besichtigung des »Schauplatzes« wird die Mutter mit der Äbtissin und der Partitur konfrontiert. Sie erfährt schließlich
die offizielle Erklärung des Wunders und dessen Sanktionierung durch den Erzbischof und den Papst (Segment 5).
Der letzte Abschnitt bildet eine Art ironischen Abgesang,[50]

---

48 Zum Hintergrund der Ikonoklasten vgl. Gönner, ebd., S. 53, 95, 209
   (Anm. 13); Bernd Fischer, *Ironische Metaphysik. Die Erzählungen Heinrich von Kleists*, München 1988, S. 95; von Mücke (Anm. 45), S. 108 f.; Theisen (Anm. 17), S. 114 ff. Gernot Müller (Anm. 38, S. 302 ff.) macht auf die
   Parallelen der »Bilderstürmerei in den Niederlanden« mit Schillers *Geschichte des Abfalls der Niederlande von der spanischen Regierung* aufmerksam.
49 *Die Religion in Geschichte und Gegenwart* (Anm. 42), Bd. 2, Tübingen
   ³1958, Sp. 1165 f.; vgl. zum Kontext auch: Thomas Moser, *Verfehlte Gefühle. Wissen – Begehren – Darstellen bei Kleist und Rousseau*, Würzburg
   1993, S. 204 ff.
50 Von Mücke (Anm. 45, S. 107) nennt ihn eine »gleichsam [. . .] parodistisch
   gefärbte Coda«.

in dem erstens das Erbschaftsthema des Anfangs in verwandelter Form anklingt (statt des »unbekannten« Onkels hinterlegt die »bekannte« Mutter den Söhnen ein »kleines Kapital«, 56,17) und eine weitere Rückkehr »in den Schoß der katholischen Kirche« (56,20) erfolgt, diesmal durch die Mutter der Ikonoklasten. Ließe sich bei den Teilen 1 und 2 von einer allmählichen Verfertigung der Legende reden, so beim Teil 3 von ihrer Einklammerung durch die ideologische Besetzung einer semantischen Leerstelle. Man könnte diese offizielle Sprachregelung auch als eine Vergewaltigung des Textes bezeichnen. Auf einer paradigmatischen Ebene geht es nicht nur um einen politischen Machtkampf zwischen Protestantismus und Katholizismus, Patriarchat und Matriarchat, Revolutionstheater und Musik, sondern auch um die ästhetischen Gewalten von Schrift, Text, Ton und Bild, die im Prozeß des Lesens entfaltet werden.

Die Bilderstürmer und die Kapellmeisterin

Das erste Segment, das gleich am Anfang den historischen Kontext mit der »Bilderstürmerei in den Niederlanden« signalisiert, handelt von einer religiösen Kollision, die recht eigentlich, wie spätestens das fünfte Segment deutlich macht, einen politischen Machtkampf darstellt. Religiöse »Schwärmerei, Jugend und [das] Beispiel der Niederländer« (42,20 f.) verführt die drei in Wittenberg studierenden Brüder und den vierten, der bereits Prädikant in Antwerpen ist, zum »Schauspiel einer Bilderstürmerei«. Das geplante Revolutionstheater richtet sich gegen »das Kloster der heiligen Cäcilie«, das den Fronleichnamstag, das eigentliche Kernstück der Transsubstantiations-Lehre der katholischen Kirche,[51] »festlich« begehen wollte. Prozession und »Schau-

---

51 Vgl. *Die Religion in Geschichte und Gegenwart* (Anm. 42), Bd. 1, Tübingen ³1957, Sp. 26, 36.

spiel«, Katholizismus und Protestantismus, Aachen und Antwerpen stehen einander ebenso antithetisch gegenüber wie die vier religiösen Schwärmer und die Äbtissin des Klosters. Dabei scheinen beide Parteien Schwachpunkte aufzuweisen: die für die Feier so wichtige Kapellmeisterin Antonia ist am Nervenfieber erkrankt, und der Anführer der Revolutionäre, der Prädikant, fällt als erster der Gewalt der Musik zum Opfer. Der Schwachpunkt des Klosters erweist sich allerdings als Stärke und die ursprüngliche Stärke der religiös-politischen Schwärmer überraschenderweise als Schwäche.

Auf der anderen Seite demonstriert die Äbtissin allen widrigen Umständen zum Trotz eine intransigente Haltung, die an das *constantia*-Ideal des Barockdramas erinnert. Sie »bestand unerschütterlich darauf«, so heißt es in dem Text, »daß das zur Ehre des höchsten Gottes angeordnete Fest begangen werden müsse«, obwohl sie der Klostervogt »auf Knieen beschwor, das Fest einzustellen« (44,23). Die Frauen beweisen nicht nur mit der »geheimnisvollen Kunst« der Musik (43,27) gegenüber den Männern eine deutliche Überlegenheit (und zwar gleichermaßen im Hinblick auf »Präzision«, »Verstand« und »Empfindung«), sondern auch, wie die Handlungsweise der Äbtissin im Gegensatz zum durchaus verständlichen Verhalten des Klostervogts zeigt, eine innere Unabhängigkeit gegenüber äußeren Gefahren. Die Äbtissin zwingt ihren unbeugsamen Willen ebenso dem Klostervogt wie den Klosterschwestern auf, die sie »unter Zittern und Beben umringten« (44,31 f.). Die Revolutionäre, das heißt genauer: ihr Anführer wird jedoch recht eigentlich nicht vom Willen der Äbtissin, sondern von der ›Gewalt der Musik‹ in die Knie (vgl. 48 f.) gezwungen. Doch ohne die Entschlossenheit der Äbtissin wäre es andererseits nicht zu der Aufführung des Musikwerkes gekommen.

In diesem Zusammenhang fällt allerdings auf, daß der Erzähler Informationen ausblendet oder sich auf Andeutun-

gen beschränkt. Die Ursache des Zusammentreffens der vier
Brüder ist ja nicht die »Bilderstürmerei«, welche die Zeit
und die jungen Gemüter bewegt, sondern die Erbschaft
»von Seiten eines alten, ihnen allen unbekannten Oheims«.
Dieser Oheim scheint in Aachen, einer sowohl den Brüdern
als auch ihrer Mutter fremden Stadt, gelebt zu haben. Wahrscheinlich war er katholisch wie die übrigen Einwohner der
Stadt, die zum Zeitpunkt der Handlung allerdings von den
niederländischen Unruhen bedroht scheint. Offensichtlich
gelang es den Brüdern nicht, die »Erbschaft« zu erheben
(die Gründe werden nicht genannt), und der ökonomische
Mißerfolg setzt sich, angeregt durch die »merkwürdigen
Auftritte« in ihrem Heimatland, in aggressive politische
und religiöse Revolutionsentschlossenheit um.

Verschiedene Hinweise wie etwa, daß selbst der kaiserli-
che Offizier, »der in der Stadt kommandierte«, ein »Feind
des Papsttums« (43,8–10) war, veranschaulichen, daß die
Revolutionäre in Aachen durchaus mit einflußreichen
Gesinnungsgenossen rechnen konnten, wenn zum engeren Kreis auch vorerst nur »eine Anzahl junger, der
neuen Lehre ergebener Kaufmannssöhne und Studenten« (42,25 f.) gehörten. Dem radikalen Vorhaben, die »mit
biblischen Geschichten bemalten« Fensterscheiben einzu-
schlagen, »keinen Stein auf dem andern zu lassen« (42,33–
43,3), oder wie es später in dem Bericht Veit Gotthelfs
heißt: »um den Dom der Erde gleich zu machen« (48,17 f.),
hatten die Klosterschwestern und ihre willensstarke Vorge-
setzte keine anderen Mittel gegenüberzusetzen als die Aufführung eines besonderen Musikwerkes, nämlich »eine ur-
alte von einem unbekannten Meister herrührende, italieni-
sche Messe« (43,37–44,1). Wie der Onkel der Brüder bleibt
auch der Meister des Musikwerkes »unbekannt«;[52] aller-

---

52 Die Parallele wird auch erwähnt von Puschmann (Anm. 3), S. 33; Haase/
    Freudenburg (Anm. 47), S. 94; Thomas Groß, *»grade wie im Ge-
    spräch . . .«. Die Selbstreferentialität der Texte Heinrich von Kleists*, Würz-
    burg 1995, S. 209.

dings verleiht das dem Komponisten und seiner Partitur eine fast mythische Aura, die seine Musik in einen überirdischen numinosen Zusammenhang rückt. Obwohl man wegen der Krankheit (die seit Wackenroders Berglinger in romantischen Texten für romantische Kapellmeister fast berufsimmanent zu sein scheint) von Schwester Antonia zunächst auf eine Ersatzpartitur glaubte zurückgreifen zu müssen, kommt es dann doch durch das plötzliche Wunder zu der Aufführung der »uralten, italienischen Messe« (45,4).

Die Kontingenz der Erzählhandlung in diesem ersten Abschnitt wird durch entsprechende syntaktische Signale wie »traf es sich« (42,16 f.) und »fügte es sich« (43,27) mitgeteilt.[53] Sie ergänzen die gehäuften Zeitangaben (»Nach Verlauf einiger Tage«, »am Abend zuvor«, »da der Tag über den Zinnen über der Stadt aufgegangen« [42], »in der Stunde, da die Glocken läuteten«, »schon beim Aufbruch des Tages«, »wenige Tage zuvor«, »am Abend des vorhergehenden Tages« [43], »Inzwischen waren in dem Dom«, »weil eben die Glocke schlug«, »Eben schickten sich die Nonnen [...] an [...] als Schwester Antonia plötzlich« [44 f.]), welche eine Gleichzeitigkeit vortäuschen, die in Wirklichkeit nicht existiert. Der Erzähler hält sich keineswegs an die Chronologie, sondern durchbricht sie immer wieder, um Informationen nachzuholen und vor allem die verzweifelte Situation zu veranschaulichen, in der sich das »Kloster der heiligen Cäcilie« befindet. Das erzeugt nicht nur Spannung, sondern führt dramatisch auf den plötzlichen Umschwung der Dinge zu, den Höhepunkt der Geschichte, an dem das wirkliche Geschehen sich ins Unerklärliche, in den Bereich des Wunders öffnet.

53 Der vorletzte Abschnitt, in dem die Begegnung der Mutter mit der Äbtissin stattfindet, enthält diese Signale auf kurzem Raum (»Es traf sich«, »zufällig erfuhr«, 53).

Gingen im ersten Abschnitt alle Aktionen im katholischen Lager von der Äbtissin aus, so rückt im zweiten die
plötzlich »frische und gesunde« (45,2) Kapellmeisterin in
den Mittelpunkt. Stürzen sich die Bilderstürmer »erhitzt«
und »ausgelassen« (vgl. 42) in ihre Unternehmung, so setzt
sich Antonia »von Begeisterung glühend« (45,10) an die
Orgel. Der Affekteinsatz bei beiden »Aufführungen« wird
einerseits betont, andererseits voneinander abgehoben. Außerdem scheint die politisch-religiöse Agitation der Brüder
von der »Begeisterung« der klösterlichen Musikerinnen wie
ausgelöscht; »es regte sich« während der Aufführung, so
teilt der Text mit, »kein Odem in den Hallen und Bänken«
(45,19 f.), ja, »bei dem salve regina und noch mehr bei dem
gloria in excelsis, war es, als ob die ganze Bevölkerung der
Kirche tot sei« (45,21–23). Die Musik überwältigt im wahrsten Sinne des Wortes die Zuhörer. Es ist nicht von ungefähr Schwester Antonia[54] – mit dem fast onomatopoetischen
Namen ihrer künstlerischen Tätigkeit –, welche die »Partitur der uralten, italienischen Messe« (45,4) zu dieser un-
glaublichen Wirkung bringt. Der Text markiert damit, wie
der fünfte Abschnitt noch verständlicher macht, den Unterschied zwischen dem Realisat und dem Zeichencharakter
der Notenschrift, zwischen ihrer akustischen und optischen
Rezeption.

Die Affektregie der Klosterfrauen und ihrer Dirigentin
ist eindeutig der Agitation der »Bilderstürmer« überlegen,
deren Anführer das so »frohlockend« verabredete Zeichen
zur Aktion nicht nur nicht gibt, sondern auch noch alle
Verschwörer »mit lauter fürchterlicher Stimme« zur Unterwerfung und Demut auffordert (48,25). Während die
Zeichen der Partitur äußerst wirkungsvoll umgesetzt werden, die außerdem harmonisch den Preis Marias (»salve

---

54 Vgl. Theisen (Anm. 17), S. 112; Thomas Groß, »Schwester Antonia und der
zwiespältige Schein der Kunst«, in: *Brandenburger Kleist-Blätter* 10,
Frankfurt a. M. 1997, S. 43.

regina«) und des Vaters und Sohnes (»gloria in excelsis«) zu verbinden scheint,[55] herrscht im Hinblick auf die Zeichen der Aufführung des »Schauspiels einer Bilderstürmerei« (42,22 f.) absolute Sendestille. Es fällt auf, daß in diesem Abschnitt weder von der heiligen Cäcilie noch von einem göttlichen Wunder die Rede ist, sondern nur von »der höchsten und herrlichsten musikalischen Pracht«, mit der das Oratorium oder die Messe (zwischen den beiden Bezeichnungen unterscheidet der Text nicht) »ausgeführt« wurde (45,18 f.). Der offensichtliche Sieg der Musikerinnen über die Revolutionäre wird allerdings am Schluß des zweiten Abschnitts gleich wieder durch die Mitteilung relativiert, daß man das Kloster »vermöge eines Artikels im westphälischen Frieden, gleichwohl säkularisierte« (45,27 f.). Am Ende scheint also doch die Politik über die Musik, der Protestantismus über den Katholizismus gesiegt zu haben.

Verspätete Nachforschungen einer Mutter

Von der Erzählhaltung her lassen sich die ersten beiden Segmente als szenische Darstellung[56] beschreiben, was sich auch mit einer Reihe stilistischer Indizien belegen läßt. Die erwähnten Unterbrechungen der chronologischen Reihenfolge stellen eine Vielfalt von Aktionen vor und suggerieren zuweilen den Eindruck der Gleichzeitigkeit. Ein Mittel dramatischer Intensivierung bildet das in diesen Abschnitten

---

55 Vgl. Gerhard Neumann, »Eselsgeschrei und Sphärenklang. Zeichensystem der Musik und Legitimation der Legende in Kleists Novelle *Die heilige Cäcilie oder die Gewalt der Musik*«, in: G. N. (Hrsg.), *Heinrich von Kleist. Kriegsfall – Rechtsfall – Sündenfall*, Freiburg i. Br. 1994, S. 381. Daß die »bewältigten« Brüder später nur das *gloria in excelsis* intonieren, hat eine spezifische Bedeutung für ihr Verhalten: sie preisen Vater und Sohn, aber nicht die Mutter.

56 Franz K. Stanzel, *Typische Formen des Romans*, Göttingen ²1964, S. 11 ff.

üppig eingesetzte Polysyndeton,[57] wodurch zum Teil bedeutungs- und klangähnliche Substantive und Verben (hier meist in Zweierkombinationen) zu Einheiten zusammengebunden werden. Auch die folgenden Abschnitte, die von der Suche der Mutter nach ihren Söhnen und der Erforschung der Wahrheit handeln, enthalten immer wieder Polysyndeta, allerdings nicht mehr in dieser Häufung auf engem Raum. Diese Segmente vermischen außerdem verschiedene Erzählhaltungen und setzen das Geschehen verschiedenen Perspektiven aus. Statt Eigennamen gibt der Text im allgemeinen nur die soziologisch-berufliche Zugehörigkeit der Personen an (Student, Prädikant, Äbtissin, Offizier, Klostervogt, Klosterschwester, Mutter, Vorsteher, Erzbischof und Papst). Abgesehen von der heiligen Cäcilie, die metonymisch die »himmlische Kunst« repräsentiert, haben in der Novelle nur Antonia und Veit Gotthelf bürgerliche Namen, die allerdings semantisch aufgeladen sind.[58] Es ist bestimmt kein Zufall, daß die Namen Cäcilia und Antonia dieselbe Buchstabenzahl aufweisen und in einer assonanten Beziehung zueinander stehen. Nicht von ungefähr wird das unerklärliche plötzliche Erscheinen der kranken Antonia später in der offiziellen Sprachregelung durch den Namen der heiligen Cäcilia ersetzt.

Im Falle des Augenzeugen und Mittäters Veit Gotthelf deutet der Doppelname auf einen Widerspruch in der Per-

---

57 Dabei sei auf folgende Beispiele verwiesen: »Wein und Speisen« (42,27), »mit Äxten und Zerstörungswerkzeugen« (42,30), »unter Angst und Beten und jammervoller Erwartung« (43,17 f.), »Heiligkeit und Herrlichkeit« (44,3), »mit Beilen und Brechstangen« (44,14), »Leib und Leben« (44,30), »unter Zittern und Beben« (44,31 f.), »frisch und gesund« (45,2), »der höchsten und herrlichsten« (45,18), »in den Hallen und Bänken« (45,20), »trübselig und melancholisch« (46,18), »ernst und feierlich« (47,14), »mit Beilen und Pechkränzen« (48,14 f.), »in Unschlüssigkeit und Untätigkeit« (48,36 f.), »seltsam und befremdend« (50,29 f.; 55,28), »entsetzlich und gräßlich« (50,31), »schauderhaft und empörend« (51,9), »bestätigt und bewahrheitet« (55,29), »schreckliche und herrliche Wunder« (56,1), »heiter und vergnügt« (56,22).

58 Vgl. Groß (Anm. 54), S. 54 f.

son hin. Der mit dem Antichristen synonym[59] gebrauchte erste Name drückt das Gegenteil vom zweiten aus. Der sozialisierte »berühmte« Tuchhändler von Aachen beweist andererseits mit seiner erfolgreichen Existenz, daß es auch andere Möglichkeiten gab, die revolutionären Exzesse und den »wahrhaft gottlosen Scharfsinn« (48,8) aufzuheben, nämlich durch Amnesie. Auf der anderen Seite empfängt er die Mutter seiner Freunde »sehr liebreich« (47,35) und ist zur rückhaltlosen Anamnese bereit unter der verständlichen Bedingung, daß sie ihn nicht in eine Untersuchung verwickelt (vgl. 48). Die Darstellung Veit Gotthelfs, dieses Repräsentanten der gemischten Natur des Menschen,[60] ist in der neueren Forschung nicht selten abgewertet worden,[61] aber schon die Ausführlichkeit, mit der seine Perspektive präsentiert wird, spricht gegen eine nur negative Auslegung.[62] Obwohl Gotthelfs Darstellung in manchen Einzelheiten im Widerspruch zum Bericht des Erzählers steht, bedeutet das nicht, daß es sich hier um eine bewußte Fälschung der Tatsachen handelt. Erstens steckt auch der Bericht des Erzählers voller Widersprüche und unterdrückt Informationen, zweitens kann in der Tat bereits ein Zeitraum von sechs Jahren Sachverhalte in der Erinnerung verändern.

Der zweite Teil der Erzählung besteht, so sei nochmals kurz wiederholt, aus den Nachforschungen der Mutter in Aachen (Segment 3), dem Bericht von Veit Gotthelf (Segment 4), der Besichtigung des Schauplatzes und der Begegnung mit der Äbtissin (Segment 5). Dieser zweite Teil unterscheidet sich grundsätzlich von dem der Erstfassung, in dem weder die Mutter noch Veit Gotthelf vorkommen. Man hat in diesem Teil das Muster einer Detektivgeschichte

---

59 Vgl. Fischer (Anm. 48), S. 94.
60 Vgl. den Schluß der *Marquise von O . . .* (SW 2,143).
61 So bei Puschmann (Anm. 3), S. 17, und zuletzt bei Groß (Anm. 54), S. 54–57. Müller (Anm. 38, S. 293) nennt Gotthelfs Bericht eine »manipulierende Verzeichnung«.
62 Positiv bewerten den Bericht Gotthelfs Hoffmeister (Anm. 46, S. 48, 50) und Heine (Anm. 47, S. 81).

sehen wollen, aber sich merkwürdigerweise nicht gefragt, warum die Mutter erst nach sechs Jahren, »da diese Begebenheit längst vergessen war« (45,29 f.), aus Den Haag anreiste, um bei dem Magistrat zu Aachen »gerichtliche Untersuchungen« (45,34 f.) nach den verschollenen Söhnen anzustellen. Warum hatte sie so lange gewartet? Waren die Beziehungen zu ihren Söhnen problematisch? Sie besaßen, wie der Text nahelegt, »leider« einen alles andere als trübseligen und melancholischen Gemütszustand (vgl. 46), was wohl heißt, daß sie zu Exzessen aus Übermut und Leichtsinn neigten. Nicht von ungefähr erstattet der vielseitige Brief des Prädikanten an den Schullehrer in Antwerpen, in dem eben auch Veit Gotthelf erwähnt wird, »mit vieler Heiterkeit oder vielmehr Ausgelassenheit« (46,4 f.) Anzeige von der geplanten Unternehmung gegen das Kloster. Allerdings verwickelt sich der Erzähler an dieser Stelle in einen wenig beachteten Widerspruch. Skizzierte er noch kurz vorher den geschäftigen Vorabend des Fronleichnamfests, an dem der Prädikant als Anführer der Revolutionäre mit den Vorbereitungen des geplanten »Schauspiels« mehr als beschäftigt war (42), so ist nun plötzlich von einem ausführlichen Brief die Rede, den der Prädikant an dem nämlichen, so hektischen Vorabend an seinen Freund geschrieben haben soll.

Man kann daraus nur schließen, daß der Bericht des Erzählers nicht verläßlicher ist als der Veit Gotthelfs. Indem beide bemüht sind, die Geschichte so anschaulich wie möglich zu gestalten, überdeckt und verfälscht zuweilen der Darstellungswert den wirklichen Sachgehalt und Sachverhalt. Der Erzähler hält auch bewußt, wie sich immer wieder beobachten läßt und wie er selbst am Ende des mündlichen Berichts von Veit Gotthelf betont (52,13–19), Informationen zurück oder verbirgt sie nicht ohne Raffinement in einer indirekten Aussagestruktur. Ein Beispiel dafür liefert die Schilderung, wie die Mutter[63] durch ihre Nachforschun-

---

63 Wobei sie hier von einem Gerichtsboten begleitet wird, im fünften Segment von einer Freundin.

gen schließlich in das Irrenhaus zu ihren »unglücklichen, sinnverwirrten« (46,27) Söhnen geführt wird. Man stellt allerdings verwundert fest, daß diese die wiedergefundenen Söhne keineswegs eigens begrüßt oder sie wenigstens anredet, sondern vielmehr ausschließlich mit den Vorstehern des Irrenhauses über sie kommuniziert. Wie man den Auskünften der Vorsteher, die als eine Art abstraktes Kollektiv funktionell vorgestellt werden, entnehmen kann, scheinen die kranken Söhne zumindest zeitweise ansprechbar zu sein. Die Mutter dagegen unternimmt laut Erzählerbericht keinen einzigen Versuch, mit ihren Söhnen ins Gespräch zu kommen,[64] im Gegenteil: zu Anfang des vierten Abschnitts wird nachdrücklich mitgeteilt, daß sie »den schauderhaften Anblick dieser Unglücklichen nicht ertragen konnte« (47,21 f.).

Die Pathographie der vier von der Musik überwältigten Brüder wird in den Segmenten 3 und 4 parallelisiert. Im dritten Segment stammt sie vom Kollektiv der unbeteiligten Vorsteher der Anstalt, im vierten von dem persönlichen Freund Gotthelf, den ihr Schicksal auch noch im Rückblick erschüttert. Entspricht der erste Bericht einer professionellen, objektiven Fallanalyse, so zeigt die pathetische Darstellung Gotthelfs mit dem rhetorischen Einsatz der Gemütserregungskunst die persönliche Betroffenheit. So wenig sich die pathologischen Befunde im Detail unterscheiden, so verschieden sind die Darstellungsweisen: pragmatisch und rational im ersten, pathetisch und affektbetont im zweiten Abschnitt. Die Mutter selbst sieht ihre Söhne in den »langen, schwarzen Talaren« um einen Tisch sitzen und ein Kruzifix anbeten (46,31–34). Als sie die Vorsteher nach der Bedeutung dieser Handlungsweise fragt, erklären diese, daß die Söhne »vorgeben«, »in der Verherrlichung des Heilands begriffen« zu sein, von dem sie besser als andere wüßten,

---

64 Merkwürdigerweise wurde dieser Sachverhalt bisher so wenig diskutiert wie die so auffallend spät einsetzenden Nachforschungen der Mutter.

daß er der »wahrhaftige Sohn des alleinigen Gottes sei« (46,37–47,3). Das ist freilich noch kein Beweis für ihre veränderte, das heißt »katholische« Gesinnung (46,22). Der religiöse Wahn (vgl. 46,16) zeigt sich außerdem auch weniger in ihrer Askese, dem freiwilligen Schlaf-, Essens- und Redeentzug, als vielmehr in dem täglichen Mitternachtsritual, bei dem sie mit »einer Stimme, welche die Fenster des Hauses bersten machte, das gloria in excelsis intonierten« (47,9 f.).

Mag nun das Verbum »into*ni*eren« in bewußter Assonanz zu »Ant*oni*a« stehen oder nicht,[65] es kann keine Frage sein, daß hier in einer Art Zwangsneurose der Höhepunkt und Schlußteil der alten Messe, die Antonia so wirkungsvoll aufgeführt hat, entsetzlich verfremdet und »verstimmt«[66] wiederholt wird. Veit Gotthelf bezeichnet ihre Stimmen deshalb auch als »entsetzlich und gräßlich« (50,31) und veranschaulicht diesen Vorgang dergestalt: »So mögen sich Leoparden und Wölfe anhören lassen, wenn sie zur eisigen Winterzeit, das Firmament anbrüllen: die Pfeiler des Hauses [...] erschütterten, und die Fenster [...] drohten klirrend [...] zusammen zu brechen« (50,32–51,1). Die Darstellung wird noch dadurch gesteigert, daß sie die Wirkung auf die Augenzeugen schildert: wie diese bei dem »grausenhaften Auftritt [...] besinnungslos, mit sträuben den Haaren« auseinander stürzten (51,2 f.).

So groß die Anteilnahme von Veit Gotthelf an dem bedauernswerten Zustand der Brüder zu sein scheint, in der Fluchtbewegung mit den »sträubenden Haaren« (er spricht hier von sich und den anderen Freunden), also in der Abwendung von den »verrückten« Brüdern, unterscheidet er sich nicht im geringsten vom Verhalten ihrer leiblichen Mutter (47,21 f.). Die Brüder werden durch den ver-rückten

65 Theisen (Anm. 17), S. 112.
66 Zum Begriff »verstimmt« in diesem Kontext vgl. Christine Lubkoll, »›Die heilige Musik oder Die Gewalt der Zeichen‹. Zur musikalischen Poetik in Heinrich von Kleists *Cäcilie*-Novelle«, in: Neumann (Anm. 55), S. 338 f.

Zustand zu religiösen Automaten reduziert. Zwar körperlich gesund, sind sie offensichtlich sowohl geistig als auch geistlich krank. Die innere »Verstimmung« ihres Gemüts drückt sich ebenso wie die »Ich-Dissoziation« in ihren dissonanten Stimmen aus.[67] Wenn dieser Zustand durch die »Gewalt« des aufgeführten Musikwerkes verursacht wurde, so drängt sich die Frage auf, warum diese Wirkung auf die vier Brüder beschränkt blieb. Man könnte auf latent vorhandene neurotische Anlagen der vier Brüder schließen, welche die Musik plötzlich zum Ausdruck brachte, so daß »ihr innerstes Gemüt« um- und verkehrt ward (49,33 f.). Allerdings weist auch die eigentliche Gegenspielerin des Prädikanten krankhafte Züge auf: das Nervenfieber Antonias läßt sich als Syndrom einer wie auch immer angegriffenen Psyche und Physis diagnostizieren. Vielleicht ist die Ursache ihrer Krankheit exzessiver musikalischer Enthusiasmus, der ihre körperlichen Kräfte schwächt, was auch erklären würde, daß sie am Abend nach der im wahrsten Sinne ebenso spektakulären wie mysteriösen Aufführung der Messe stirbt. Wird Antonia im romantischen Sinne durch eine spiritualisierte Existenz charakterisiert und war ihr eine »leibliche« Verwandte »zur Pflege ihres Körpers beigeordnet« (55,23), so sind die Brüder wohl körperlich gesund, aber nicht spirituell. Dabei besteht die paradoxe Situation darin, daß Antonia, die angeblich »in gänzlich bewußtlosem Zustande« darniederlag (44,9 f.), also die ganze Zeit über »gänzlich« sinn- und sinnenberaubt war (55,30), plötzlich körperlich »frisch und gesund« erscheint (45,2). Die körperlich gesunden Brüder dagegen kasteien ihre Körper und verbringen ihr Leben mit einer unfreiwilligen Parodie mönchisch-asketischer Existenz. Sie führen, wie es im Text heißt, ein »ödes, gespensterartiges Klosterleben« (51,30 f.). Daß an diesem Erscheinungsbild der Brüder reli-

---

67 Vgl. dazu auch die überzeugenden Ausführungen bei Theisen (Anm. 17), S. 128 ff.

giöser Fanatismus gleichzeitig als ein wahnhafter Zustand
entlarvt wird, versteht sich von selbst. Doch die Kritik richtet sich nicht weniger auf die Verhaltensweise der Mitmen-
schen, besonders der Freunde und Verwandten, den Unglücklichen gegenüber.

Sowohl im Fall des Freundes Veit Gotthelf als auch der
Mutter ist die erste spontane emotionale Reaktion auf
den zelebrierten religiösen Wahnsinn »Entsetzen« (46,29;
49,15). Dann werden die Ursachen der Krankheit mit religiösen Kriterien erklärt. Veit Gotthelf vergleicht ihr »schau-
derhaftes und empörendes Gebrüll« mit der Verzweiflung
»ewig verdammter Sünder«, die »aus dem tiefsten Grund
der flammenvollen Hölle, jammervoll um Erbarmung zu
Gottes Ohren« (51,9–12) flehen. Er selbst hatte sich von
dem revolutionären Unternehmen der Brüder schon durch
seine totale Sozialisierung (vgl. 47,32 f.) gänzlich distanziert
und stand als »berühmter« Tuchhändler gewiß auch mit der
Kirche wieder in bestem Einvernehmen (nicht umsonst
erfolgt sein Bericht über die Brüder hinter »verriegelter«
Tür, 47,36). Nichtsdestoweniger ist ihm anzurechnen, daß
er der Mutter gegenüber »offenherzig und ohne Rückhalt«
seine Mitwirkung an dem verhängnisvollen Unternehmen
bestätigt, das er jetzt allerdings als »gottlos« denunziert
(48,4–8). Auch die Mutter ist zunächst der Ansicht, daß
»Gott ihre Söhne« zugrunde gerichtet hatte (52,25). Später
bringt merkwürdigerweise die Auskunft des Tuchhändlers
über die »ungeheure Begebenheit« (47,25) sie auf den Gedanken, »es könne wohl die Gewalt der Töne gewesen sein,
die [...] das Gemüt ihrer armen Söhne zerstört und verwirrt habe« (54,15–18). Sie versteht allerdings den »ganzen
Schrecken der Tonkunst« wiederum als ein Werk der »göttlichen Allmacht« (55,1), eine Auslegung, welche die Äbtissin im letzten Teil der Erzählung noch verstärkt. Etwas von
oben herab gibt diese die offizielle Erklärung ab: »›Gott
selbst hat das Kloster [...] gegen den Übermut Eurer
schwer verirrten Söhne beschirmt‹« (55,5–7). Von christli-

cher Nächstenliebe findet sich auch in den Worten der Äbtissin keine Spur. Im Gegenteil: Sie rät der Mutter, »sich über das Schicksal, das dieselben [die Söhne] betroffen, weil es einmal nicht zu ändern sei, möglichst zu fassen« (53,34–36), also zur Haltung eines christlichen Stoizismus. Am Schluß der Audienz fragt sie die Protestantin dann noch, allerdings etwas beiläufig, ob sie zur »Wiederherstellung ihrer Söhne« mit »Geld oder einer anderen Unterstützung [...] dienen könne« (56,8–11).

Die Niederländerin und die Äbtissin

Der Zustand der »Kranken« wird mit den Reaktionen der »Gesunden« und nicht zuletzt der Kirche konfrontiert. In der Erzählung hat Kleist sicher seine Erfahrungen mit dem Julius-Hospital in Würzburg, über die er der Braut ausführlich berichtete (13. und 18. September 1800), umgesetzt; denn es gibt auffallende Ähnlichkeiten zwischen der Stiftung des Kaisers in der Erzählung und dem Hospital des Briefberichts. Obwohl Kleist hier die Toleranz der katholischen Einrichtung lobt, hatte er sich ein paar Tage vorher noch über die »Zeremonien« der katholischen Kirche beklagt, die »das Gefühl« erstickten (SW 2,556). Aber selbst die anfängliche Bewunderung für die Stiftung schlägt in seinem Bericht bald in Kritik um. Er kommt nach der Beobachtung der Kranken zu der Einsicht, daß »die Verrückten [...] in ihrer eignen Gesellschaft nie zu gesundem Verstande kommen« (SW 2,562) können. Es wäre sicher heilsamer, wenn »mehrere vernünftige Leute, etwa die eigne Familie, unter der Leitung eines Arztes, sich bemühte den Unglücklichen zur Vernunft zurückzuführen« (SW 2,562). Eben dazu ist, wie auch die Erzählung nahelegt, selbst die eigene Mutter nicht bereit, von den Freunden oder den Repräsentanten der Kirche nicht zu reden. Auch das Leben der vier Brüder, auf einer dehumanisierten, regressiven Stufe, war nur »eine einzige, lähmende, ewige Ohnmacht«, wie der Briefbericht im Zusammenhang eines anderen Falles feststellt (SW 2,561). Aus dieser Perspektive läßt sich der Gemütszustand der vier »Unglücklichen« wohl eher als »trübselig und melancholisch« bezeichnen (46,18) denn als »heiter und vergnügt«, wie es der Legendenschluß nahelegen (56,22; vgl. auch 47,14) möchte.

Die Krankheitssyndrome der Brüder reichen weiter als die Aussagen des Textes. Die Familiengeschichte wird unterdrückt, bleibt im Dunkel. Werden in der ersten Fassung die Eltern überhaupt nicht, in der zweiten nur die Mutter erwähnt, so fordern die Leerstellen und Informationslücken zu Fragen heraus. Wer war der Vater der Söhne, in welcher Verbindung mit der Familie stand der »unbekannte« Onkel? Warum trafen sich die Söhne in Aachen in Erwartung der Erbschaft? Hatte sie die Mutter, die offenbar nicht unvermögend war, zu kurz gehalten? Oder rebellierten sie nur gegen bestimmte Rollenerwartungen, gegen eine normale bürgerliche Sozialisation? Steht der Männerbund der Söhne gegen die matriarchalische Vormundschaft der Mutter? Bei Lichte besehen handelt es sich außerdem bei der revolutionären Aktion der erbfreudigen Brüder gegen ein Nonnenkloster nicht gerade um eine heroische Tat. Warum hat sich ihr Anschlag nicht gleich direkt gegen das kirchliche Patriarchat gerichtet?

Sind im ersten Teil (Segment 1 und 2) die Äbtissin und Antonia die eigentlichen Gegenspielerinnen, welche die Rebellion mit den Mitteln der Musik außer Kraft setzen, so steht im zweiten Teil (Segmente 3 bis 5) neben der Mutter deutlich wiederum die Äbtissin im Vordergrund. Letztere wird stellungsmäßig sogar prononciert über die Mutter erhöht. Zwar redet Veit Gotthelf diese noch mit »edle Frau« (49,15) an, aber die Bezeichnung erhält im Kontext der Äbtissin deutlich eine gesteigerte Bedeutung. Epitheta wie »stilles königliches Ansehn« (53,25 f.) und die erhöhte Position im Söller, zu dem man hinaufsteigen mußte, signalisieren die vergleichsweise untergeordnete Stellung der Niederländerin. Sie ist nicht nur im Gegensatz zur Äbtissin, bei der sich die Bezeichnung »edel« auf ihre adelige Herkunft bezieht, eine Bürgerliche, sondern überdies eine Fremde und eine Protestantin.

Deutlich genug teilt die Äbtissin der Niederländerin mit, daß diese schon auf Grund ihrer Konfession »schwerlich begreifen« würde, was sie zu dem »wunderbaren« Vorgang »sagen könnte« (vgl. 55). Sie spricht zwar von dem »Übermut« ihrer »schwer verirrten Söhne« (55,6), aber die Art und Weise, wie sie ihre Macht und Überlegenheit demonstriert, ist ebenfalls nicht weit entfernt von der alten Sünde der *superbia*. Man könnte ohne weiteres ihre Haltung auf dem Sessel, »den Fuß auf einem Schemel gestützt, der auf Drachenklauen ruhte« (53,26–28), als pompöse Selbstdarstellung klassifizieren. Schon zu Anfang der Erzählung wird signalisiert, daß sie gewohnt ist zu befehlen und erwartet, daß ihre Befehle auch ausgeführt werden. Selbst der Niederländerin, über die sie legal keine Verfügungsgewalt besaß, befahl sie, zu ihr heraufzukommen, und diese schickte sich in der Tat, wie es heißt, »ehrfurchtsvoll an, dem Befehl [. . .] zu gehorchen« (53,19 f.). Die Äbtissin thront auf dem Sessel wie eine Monarchin, die eben einen entscheidenden Sieg über einen Feind errungen hat (die »Drachenklauen« beziehen sich semantisch auf die geplante »Bilderstürmerei«).

Wie das Kloster und mit ihm die Kirche über die Revolutionäre triumphierten, wird schon zu Anfang des Segments veranschaulicht, als die Mutter »am Arm einer Freundin« (beim Besuch der Söhne im Irrenhaus war der Begleiter noch ein Gerichtsbote) den »entsetzlichen Schauplatz in Augenschein [. . .] nehmen« will (52,21–25). Sie finden aber den Eingang zum Dom, »weil eben gebaut wurde« (52,27), versperrt. Der Gegensatz der inneren Gefühle der Mutter, die sich auf das traurige Schicksal der Söhne beziehen, und die fröhliche Stimmung der vielen Bauarbeiter, die damit beschäftigt sind, »die Türme noch um ein gutes Drittel zu erhöhen« und »die Dächer und Zinnen [. . .] mit [. . .] Kupfer zu belegen« (52,34–53,1), könnten kaum eindrucksvoller vorgestellt werden. Die Erhöhung der Türme, das Ersetzen des Schiefers durch das »glänzende«, viel teurere Kupfer und die »fröhlichen Lieder« der Arbeiter demonstrieren überzeugend, welche Vorteile das Kloster und die Kirche aus der selbstverschuldeten Niederlage der vier Brüder gezogen hatten.[68] Der Dom und die Kirche als Institution erhoben sich mächtiger denn je in Aachen, einem Ort, der noch sechs Jahre zuvor in Gefahr gestanden hatte, der protestantischen Revolution zum Opfer zu fallen. Metaphorisch spielt das Gewitter, das »schon über die Gegend von Aachen ausgedonnert« hatte (53,3 f.) und sich schon »zu Dünsten« (53,6) aufzulösen begann, auf die kraft- und machtlose Revolution (53,3–7) an, die in der Tat, wie auch der Bericht von Gotthelf bestätigt, sang- und klanglos in sich zusammengesunken war. Man weiß, daß Kleist kein Freund von Revolutionen gewesen ist, aber der Text betont immerhin an entscheidender Stelle, daß das einst so siegreiche Kloster »gleichwohl« säkularisiert wurde (45,28), woran auch die Konversion der Mutter und die geistige Verwirrung der protestantischen, ehemaligen »Bilderstürmer« nichts ändern konnte.

Die Erklärung des Unerklärlichen

Die erste Szene des wichtigen fünften Segments bereitet die Niederländerin auf die auftrumpfende Macht der Kirche vor. Was sich vorher optisch beobachten ließ, wird in der Begegnung mit der Äbtissin noch gesteigert. Es muß die höfliche Fremde doch verwundert haben, daß die Freundin

---

68 Heine (Anm. 47, S. 75) interpretiert die Renovierung so: »The implication [. . .] is that the convent is richer than before, and in terms of sixteenth-century Germany this wealth is synonymous with power, political and civil«.

in ein Nebenzimmer verwiesen wurde. Ihr selbst enthüllt
man als den Grund des Ersuchens, daß die Äbtissin den
Brief lesen wolle, den der Prädikant an den Freund in Antwerpen geschrieben und von dem diese offenbar gehört
hatte. Sie wollte mehr Einzelheiten über den Anschlag gegen ihr Kloster erfahren, um vielleicht die Gefahren noch
besser abschätzen und im gesicherten Rückblick genießen
zu können. Während die Äbtissin den Brief liest, betrachtet
die Niederländerin die gleich einer Reliquie »nachlässig
über dem Pult aufgeschlagene Partitur« (54,13 f.) des alten
Musikwerks.[69] Für sie sind es freilich »unbekannt zauberi-
sche Zeichen« (54,29 f.), die in ihrer Vorstellung dergestalt
eine magische Macht gewinnen, daß sie fast ihre Sinne zu
verlieren wähnt. Besonders betroffen von der Tatsache, daß
sie gerade »das gloria in excelsis aufgeschlagen fand«, kam es
ihr vor, »als ob das ganze Schrecken der Tonkunst, das ihre
Söhne verderbt hatte, über ihrem Haupte rauschend daher-
zöge« (54,32–35). Diese Erfahrung und das Gespräch mit
der Äbtissin führt bei ihr zu einer Art Ich-Verkleinerung
und »Unterwerfung unter die göttliche Allmacht« (54,37 f.).

Interessanterweise läßt die Äbtissin in ihrem längeren
Kommentar über die wunderbare Errettung des Klosters
zunächst eine Leerstelle in ihrer Erklärung, da »schechter-
dings niemand weiß, wer eigentlich das Werk [...] im
Drang der schreckenvollen Stunde [...] ruhig auf dem Sitz
der Orgel dirigiert habe« (55,10–14). Diese Äußerung repräsentiert den Dreh- und Angelpunkt, an dem die novelli-
stische »unerhörte Begebenheit« in die Konstruktion einer
Legende umschlägt.[70] Der Beweis für ihre Legitimität und

---

69 Vgl. Lubkoll (Anm. 66), S. 360.
70 Hoffmeister (Anm. 46, S. 50, 52) formuliert pointiert: Kleist »erzählt keine
    Legende, sondern die Entstehung einer Legende«. Ähnlich Fischer
    (Anm. 48), S. 99. Anthony Stephens (*Heinrich von Kleist. The Dramas and
    Stories*, Oxford/Providence 1994, S. 271) differenziert den Sachverhalt auf
    diese Weise: »Kleist has cast his text as mutual subversion of *both* conven-
    tional senses of a ›Legende‹ – the edifying strengthener of belief and the
    fiction whose implausibility is patent«.

ihren Wahrheitscharakter erfolgt durch ein entsprechendes, im Archiv aufbewahrtes Dokument, das angeblich bezeugt, daß Schwester Antonia zur fraglichen Zeit »krank [...] im Winkel ihrer Klosterzelle darniedergelegen habe« und eine leibliche Verwandte »nicht von ihrem Bette gewichen« (55,20–26) sei. Als ob die Äbtissin diesem Zeugnis kein absolutes Vertrauen schenken würde, insinuiert sie die Möglichkeit eines Wahrheitsbeweises durch Antonia, um sich gleich wieder davon abzuwenden und auf den hypothetischen Charakter einer solchen Aussage hinzuweisen: denn in Wirklichkeit hatte man Schwester Antonia angesichts ihres »gänzlich sinnberaubten Zustandes« (55,30) gar nicht befragen können.

Mit dem Hinweis auf den unerwarteten Tod der Kranken scheint die Äbtissin außerdem unbewußt ihre vorausgehende Behauptung noch weiter zu unterminieren, so daß ihr nichts übrig bleibt, als auf die Sanktionierung der Legende durch die Autoritäten des Erzbischofs von Trier und des Papstes zu verweisen. Die angeblich »königliche« Frau gehorcht der höheren männlichen Autorität in der kirchlichen Hierarchie und wiederholt pflichtgetreu die offizielle Erklärung, »›daß die heilige Cäcilie selbst dieses zu gleicher Zeit schreckliche und herrliche Wunder vollbracht habe‹« (55,37–56,2). Damit wurde Antonias (trotz allem denkbarer) Auftritt durch die höhere Erscheinung einer Heiligen ersetzt und verklärt. Die oberste Hierarchie übersetzte Antonia metaphorisch-ideologisch im wahrsten Sinne des Wortes in Cäcilia. Die Legende beruht also eindeutig auf einer Setzung und ist im Grunde die Legende einer Legende, was aber nichtsdestoweniger auszureichen scheint, die Niederländerin »in den Schoß der katholischen Kirche« zurückzuführen, wie der Text nicht ohne ironischen Unterton im letzten Segment vermerkt (56,20 f.). Genau genommen sind es spezifische Texte im Text, die recht eigentlich die Legende herstellen: die Verlautbarung des Erzbischofs und das Breve des Papstes. Auch wenn die Texte am Schluß

offiziell anordnen, wie das Unerklärliche zu erklären ist, so
tut Kleists Text der Legende nichts anderes, als die Legende,
wie der Untertitel der zweiten Fassung es auch graphisch
ausdrückt, einzuklammern und damit die Leerstellen wieder zu öffnen, die die offizielle Setzung der Legende schließen wollte. Was den Wahrheitscharakter der dargestellten
Vorgänge betrifft, so läßt sich auch im Zusammenhang der
eingeklammerten Legende von der heiligen Cäcilie an folgende Beobachtung des Erzählers des *Michael Kohlhaas* erinnern: »wie denn die Wahrscheinlichkeit nicht immer auf
Seiten der Wahrheit ist, so traf es sich, daß hier etwas geschehen war, das wir zwar berichten: die Freiheit aber,
daran zu zweifeln, demjenigen, dem es wohlgefällt, zugeste-
hen müssen« (SW 2,96). Es dürfte allerdings kein Zufall
sein, daß Kleist auch die Gattungsbezeichnung dieser Erzählung (»Aus einer alten Chronik«) eingeklammert und
damit in Frage gestellt hat.

Literaturhinweise

Heinrich von Kleist: Die heilige Cäcilie oder die Gewalt der Musik. In: Berliner Abendblätter. Nr. 40–42. 15.–17. Nov. 1810. [1. Fass.]

Heinrich von Kleist: Die heilige Cäcilie oder die Gewalt der Musik. In: Erzählungen. Von Heinrich von Kleist. Zweiter Theil. Berlin: Realschulbuchhandlung, 1811. S. 133–162. [2., erw. Fass.]

Beckmann, Beat: Kleists Bewußtseinskritik. Eine Untersuchung der Erzählform seiner Novellen. Bern [u. a.] 1978.

Fischer, Bernd: Ironische Metaphysik. Die Erzählungen Heinrich von Kleists. München 1988.

Foley, Peter: Heinrich von Kleist und Adam Müller. Frankfurt a. M. / Bern [u. a.] 1990.

Gönner, Gerhard: Vom »zerspaltenen Herzen« und den »gebrechlichen Einrichtungen der Welt«. Stuttgart 1989.

Groß, Thomas: »... grade wie im Gespräch ...«. Die Selbstreferentialität der Texte Heinrich von Kleists. Würzburg 1995.

Horn, Peter: Heinrich von Kleists Erzählungen. Eine Einführung. Königstein i. Ts. 1978.

Lubkoll, Christine: Mythos Musik. Poetische Entwürfe des Musikalischen in der Literatur um 1800. Freiburg i. Br. 1995.

Marx, Stefanie: Beispiele des Beispiellosen. Heinrich von Kleists Erzählungen ohne Moral. Würzburg 1994.

Mehigan, Timothy J.: Text as Contract. The Nature and Function of Narrative Discourse in the Erzählungen of Heinrich von Kleist. Frankfurt a. M. [u. a.] 1988.

Müller, Gernot: Kleist und die bildende Kunst. Tübingen/Basel 1995.

Neumann, Gerhard (Hrsg.): Heinrich von Kleist. Kriegsfall – Rechtsfall – Sündenfall. Freiburg i. Br. 1994.

Puschmann, Rosemarie: Heinrich von Kleists Cäcilien-Erzählung. Kunst- und literarhistorische Recherchen. Bielefeld 1988.

Stephens, Anthony: Heinrich von Kleist. The Dramas and Stories. Oxford/Providence 1994.

Theisen, Bianca: Bogenschluß. Kleists Formalisierung des Lesens. Freiburg i. Br. 1996.

Warnke, Martin: Bildersturm. Die Zerstörung des Kunstwerks. Frankfurt a. M. 1977.

Der Zweikampf

Kleists »einrückendes« Erzählen

Von Gerhard Neumann

I

Wilhelm Grimm hat Kleists Novelle *Der Zweikampf*, die 1811 im zweiten Band von dessen *Erzählungen* erschienen war, etwas abschätzig eine »Rittergeschichte, wie es deren mehrere gibt«, genannt;[1] gewiß mit einigem Recht, wenn man sie der zur Zeit Kleists grassierenden Ritter- und Mittelaltermode zuzählen will. Aber wird in dieser seltsamen und rätselhaften Geschichte, deren »Vortrag«, wiederum nach Grimm, »etwas schwerfällig und gezwungen« anmutet und die, vielleicht wegen Grimms Verwerfung, die Forschung der folgenden anderthalb Jahrhunderte bei weitem nicht so oft beschäftigt hat wie Kleists andere Erzählungen, wirklich über nichts anderes berichtet als über einen Mord und einen ritterlichen Ehrenhandel, der, wenn man den Andeutungen Kleists folgt, gegen das Ende des vierzehnten Jahrhunderts sich abspielt $(3,7)$[2] und in dem es um die Rivalität zweier Männer in der Liebe zu einer Dame geht? Vielleicht wird man da schon bei der Lektüre der drei Einleitungssätze eines Bessern belehrt, deren erster, wie man behauptet hat, der längste Satz zu Beginn eines Kleistschen Werks überhaupt ist.[3] Dieses Exordium der Kleistschen Ge-

1 Wilhelm Grimm, *Zeitung für die elegante Welt*, 10. Oktober 1811. Zit. nach: *Heinrich von Kleists Lebensspuren. Dokumente und Berichte der Zeitgenossen*, neu hrsg. von Helmut Sembdner, München 1996, Nr. 502, S. 430.
2 Zitiert wird hier und im folgenden mit Seiten- und Zeilenzahlen nach der Ausgabe: Heinrich von Kleist, *Der Zweikampf, Die heilige Cäcilie, Sämtliche Anekdoten [. . .]*, Stuttgart 1984 [u.ö.] (Reclams Universal-Bibliothek, 8004).
3 Roland Reuß hat darauf hingewiesen, vgl. Heinrich von Kleist, *Sämtliche Werke*, Brandenburger Ausgabe, Kleist-Blätter 1994, Nr. 7, S. 29.

schichte vom *Zweikampf* enthält eine schwindelnde Fülle
verschiedenster Informationen, die ein komplexes, die
bloße »Rittergeschichte« weit überschreitendes Erzählfeld
eröffnen. Dem Leser werden gleich fünf Protagonisten
des in der Novelle folgenden Geschehens vorgestellt: Herzog Wilhelm von Breysach, von dessen Ermordung gleich
der zweite Satz berichtet; dessen Gemahlin Katharina von
Heersbruck, aus dem Hause Alt-Hüningen, die diesen
Mord im Verlauf der Erzählung aufzuklären sucht; Graf Jacob der Rotbart, der dieses Mordes alsbald verdächtigt
wird; Graf Philipp von Hüningen, der ein vor der Ehe gezeugter Sohn des Herzogspaares ist, um dessentwillen der
Herzog soeben beim Kaiser vorgesprochen hatte; und
schließlich Herr Friedrich von Trota, der Kämmerer des
Herzogs. Der erste Satz des *Zweikampfs* berichtet, eng
ineinandergeschachtelt, gleich von drei Zusammenhängen:
von einer geheimgehaltenen Mesalliance, von der (vielleicht
um dieser Mesalliance willen) bestehenden Feindschaft zwischen zwei Männern und von der Erwirkung der kaiserlichen Legitimierung eines illegitim gezeugten Sohnes durch
den Vater. Wie so häufig in den Erzählungen und Dramen
Kleists geht es also um adlige Genealogie, Besitz- und Verwandtschaftsverhältnisse, Sexualität, sozialen Rangstreit,
männliche und weibliche Ehre. Und wie so häufig geht es
für Kleist um Geschichte, um soziale Rituale und um die
noch mögliche Modellierung von Subjekten in Auseinandersetzung mit diesen. Der zweite Satz der Einleitungspassage erzählt dann von dem Pfeil, der, aus dem Dunkel der
Gebüsche hervorbrechend, die Brust des heimkehrenden
Herzogs durchbohrt. Der dritte Satz schließlich stellt vor
Augen, wie der Kämmerer Friedrich von Trota den schwer
Verletzten ins Schloß bringt; wie dieser, in den Armen seiner Gemahlin, eine Versammlung von Reichsvasallen einberuft, die Legitimierung seines Erben durchsetzt, damit seinem Halbbruder, dem Grafen Rotbart, die Thronnachfolge
entzieht, Katharina als »Vormünderin« Philipps und als Re-

gentin einsetzt und seinen Geist aufgibt. Im Erzählgestus
dieser drei Sätze, die, in äußerster Verdichtung, eine Vorgeschichte, einen Mordfall und die drohenden Konsequenzen
aus beidem vor Augen stellen, wird aber zugleich kundge-
tan, daß jenes scheinbar so einfache und klare Legat des
sterbenden Herzogs ein Knäuel von Unregelmäßigkeiten
und Komplikationen in sich birgt, die für die Zukunft
größte Rechtsverwicklungen befürchten lassen. Denn der
Geschehensraum liegt im Dämmerlicht; die Frau des Ermordeten ist nicht ebenbürtig; sein Sohn ist illegitim;
Rotbart, dessen Anrechte auf die Erbfolge durch die Legitimierung Philipps verkürzt werden, ist nur ein Halbbruder
Wilhelms; die Reichsvasallen fügen sich zwar dem letzten
Willen des Herzogs, aber nur unter lebhaftem Widerstand
und unter dem Vorbehalt, für dessen Durchsetzung zuvor
die Genehmigung des Kaisers einzuholen (3,27 ff.).

Damit spricht die Erzählung Kleists, die vielleicht seine
letzte ist,[4] noch einmal von jenem Grundmuster, das seine
dramatischen wie erzählerischen Werke beinahe durchgängig bestimmt hatte: von einem unmißverständlich geäußer-
ten Lebensplan, der hier als ›letzter Wille‹ des sterbenden
Herzogs erscheint, und zugleich von der Absicht, in der
Unübersichtlichkeit der Welt Helligkeit und »Aufklärung«
zu schaffen; also das Dunkle und Ungeklärte der irdischen
Ereignisse »unmittelbar ans Tageslicht« (41,11) zu bringen.
Dies beides zu erreichen ist denn auch das erklärte Ziel der
Regentin nach dem Tod ihres Gemahls: die Sicherung des
dynastischen Legats ihres Gatten zum einen, die Aufklärung des dunklen Verbrechens, das an ihm begangen wurde,
zum anderen.

Ein Blick auf die im folgenden dann erzählte Geschichte
vom Zweikampf zeigt, daß die in den ersten Sätzen sich an-
kündigenden Komplikationen in der Tat nicht lange auf sich

---

4 Über Entstehungszeit und Entstehungsart der Novelle gibt es kein Material:
  vgl. Reuß, ebd.

warten lassen. Dabei äußert sich dieser Wechsel des Wahrnehmungsmusters ›vom Einfachen zum Komplizierten‹ in Kleists Erzählung zugleich in einer prononcierten Umstellung der Erzählstrategie. Hatte sich in den ersten, alle Ereignisse zusammenkeilenden Sätzen eine Tendenz zur Rundung und Rahmung, zur bündigen Einschließung aller Fakten möglichst in ein einziges Satzgebilde gezeigt, so stellt demgegenüber der auf diesen Anfang folgende Bericht, den die Novelle über die Ereignisse nach der Ermordung des Herzogs von Breysach liefert, den Versuch Kleists dar, in einer Folge von stets neu einsetzenden Erzählanfängen und Erzählexperimenten das Geschehen von immer neuen Seiten und unter oft weitgehendem (und unverhofftem) Personalwechsel vorzustellen, anders zu akzentuieren und durch überraschende Nachträge und Einschübe zu relativieren.

Der Anfang der Novelle bietet, dies ist ganz offensichtlich, eine Mord- und Detektivgeschichte, in der es um feudale Genealogie, Allianz, soziale Anerkennung, Ökonomie und Aggression geht. Hier dominiert ein detektorisches Interesse,[5] das die Ermittlungsarbeit des Kanzlers der Regentin, Herrn Godwin von Herrthals (der im folgenden der Erzählung übrigens nie wieder auftaucht), in den Mittelpunkt stellt und in der minuziösen Beschreibung des Mordpfeils (5), als eines Corpus delicti und einzigen Beweisstücks, kulminiert. Hier stellen sich erste Seltsamkeiten ein: so die unvorhergesehenen, reservierten wie aggressiven Reaktionen einerseits der Regentin, andererseits des Rotbarts auf das Ermittlungsergebnis (»in einer sonderbar plötzlichen Wendung der Gesinnung«, 8,14 f.), so die alsbaldige Distanzierung der Regentin von der weiteren Verfolgung des Mordfalls und dessen Weitergabe zur Rechtsfindung an die höhere Instanz des Kaisers (der seinerseits die Rechtssache einem eigens gegründeten Gericht übergibt). Die Verteidi-

---

5 Vgl. hierzu Walter Müller-Seidel, *Versehen und Erkennen. Eine Studie über Heinrich von Kleist*, Köln/Graz 1961; Peter Horn, *Heinrich von Kleists Erzählungen*, Königstein i. Ts. 1978.

gungsrede Rotbarts vor dem kaiserlichen Gericht bringt dann im Hinblick auf das Ermittlungsgeschehen ein doppeltes Ergebnis: für die Herkunft des Mordpfeils aus seinem Besitz vermag der Graf keine Erklärung zu geben; dagegen, so der Graf, verfüge er aber über ein Alibi für die Mordnacht, wobei dieses nur durch Preisgabe eines eine Dame betreffenden Ehrengeheimnisses (in dem sich ein altes detektorisches Muster – ›cherchez la femme‹ – zu erkennen gibt) zu liefern sei.

Dieses Geständnis Rotbarts führt in Kleists Novelle zu einem ersten Themawechsel. Anstelle der Mordgeschichte wird nun eine ›Liebesgeschichte‹ mit neuem ›Personal‹ in den Blick gerückt und weitererzählt, in der freilich auch Allianz- und Erbschaftsprobleme eine Rolle spielen: die Geschichte der schönen Witwe Littegarde von Auerstein, der Tochter des Landdrosts Winfried von Breda, und ihrer Bewunderer und Huldiger, unter denen sich Jacob der Rotbart und der Kämmerer Friedrich von Trota befunden haben. Rotbart gibt vor, die Mordnacht, zur Vigil des Remigiustags, als Liebesnacht mit Littegarde in deren Schloß verbracht zu haben. Er legt dem Gericht hierfür einen Indizienbeweis, einen in der Liebesnacht von Littegarde empfangenen Ring, vor. Die Beschuldigte wird vor das Gericht in Basel geladen und bittet nach kurzer Überlegung den Kämmerer Friedrich von Trota, den Bevorzugten unter ihren ehemaligen Bewerbern, um Rechtsbeistand. Inzwischen hat aber das Gericht bereits das Alibi Rotbarts als zufriedenstellend anerkannt, die Niederschlagung der Mordanklage gegen ihn ins Auge gefaßt und zu einer Ehrenerklärung für den Grafen Rotbart angesetzt. Hiermit hätte Kleists Geschichte ohne weiteres ein vorzeitiges Ende finden können.

Statt dessen wird aber nun vom erzählenden Autor eine dritte, thematisch abermals anders gelagerte Geschichte vorgetragen: die Duell-Geschichte nämlich zwischen dem Kämmerer Friedrich von Trota und dem Grafen Rotbart.

Trota war, wie der Erzähler ausdrücklich berichtet, »ohne sich über die Art und Weise, wie er seinen Beweis vor Gericht zu führen gedachte, auszulassen« (17,11–13), auf Littegardes Bitte hin sogleich nach Basel aufgebrochen. Hier erst, vor den Schranken des Gerichts und gleichsam aus einem augenblicklichen Entschluß, fordert er den Rotbart zu einem Zweikampf auf, in dem er, wie er ankündigt, die Schuldlosigkeit Littegardes durch »Gottesurteil« zu beweisen hoffe (19,12). Von diesem Augenblick in der Entwicklung des Novellengeschehens an wird das Thema des Gottesurteils, des »göttlichen Schiedsurteils« (33,15 f.) zum entscheidenden Moment von Kleists Text, wobei die Bemühung um den Erweis der Unschuld Littegardes die anfängliche Frage nach dem Mörder des Grafen Wilhelm von Breysach im Erzählgeschehen immer weiter in den Hintergrund drängt und beinahe zum Verschwinden bringt: aus der Mord- und Detektivgeschichte, die sich zunächst in eine Liebesgeschichte verwandelt hatte, ist nun die Geschichte eines Ehr- oder Duell-Falls geworden, die männliche wie die weibliche Ehrenrettung betreffend.

Hatte Kleist seine Geschichte bis zu diesem Zeitpunkt kontinuierlich erzählt, so findet sich nun, neben dem thematischen Wandel, auch ein Sprung im Erzählfluß: Der Leser wird ohne Überleitung unmittelbar in den Zweikampf zwischen Friedrich und den Rotbart hineinversetzt. Es ist, für den Erzähler, die zweite Gelegenheit, eine minuziöse, geradezu detektorische Beschreibung zu liefern. Wie er zuvor das Beweisstück des Pfeils detailpräzise ›vor Augen gestellt‹ hatte, so nun die genauen Einzelheiten und Sonderbarkeiten des Zweikampfs zwischen den beiden Rivalen. Auch dieser Kampf zeigt, wie das Verhalten der Beteiligten nach der Ermittlungsarbeit im Mordfall, eine ganze Reihe von Seltsamkeiten: trotz seines beträchtlich kürzeren Kampfschwerts fügt Trota dem Rotbart gleich mit seinem ersten Hieb eine blutige Verletzung zu; die »unschickliche« Reaktion Rotbarts auf diesen Hieb führt zu einem »Mur-

ren« in der Zuschauerschaft des Zweikampfs (22,35 f.); als
Rotbart den Kampf wieder aufnimmt, gräbt sich Trota, in
einer Art »Einpfählung« (23,21), wie der Erzähler hinzu-
fügt, in den Boden ein und enthält sich fortan jedes weiteren eigenen Angriffs – ein Geschehen, das zu einem zweiten
»Murren« (23,17) der Zuschauer führt; als Trota, hierdurch
bewogen, seine bisherige Zurückhaltung aufgibt, stolpert er
alsbald über seine Sporen, wird durch einen »nicht eben ritterlichen« Schwertstoß Rotbarts in die Seite und zwei weitere Stöße knapp unter dem Herzen auf den Tod getroffen
(24) und als ein Sterbender, »unter Beihülfe einiger Ärzte«
(25,6 f.) ins Gefängnis gebracht – zusammen mit Littegarde,
die, als Mitschuldige »wegen sündhaft angerufenen göttlichen Schiedsurteils« (33,15 f.) wenig später zusammen mit
Trota »dem bestehenden Gesetz gemäß« zum gemeinsamen
»Tod der Flammen« (33,18) verurteilt wird.

Mit dem langen Dialog, den der rasch wieder genesene
Kämmerer und Littegarde im Gefängnis über ihren Rechtsfall aufnehmen, vollzieht sich nun aber erneut ein Themawechsel im Erzählgeschehen der Novelle: An die Seite der
weiter anhaltenden Diskussion über mögliche Indizien in
der durch Rotbart gegen Littegarde angezettelten Beschul-
digungsgeschichte – Indizien, die sowohl von Littegarde[6]
als auch von der Mutter des Kämmerers Friedrich, Frau He-
lena,[7] nachträglich ins Feld geführt werden – treten nun zunehmend Erörterungen über die Deutung des rätselhaften
Gottesurteils, in dem der zu Tode getroffene Unterlegene
wie durch ein Wunder als rasch Genesener sich präsentiert,
der im Kampf nur leicht verletzte Sieger Rotbart dagegen an
einem »ätzenden [. . .] Eiter« zu sterben droht, der »im ganzen System seiner Hand« »auf eine krebsartige Weise« »bis
auf die Knochen herab« um sich frißt (33,35–37). Diese her-

---

6 »Der Elende! versetzte Littegarde [. . .] ich erinnere mich« (30,31–35).
7 »[. . .] hätte ich doch einem Wort, das mir, noch kurz vor Eröffnung des
   Gottesgerichts, der Prior des hiesigen Augustinerklosters anvertraut [. . .]
   Glauben geschenkt!« (30,5–10).

meneutische Frage nach der möglichen oder unmöglichen
Entzifferung der Sprache des Gottesurteils wird nun mehr
und mehr zum einzigen Thema von Kleists Geschichte und
ihren Protagonisten: einen nicht geradlinigen Prozeß einleitend, der sich allmählich (durch das abermalige Aufbringen
neuer Indizien) auf eine neue Beweisführung einrichtet und
schließlich auf ein Geständnis des Rotbarts, den Mord an
seinem Bruder angestiftet zu haben, hinausläuft.

Diese Zuspitzung des Geschehens findet im Augenblick
der Zurichtung zum Flammentod von Friedrich und Littegarde statt. Da die Aussagen des Rotbarts dem Kaiser – wegen des Grafen rätselhafter Krankheit – nach wie vor zweifelhaft erscheinen, wird Jacob der Rotbart gleichsam als
Zeuge zur Hinrichtung des für schuldig gehaltenen Paares
geladen. Inzwischen hat aber auch der Prior eines Augustinerklosters, der von Anfang an als geistlicher Berater des
Rotbarts wie als kritischer Beobachter der Kriminalvor-
gänge den Prozeß der Wahrheitsfindung begleitete, sei es
aus Sorge um des Grafen Seelenheil, sei es auch aus Mißtrauen gegen die Urteilsfindung im Zweikampf, eine Wahr-
heitsprobe mit dem todkranken Grafen vorgenommen –
und zwar in Form eines Schwurs auf die Hostie (34). Aufgrund der angesichts des bevorstehenden Todes kaum zwei-
felhaften eidlichen Wahrheitsbeteucrung des Grafen kommt
der Prior zu dem Schluß, der für den Detektionsprozeß der
Novelle neben den schon eingeführten Argumenten des
Alibis, des Corpus delicti (als eines Indizienbeweises) und
des Suchmusters ›cherchez la femme‹[8] nun ein viertes Moment bereitstellt: nämlich dasjenige der Frage nach dem
›unbekannten Dritten‹.[9]

8 Dieses Schlagwort ist in einem Drama von Alexandre Dumas père
(1802–70) mit dem Titel *Les Mohicans de Paris* zum ersten Mal als stehende
Redewendung eines Pariser Polizeibeamten nachgewiesen.
9 »Demnach blieb dem Prior fast nichts übrig, als an eine Täuschung des Grafen selbst, durch eine dritte ihm unbekannte Person zu glauben [...]«
(34,33–36).

Mit der vom Erzähler schon einmal, nämlich bei der Einführung der Geschichte Littegardes,[10] in Anspruch genommenen Satz »Man muß nämlich wissen [. . .]« (35,4) provoziert nun der Erzähler eine abermals neue und verblüffende
Wendung im Erzählgeschehen. Er berichtet nämlich von der
Verführungs- und Betrugsgeschichte der Kammerzofe Littegardes, Rosalie, als der ›unbekannten Dritten‹, die sich
selbst ihrer Herrin ohne deren Wissen untergeschoben und,
in allen Ränken erfahren, dem Grafen eine Liebesnacht be-
schert hatte, die diesen – »im Taumel des Vergnügens, in seinem Alter noch eine solche Eroberung gemacht zu haben«
(36,29–31) – über die wahre Identität seines Gegenüber
hinwegtäuschte. Dieses Erzählensemble vom Betrug und
von der nächtlichen Maskerade Rosalies, in welcher wiederum ein weitgehend neues Personal ins Spiel der Novelle
gebracht wird, führt – infolge der eingetretenen Schwangerschaft Rosalies im Gefolge der Liebesnacht mit dem Rotbart – alsbald zur Vorlage einer Reihe von Beweisen, eines
Briefs mit dem Geständnis der Zofe sowie eines Ringes
(37), und, am festgesetzten Tag der Hinrichtung Trotas und
Littegardes, dem »Tag der heiligen Margarethe« (19,33) sogar zum Mordgeständnis des Rotbarts: »›Es ist genug!‹ rief
dieser, da er den Brief überlesen, und den Ring empfangen
hatte: ›ich bin das Licht der Sonne zu schauen, müde! [. . .]
ich will nicht, ohne eine Tat der Gerechtigkeit verübt zu haben, sterben!‹« (38,7–14)

An dieser Stelle des Novellen-Geschehens, an der anscheinend alle dunkel gebliebenen Ereignisse »ans Tageslicht« (41,11) gebracht sind, fügt der Erzähler, wie ein flüch-
tiger Leser kaum bemerken mag, erneut einen seltsamen
›Nachtrag‹ ein. Es ist eine bislang nicht erwähnte, gleichwohl aber für die geschilderten Ereignisse eminent wichtige
Erinnerung der Regentin, die, als handelnde Person fast
ganz aus dem Bewußtsein des Novellenlesers entrückt, jetzt

---

10 »Nun muß man wissen [. . .]« (10,17).

noch einmal in Erscheinung tritt: »»Ha, die Ahndung meines Gemahls, des Herzogs, selbst!‹ rief die an der Seite des Kaisers stehende Regentin, die sich gleichfalls vom Altan des Schlosses herab, im Gefolge der Kaiserin, auf den Schloßplatz begeben hatte: ›mir noch im Augenblick des Todes, mit gebrochenen Worten, die ich gleichwohl damals nur unvollkommen verstand, kund getan!‹« (40,15–21) Unvermittelt erscheint in diesem Nachtrag, der eine vergessene Erinnerung der Herzogin zu Tage bringt, noch ein fünftes Argument detektorischen Erzählens: das Argument der für die Aufdeckung des Verbrechens bedeutsamen letzten, aber nicht eindeutig entzifferbaren Botschaft des Opfers des Verbrechens selbst. Die Äußerung der Regentin scheint nahezulegen, daß der sterbende Gatte ihr den Namen ›Rotbart‹ mit gebrochenen Worten, und zwar, seiner Schwäche wegen, nur unvollkommen verständlich, als den des Mörders, zugeflüstert habe. Hatte die Regentin dieses Ereignis verschwiegen, weil sie einen anderen Namen – vielleicht gar ›Trota‹, der ja die gleiche Vokalfolge enthält – zu verstehen glaubte? Jedenfalls pflanzt diese Erinnerung, die im Augenblick definitiver Aufklärung des Verbrechens sich äußert, erneut einen Zweifel in das sich dem Ende zuneigende Geschehen der Novelle.

Den Schluß der Ereignisse erzählt Kleist, wie so oft, rasch: Die Besitzverhältnisse werden vom Kaiser wieder hergestellt, die Allianzen bestätigt, das Glück des liebenden Paares wohlwollend begrüßt, die nötigen Gnadenakte vollzogen. Aber auch diese letzte ›Bereinigung‹ erfolgt nicht ohne ›Klausel‹. Denn auch der Kaiser selbst liefert noch einen Nachtrag zu den erzählten Ereignissen, indem er die Statuten des »geheiligten göttlichen Zweikampfs« (41,9 f.), der ja das Chaos der irdischen Geschehnisse zu ordnen und ins Licht des Tages zu rücken verspricht, ändern läßt – durch Einrückung eines Kommentars in den Text der Wirklichkeitsordnung, durch Einfügung einer Lesart in den Wortlaut des geltenden Gesetzes. »[. . .] sobald er, nach

Vollendung seiner Geschäfte mit der Schweiz, wieder in Worms angekommen war, ließ er in die Statuten des geheiligten göttlichen Zweikampfs, überall wo vorausgesetzt wird, daß die Schuld dadurch unmittelbar ans Tageslicht komme, die Worte einrücken: ›wenn es Gottes Wille ist.‹« (41,7–13)

II

Die besondere und in die Zukunft literarischen Erzählens weisende Errungenschaft von Kleists Novelle *Der Zweikampf* besteht wohl darin, daß in ihr ein Schicksalsmuster, wie es die vom Autor erzählten Ereignisse spiegeln, und ein Erzählmuster, das sich in einer Serie aufeinander aufgepfropfter, im Grunde nicht integrierbarer ›Geschichten‹ äußert, parallel und komplementär in Szene gesetzt werden. Alle Aufmerksamkeit richtet sich damit auf den Punkt, wie das Deuten und Inszenieren von Schicksalsmustern durch Personen in der Novelle mit den Strategien des Erzählers selbst und seinem Umgang mit der zur Verfügung stehenden Schicksalssemantik zusammenhängen. Oder, mit anderen Worten: In welcher Weise ›Gott‹, der das erzählte Geschehen regiert, und der ›Erzähler‹, der die Geschichte berichtet und verantwortet, aufeinander bezogen erscheinen.

Das Schicksalsmuster, das Kleists Novelle sich zum Gegenstand nimmt, ist ein historisches und auch als solches auffindbar: Es ist in einer Anekdote niedergelegt, die Jean Froissart in seiner *Chronique de France* (1373–1400) erzählt; einem Text, den Kleist selbst zu einer Anekdote mit dem Titel *Geschichte eines merkwürdigen Zweikampfs* verarbeitete und in *den Berliner Abendblättern* (20. und 21. Februar 1810) erscheinen ließ.[11] Es war Kleist wichtig, den ›Wirklichkeits‹-Gehalt dieses von ihm aufgefundenen und

---

11 Heinrich von Kleist, *Sämtliche Werke und Briefe*, 2 Bde., hrsg. von Helmut Sembdner, München ⁹1993 [zit. als: SW], Bd. 2, S. 288–291.

wieder vorgestellten Kultur-Musters noch eigens zu bezeu-
gen und dadurch sich selbst, als dem Berichterstatter, zugleich kulturanthropologische Qualität zu bescheinigen. Er
schließt nämlich seine Bearbeitung mit dem Satz: »Froissart
erzählt diese Geschichte, und sie ist Tatsache.«[12] Diese überlieferte, historische, ›wahre‹ Anekdote aber dient Kleist
dann wenig später als Keimzelle für die Novelle *Der Zweikampf.* Damit wird, durch den gleichsam in der Novelle
wiederholten Erzählakt der Anekdote, eine Bezugsetzung
zwischen beiden Formen statuiert. Es vollzieht sich eine
erzählstrategische Verknüpfung von historisch verbürgtem
Faktum und literarischer Fiktion, die, von Kleist hier ausdrücklich ›ineinandergeschrieben‹, für sein Konzept des Erzählens von entscheidender Bedeutung ist. Es sei darauf
hingewiesen, daß Kleist des öfteren seine Novellen, als fik-
tive Texte, aus dem ›Widerspiel‹ mit als faktisch indizierten
Anekdoten entwickelt, wie zum Beispiel im Fall der *Verlobung in St. Domingo* und ihrem Bezug auf die in dieser Novelle erzählten Anekdoten vom pestkranken Mädchen und
von Mariane Congreve. Hier aber, im *Zweikampf*, sind es
nicht Anekdoten, die in den Text der Novelle eingeschoben
werden; es handelt sich vielmehr um eine Novelle, die eine
durch ›Einrückungen‹ und Veränderungen erweiterte und
›fiktionalisierte‹ Anekdote darstellt, oder, umgekehrt, um
eine in das weite und komplexe Erzählsystem der Novelle
wie ein Fruchtkern kompakt eingelagerte, gleichsam ›fakti-
fizierte‹ Anekdote – »Froissart erzählt diese Geschichte,
und sie ist Tatsache«. Entscheidend für Kleists literarisches
Konzept ist gerade die Verkeilung des Faktischen mit dem
Fiktionalen, des Fiktiven mit dem Faktischen. Der faktische
Kern der Froissart-Anekdote wird, bei der Entstehung der
Novelle, einem sukzessiven Spiel von Transformationsexpe-
rimenten unterworfen, die Kleist gleichsam im Akt des Erzählens dem historischen Kern anlagert und anverwandelt

12 SW 2, 291.

und in denen abwechselnd hermeneutische, improvisatorische oder detektorische Impulse (als Impulse einer ›Aufklärung‹ und Aufhellung des Dunkels der Welt) eine Rolle spielen. Der historische Kern und die diesem angelagerte Sequenz von fingierten Wahrnehmungsexperimenten, die Kleists kulturanthropologischem Interesse entspringen, gehören notwendig zusammen und bilden das Strukturgerüst des *Zweikampfs*. Es ist also nicht so sehr das *dramatische* Vergegenwärtigungsmodell, das Kleists Novellen-Konzeption bestimmt,[13] als vielmehr das aus der Gattungsgeschichte der Anekdote, als einer zwischen Faktizität und Fiktion angesiedelten literarischen Form, gewonnene.[14] Anekdoten stellen schon seit der griechischen Antike die Frage nach der historischen Ordnung und ihrer Wahrheit, und zwar aus der Konstruktion des Konflikts zwischen Einzelheit und sinnvoller Ordnung, zwischen Augenblick und System, zwischen Kontingenz und Providenz – mit einem Wort: Sie gewinnen ihr Wahrnehmungsmuster und ihre Bewahrheitungskraft gerade aus dem Spannungs- und Konfliktfeld zwischen ›Anekdote‹ und ›Historiographie‹. Man könnte auch sagen, daß die Anekdote die Lücke zwischen Faktum und Fiktion, zwischen *petite histoire* und *grand récit* besetzt.[15] Eben dies hat Kleist erkannt und für seine

---

13 Conradi hat diese These aufgestellt. Karl Otto Conrady, »*Der Zweikampf*. Zur Aussageweise Heinrich von Kleists«, in: *Der Deutschunterricht* (1951) H. 6, S. 85–96; ferner ders., »Das Moralische in Kleists Erzählungen. Ein Kapitel vom Dichter ohne Gesellschaft«, in: *Heinrich von Kleist. Aufsätze und Essays*, hrsg. von Walter Müller-Seidel, Darmstadt 1973, S. 707–735. Der das Geschehen des Zweikampfs begleitende ›Chor‹ der Zuschauer, das aristotelische Argument vom »Sturz« des Helden – »Dieser plötzliche Sturz, von der Höhe eines heiteren und fast ungetrübten Glücks, in die Tiefe eines unabsehbaren und ganz hülflosen Elends« (13,26–28) –, die den Text durchziehende Anagnorisis-Sequenz sprechen dafür.

14 Zur Gattungsgeschichte der Anekdote vgl. die wegweisende Studie von Joel Fineman, »The History of the Anecdote: Fiction and Fiction«, in: *The New Historicism*, hrsg. von H. Aram Veeser, New York / London 1989, S. 49–76.

15 Das Begriffspaar stammt von Jean-François Lyotard, *La condition postmoderne*, Paris 1979.

Konstruktion der Novelle fruchtbar gemacht: daß nämlich
die Anekdote durch ihre spezifische mimetische Struktur
den Einbruch von Kontingenz als Ereignis des Realen her-
vorbringt, daß sie, genau genommen, den »Effekt des Realen« produziert, indem sie ein Ereignis als Ereignis innerhalb und doch zugleich außerhalb des rahmenden Kontextes der historischen Abfolge situiert; und zwar insofern, als
ihr Erzählen die Erzählung, die sie berichtet, enthält und
bricht.[16] Es ist·eben dieses Strukturmuster, das Kleist aus
der Ineinanderkeilung von Anekdote und Novelle gewinnt.
Der unauflösliche, im Erzählakt realisierte Konflikt zwischen Anekdote und Novelle führt die Aporie einer Er-
zählbarkeit des Subjekts mit jener anderen Aporie des Erzählens von Geschichte zusammen. Kleist zeigt nichts ge-
ringeres als die ›Konstruktion‹ von Geschichte und ihrer
Wahrheit durch das Spiel zwischen Anekdote und Univer-
salgeschichte, wie traditionelles Erzählen es problemlos zu
gewährleisten scheint, und das fortgesetzte Kollabieren dieses mimetischen Musters in diesem Akt der Konstruktion
selbst. Nietzsche wird dann, fast ein Jahrhundert nach
Kleist – bei dem Versuch, »Geschichte zu erzählen« – daraus die radikalste Konsequenz ziehen: »[. . .] ich versuche
es, aus jedem Systeme drei Anecdoten herauszuheben, und
gebe das Übrige preis.«[17]

Indem Kleist das Erzählmuster der Anekdote mit demjenigen der Novelle verkeilt, richtet er die Aufmerksamkeit
des Lesers auf den Konflikt zwischen Schicksalsmuster, das
den Index des Faktischen, und Erzählmuster, das den Index
des Fiktionalen trägt. Es erweist sich dabei, daß in diesem
Spiel zwischen ›Gott‹ als Autor des erzählten Geschehens
und der ›Erzählinstanz‹ als Autor des Textes drei verschie-

---

16 Ich paraphrasiere hier Fineman (Anm. 14), S. 61.
17 Friedrich Nietzsche, *Sämtliche Werke. Kritische Studienausgabe in 15 Bänden*, hrsg. von Giorgio Colli und Mazzino Montinari, Bd. 1, Berlin/
München 1980, S. 803 (*Die Philosophie im tragischen Zeitalter der Griechen*).

dene Ordnungsmuster in der Novelle *Der Zweikampf* Bedeutung gewinnen; drei Ordnungsmuster, die in Interferenz geraten und von denen her das alles Geschehen dominierende Aufklärungsinteresse der Novelle regiert und zugleich unterlaufen wird. Dieses Interesse kulminiert in der Frage, wie sich überhaupt ›Auskunftsmittel‹ über die Wahrheit und die soziale Wertigkeit in einer Gesellschaft finden lassen und welche Ordnungsmuster und Rituale als Organe des Erkennens dabei wirksam werden; wie die dunklen Verstrickungen der irdischen Welt »zum heitern, hellen Licht der Sonne gebracht werden« (33,4 f.) können.

Diese mentalitätsgeschichtliche Situation, in die Kleist seine Erzählung vom *Zweikampf* einbettet, ist nur vor dem Hintergrund der historischen Situation um 1800 zu verstehen. Das Schwinden des Providenz-Konzepts Ende des 18. Jahrhunderts, seine allmähliche Zersetzung zeitigt eine doppelte Wirkung: zum einen auf die handlungsleitenden Vorstellungen von der Ordnung der faktischen Welt; zum anderen aber auf die Strategien des Erzählens, wie sie sich, als Formen der Fiktion, nicht zuletzt in Novellen und Anekdoten manifestieren. Eine besondere Rolle in beiden Argumentationsfeldern, demjenigen lebensweltlicher Wahrnehmung wie jenem anderen der literarischen Narration, spielt dabei das Duell als Anerkennungsritual, als Form der Bestimmung des Platzes des Einzelnen im sozialen Ensemble und seinem Anerkennungsraum: das Duell als »Auskunftsmittel der Ehre«, wie eine zeitgenössische Formulierung lautet. Das Duell kann als eine der auffälligsten rituellen Formen zur Herstellung von sozialer Identität angesehen werden: bemerkenswert durch seine ›Inszenierung‹ im Spannungsfeld zwischen Notwendigkeit und Zufälligkeit in der Menschengeschichte. Das Duell wird zu einem Schlüsselargument im Feld bürgerlicher Schicksalssemantik. War es im Mittelalter und auch später das – gewiß von Anfang an umstrittene – Gottesurteil, etwa in Form des Zweikampfs, durch das ein sozialer Unordnungs-Fall (durch höheres Eingreifen und göttliches Die-Wahrheit-Sprechen) wieder in den Heilsplan als Weltplan zurückgeführt wurde, so erscheint das Urteil, das im Duell des 18. und des beginnenden 19. Jahrhunderts gefällt wird, nun mehr und mehr als ein paradoxes Argument, das auf unlösbare Weise zwischen Providenz und Kontingenz als eingespannt sich erweist: weder zur Gänze der Verantwortung eines allmächtigen Gottes anvertraut oder auferlegt; noch der Entscheidungsautorität der irdischen Gerichte – »Das Duell tritt ein, wo die Gesetze nichts ausrichten«, sagt Ludwig von Gerlach, ein Zeitgenosse Kleists –; noch auch vollends der Verantwortung des Einzelkämpfers und Selbsthelfers, also dem Waffengeschick und der Körpertüchtigkeit des autarken Subjekts anheimgegeben.[18] Es sind mithin verschiedene Konzepte der Ordnungsstiftung, die in der Schwellenzeit um 1800 in- und gegeneinander wirken: Für alle gilt, daß an den konfliktvollen Kampf um Anerkennung, an das Spiel von Beglaubigung, Verlust und Wiederherstellung der Ehre in der Lebenswelt und in den Texten der Literatur die Modellierung der Subjektivität geknüpft ist. Dies läßt sich auf Kleists Leben wie auf seine Texte beziehen. In Kleists Novelle vom *Zweikampf* offenbart sich dieser Konflikt mit besonderer Deutlichkeit und Schärfe.[19]

Als erstes dieser Ordnungsmodelle ist in Kleists Novelle das Muster des mittelalterlichen Ordals zu erkennen, das

18 Zur Geschichte des Duells vgl. namentlich Christoph Fürbringer, »Metamorphosen der Ehre – Duell und Ehrenrettung im Jahrhundert des Bürgers«, in: *Armut, Liebe, Ehre – Studien zur historischen Kulturforschung*, hrsg. von Richard von Dülmen, Frankfurt a. M. 1988, S. 186–224; Ute Frevert, *Ehrenmänner – Das Duell in der bürgerlichen Gesellschaft*, München 1991. Zum weiteren Umkreis: *Verletzte Ehre. Ehrenkonflikte in Gesellschaften des Mittelalters und der frühen Neuzeit*, hrsg. von Klaus Schreiner und Gerd Schwerhoff, Köln [u. a.] 1995.

19 Gerhard Neumann, »Ritualisierte Kontingenz. Das paradoxe Argument des ›Duells‹ im ›Feld der Ehre‹ von Casanovas *Il Duello* (1780) über Kleists *Zweikampf* (1811) bis zu Arthur Schnitzlers Novelle *Casanovas Heimfahrt* (1918), in: *Kontingenz. Poetik und Hermeneutik*, Bd. 17, hrsg. von Gerhart von Graevenitz und Odo Marquardt, München 1998.

auf der Annahme beruht, daß alles Geschehen in der Welt
nach Gottes unerforschlichem Ratschluß vonstatten geht.[20]
Sollte es gelingen, Gottes Urteil, wie es das Gottesgericht
auszusprechen scheint, zu deuten, so kommt die Wahrheit
»ans Tageslicht« (41,11). Da aber die ›Sprache der Ereignisse‹, in der die Sprache Gottes niedergelegt ist, seit dem
Sündenfall ihre Unschuld und Eindeutigkeit verloren hat –
dies ist auch eine Lieblingsvorstellung Kleists –, sind alle
Beteiligten an dem novellistischen Geschehen damit beschäftigt, eine solche zunehmend erschwerte Deutungs-
kunst zu üben und womöglich zu erlernen.[21] Sich das Urteil
Gottes zu ›erdeuten‹, es sich im Gespräch und in philoso-
phischer Erörterung, wie es wiederholt in der Erzählung
heißt, »zu erstreiten« (24,37) oder »zu erkämpfen« (26,32)
ist eine der wichtigsten Triebfedern des Novellengeschehens. »Laß uns«, sagt Trota in einem der großen Streitge-
spräche zu Littegarde, »Laß uns, von zwei Gedanken, die
die Sinne verwirren, den verständlicheren und begreifliche-
ren denken, und ehe du dich schuldig glaubst, lieber glauben, daß ich in dem Zweikampf, den ich für dich gefoch-
ten, siegte!« (32,22–26) Neben dieses Ordnungsmuster der
Hermeneutik einer verborgenen Eschatologie, dessen wich-
tigstes Organ die Sprache und ihre Deutungskraft ist, tritt
dann in Kleists *Zweikampf* ein weiteres: das Ordnung stif-
tende Muster improvisatorischen Handelns. Sein Organ ist
das Duell, und zwar in der Form und Bedeutung, in der es
das Denken des endenden 18. und des beginnenden 19. Jahr-

20 Zum kulturhistorischen Problem des »Ordals«, des Gottesgerichts, liefert
    ein Aufsatz von Ernst Schubert wichtige Hinweise: E. Sch., »Der Zwei-
    kampf. Ein mittelalterliches Ordal und seine Vergegenwärtigung bei
    Kleist«, in: *Kleist-Jahrbuch* (1988/89) S. 280–308.
21 Vgl. zu dieser Frage des Umgangs der Aufklärung mit dem Gottesurteil
    und dem von Gott unbegreiflicherweise verhängten Opfer die Arbeit von
    Anthony Stephens, »Der Opfergedanke bei Heinrich von Kleist«, in:
    Heinrich von Kleist. Kriegsfall – Rechtsfall – Sündenfall, hrsg. von Gerhard
    Neumann, Freiburg i. Br. 1994, S. 193–248.

hunderts bestimmt. Hier geht es darum, sich als mutiger und entschlossener Einzelkämpfer, als ›Ritter mit der eisernen Faust‹, durch die körperliche Kampfesgeschicklichkeit die Wahrheit zu erobern, das eigene Schicksal buchstäblich ›in die Hand zu nehmen‹ und so selbst zum Herrn des Schicksals zu werden. Dieses Muster hat von Casanovas großartiger Novelle *Il Duello*, die 1780 publiziert wurde, bis zu den einschlägigen Texten Fontanes und Schnitzlers Geltung und wird auch von Kleist in seinen Werken und Briefen in Anspruch genommen.[22] Kleist ›unterlegt‹ dabei – man könnte sagen: in kulturdiagnostischer Absicht – das mittelalterliche Ordal mit dem modernen Konzept des Duells in der preußischen Gesellschaft.[23] Das dritte in Kleists *Zweikampf* sich artikulierende Ordnungsmuster ist das der Investigation, welches auf genauer Spurenlektüre, auf polizeilicher Ermittlung und Hypothesenbildung, kurz: auf ›Abduktion‹ als dem wissenschaftlichen Wahrnehmungs- und Erkenntnismuster des 19. Jahrhunderts beruht, wie Charles S. Peirce es für die Detektionskunst, die Vernunft und Phantasie zu triftiger Hypothesenbildung verknüpft, formuliert hat.[24] Man könnte dieses für das 19. Jahrhundert charakteristische Muster von Erkenntniskonstruktion, das Peirce Abduktion nennt, auch als »konjekturales Modell« bezeichnen. Dieses Konzept des spekulativen Gebrauchs obskurer und indirekter Indizien zur Schaffung eines epistemologischen Modells bildet, wie Carlo Ginzburg gezeigt hat, die Grundlage moderner Weltauffassung und Weltkonstruktion.[25] Was sich hier abzeichnet, ist das eigentliche

22 Vgl. hierzu Neumann (Anm. 19), passim.

23 Ernst Schubert weist dieses Verfahren des kulturdiagnostischen Palimpsests eindringlich nach, siehe Schubert (Anm. 20).

24 *Der Zirkel oder im Zeichen der Drei. Dupin, Holmes, Peirce*, hrsg. von Umberto Eco, Thomas A. Sebeok, München 1985, darin vor allem die Aufsätze von Bonfantini, Proni, Caprettini und Harrowitz.

25 Carlo Ginzburg, »Indizien: Morelli, Freud und Sherlock Holmes«, in: Eco (Anm. 24), S. 125–179.

Konzept ›fortgeschrittener‹ Aufklärung (einer »Aufklärung der Aufklärung«[26] gewissermaßen), das in Kriminal- und Detektivgeschichten von E. T. A. Hoffmann und E. A. Poe bis zu Conan Doyle in der Literatur Eingang gefunden hat und an dem auch Kleists *Zweikampf* schon partizipiert.

Es ist das Unvergleichliche an Kleists Novelle *Der Zweikampf*, daß der Autor in seinem ›Aufklärung‹ simulierenden Erzählmuster alle drei genannten, in der Kultur seiner Zeit noch oder schon thematischen Ordnungskonzepte – das mittelalterliche zunächst, das zweite, der eigentlichen Aufklärung im Kampffeld zwischen Providenz und Kontingenz zugehörige sodann,[27] und zuletzt das der aufkommenden wissenschaftlichen Moderne entspringende – in Konkurrenz und Friktion miteinander stellt und dadurch – gleichsam schon weit in das 19. Jahrhundert vorgreifend – als Aufklärungsmuster zugleich ad absurdum führt. Kleist macht deutlich, daß es nicht mehr um eine einzige Welt, nicht mehr um ein einziges materielles Chaos geht, das die der Geschichte zugehörigen Elemente bilden, und das von einer findigen Instanz, einem Gott oder einem Ermittler, einem Detektiv, einer Erzählerfigur oder einem literarischen Autor, wahrgenommen und in eine Ordnung ohne blinde Stellen verwandelt werden könnte, sondern um verschiedene, nicht mehr integrierbare Systeme von Ereignissen, die nebeneinander bestehen oder auch unvermittelt ineinander umschlagen, ohne sich dabei wechselseitig in ihrer Verstehbarkeit zu stützen oder gar zu erhellen. Die Komplizität zwischen dem ›Gott‹, der, nach dem eschatologischen Muster, das erzählte Geschehen regiert, und dem ›Autor‹, der, mit seiner Erzählstrategie, das Geschehen zu einem Erzähltext macht, beruht darauf, daß der ›Autor‹ – als Replik auf

26 Schubert (Anm. 20), S. 304.
27 Diese Zusammenhänge eröffnet das wegweisende Buch von Werner Frick, *Providenz und Kontingenz. Untersuchungen zur Schicksalssemantik im deutschen und europäischen Roman des 17. und 18. Jahrhunderts*, 2 Tle., Tübingen 1988.

die Urteils-Indifferenz ›Gottes‹ – die Simultaneität nicht integrierbarer Systeme *als Erzählmuster* konstruiert. Hieraus resultiert zugleich ein System dissoziierter und anarchisch sich staffelnder Instanzen, das Kleist in seiner Novelle errichtet und das er zugleich zu der für ihn charakteristischen Erzählstrategie von Dislokationen und Einrückungen nutzt. Was in der Erzählung *Der Zweikampf* der Kaiser am Ende aus der Einsicht in die Inkommensurabilität der Weltordnung tut, indem er durch »Einrückung« einer subversiven Klausel die Ordnungsgesetze des Zweikampfs unterläuft und unwirksam macht (vgl. 41), das tut auch der Autor der Novelle selbst in seiner Strategie des »einrückenden« Erzählens, in der Konstruktion jener Nachträge und Varianten also, die in das fortlaufende Ordnungserzählen der Novelle, in die Serie von aufeinander folgenden Erzählsystemen eingesprengt werden und damit der ›neuen Unübersichtlichkeit der Welt‹ Rechnung tragen.[28] Wenn der Kaiser in Kleists Novelle in die Statuten des geheiligten göttlichen Zweikampfs die Formel »wenn es Gottes Wille ist« einrücken läßt, so praktiziert, erzählstrategisch gesehen, die Erzählinstanz des Kleistschen Textes ein analoges ›einrückendes‹ Erzählverfahren, und zwar, unter anderem, durch die unvermittelt zweimal auftauchende Einführungsfloskel »Nun muß man wissen . . .«.

Im Zentrum dieser Neuformierung des novellistischen Erzählmusters steht aber dasjenige, was man die Zersplitterung der Erzählinstanz nennen könnte. Aus dem Konflikt zwischen dem hermeneutischen Modell einer providentiell oder gar eschatologisch geregelten Welt, dem das Gottesurteil angehört; dem Selbsthelfer-Modell einer als kontingent erfahrenen Welt, der das moderne Duell zugeordnet ist; und

---

28 Komplementär zu diesem ›Einrücken‹ als Erweiterung und Umschreibung des Geschehens-, des Gesetzes- und des Erzähltexts kann man die Vorstellung von der ›Streichung‹ aus derartigen Texten heranziehen: »ihren Namen aus der Geschlechtertafel des Bredaschen Hauses auszustreichen« (17,34 f.).

dem wissenschaftlichen Investigationsmodell, in dem die
polizeiliche Ermittlung ihre Stelle hat, erwachsen nämlich
nun drei ihrerseits in Konkurrenz tretende Figurationen des
Erzählers, konkurrierende Erzählinstanzen also, die, jede
auf ihre Weise und unberechenbar, in Kleists Text eingreifen: der auktoriale Erzähler, der in Kompetition zu Gott
steht und Geschehensrätsel zur Lösung anbietet; der Erzähler als Geschehenskomplize, der ›komplizite‹ Erzähler
gleichsam, der sich mit den ›Selbsthelfern‹ in der erzählten
Geschichte identifiziert; und schließlich der implizite Erzähler, der sich durch eingeschmuggelte Hypothesenbildung auf die Ermittlung von Fakten einläßt. Alle drei ope-
rieren in Kleists Text in unübersichtlicher Konkurrenz auf
dem Hintergrund des Spannungsfeldes von Kontingenz-
und Providenz-Konzepten; jenem Schicksalsrahmen also,
innerhalb dessen Kleist seine Novellen verfaßt.

III

Kleists Novelle *Der Zweikampf* setzt ein Erzählmodell
in Geltung, das neue, bisher nicht erreichte Möglichkeiten
der Narration eröffnet. Kleist kommt – so muß man den
Zweikampf lesen – zu der Einsicht, daß zwar noch Geschichten erzählt werden können, und daß er dieser Lust
des Geschichten-Erzählens zu frönen nicht aufhört, machen
ja ohnehin alle seine mit Erzählmaterial bis zum Bersten ge-
füllten Novellen deutlich. Kleist zeigt aber zugleich mit allem Nachdruck, daß solche aneinander sich reihenden Teilsysteme des Erzählens nicht mehr schlüssig zu machen, daß
sie nicht mehr integrierbar sind; daß es gleichsam ›Webfehler‹ gibt, die in das Erzählmuster mit eingebracht werden
müssen; Webfehler wie die, welche der Kaiser im *Zweikampf* durch »Einrückung« der Vorbehaltsklausel in den
›Text‹ des Gesetzes, in die Statuten des Zweikampfs noto-
risch macht. Diese Einsicht, daß das Erzählen seine eigene
Unordnung, die ja in der Nicht-Integrierbarkeit der erzähl-

ten Systeme verankert ist, mit zu thematisieren habe, werden erst die Novellen eines Henry James im späten 19. Jahrhundert, *The Figure in the Carpet* etwa oder *The Real Thing*, vollends und ausdrücklich zum Gegenstand des Erzählens selbst erheben. ›Realistisches‹ Erzählen dagegen, wie es im 19. Jahrhundert durch Hoffmanns *Fräulein von Scuderi* oder durch Poes *Dupin*-Erzählungen repräsentiert ist, simuliert solche ›Webfehler‹ bloß, um sie durch den Erzählakt wieder ›in Ordnung‹ zu bringen. Erzählungen dieser Art bauen, so könnte man sagen, ein konstruiertes Chaos auf, das dann der erzählende Autor Schritt um Schritt in Ordnung und ›Übersicht‹ verwandelt; eine Ordnung, in deren Rahmen man zuletzt keine blinden Stellen mehr zu finden vermag. Es sind gleichsam ›durcheinandergekommene‹ Teilsysteme der Welt, die – meist von einer Ermittlerfigur – im Erzählvorgang wieder ›saniert‹ und ›aufgeräumt‹ werden. Nach diesem Modell arbeitet noch der Kriminalroman des 19. und beginnenden 20. Jahrhunderts. Kleist dagegen verweigert sich radikal einem solchen ›sanierenden‹ Verfahren: und zwar ausgerechnet mit dem *Zweikampf*, der ja von Haus aus selbst so etwas wie eine Kriminal- oder Detektionserzählung ist.[29] Kleist baut Erzählsysteme auf, die an irgendeiner Stelle des Gewebes, meist nicht vorhersehbar, in andere narrative Systeme umkippen, welche dann ihrerseits ein neues Chaos-Feld eröffnen, das es zu ordnen gilt. Die ›Aufklärung‹, die in Kleists Novellen betrieben wird, erfolgt nach verschiedenen, nicht homogenisierbaren Strategien – wie zum Beispiel dem Muster des Gottesurteils, des Duells, der Investigation –; und zwar mit aller Hartnäckigkeit so, daß diese verschiedenen, künstlich aufgebauten ›Unordnungen‹ sich nirgends mehr zu einem einzigen standhaltenden Ordnungsmuster integrieren las-

---

29 Diese durch den Erzählakt selbst inszenierte Subversion des detektorischen Prozesses – gleichsam avant la lettre – hat Anthony Stephens *(Heinrich von Kleist. The Dramas and Stories*, Oxford/Providence 1994) überzeugend herausgearbeitet.

sen. Vielmehr wird 'der geschürzte Knoten samt verschiedenen Teilverschlingungen durch einen ›Handstreich‹ gelöst, der scheinbar und für einen täuschenden Augenblick ein neues Schicksalsmuster instauriert, in Wahrheit aber nur das Geheimnis einer neuen, ›modernen‹ Erzählstrategie zutage fördert: das erzählstrategische Konzept nicht integrierbarer Teilsysteme nämlich; zugleich aber auch eine neue Erzählerfunktion stiftet: die der Implizität des Erzählers, die fortgesetzt und unverhofft bald in Auktorialität, bald in Komplizität umschlägt. Keine der drei von Kleist im *Zweikampf* in Anspruch genommenen Aufklärungsstrategien – das hermeneutische, das improvisatorische oder das detektorische Muster – läßt sich dabei restlos ›aufrechnen‹, überall bleiben ›Fehler‹, die blinde Stellen im Erzählgewebe hinterlassen. Nur eine Erzählerinstanz, die durch Implizität charakterisiert ist, kann im Spielfeld zwischen Providenz und Kontingenz als Autorfunktion solchen neuen Erzählens standhalten.

Man könnte auch sagen, daß Kleists Erzählungen, und in ausgezeichneter Weise wiederum der *Zweikampf,* solche Bildungen von Gelenkstellen zwischen den Erzähleinheiten, damit aber zugleich deren unvermitteltes Umkippen in andere, nicht integrierbare Erzählsysteme als Rahmenüberschreitungen in Szene setzen. Während Kriminalgeschichten, aber auch andere ›realistisch‹ erzählende Prosawerke, es in Fragen solcher ›Rahmung‹ sehr genau nehmen und in dieser Rahmung, als einem umschränkten Ensemble, Fakten gleichsam ›in Unordnung‹ ausbreiten, um der aufklärenden Instanz die Möglichkeit zu geben, innerhalb dieses Umrisses schließlich doch das fertige Ordnungsbild etwa eines ›aufgeklärten Verbrechens‹ zu präsentieren, wobei jedes Detail geradezu wissenschaftlich als komplett funktionalisiert sich erweist, geht die Kleistsche Narration einen ganz anderen Weg. Kleist setzt Rahmen, die ein Erzählensemble einschließen – so zum Beispiel in den drei Einleitungssätzen des *Zweikampfs;* er beginnt diesen Rahmen

auszufüllen und sprengt sie dann plötzlich und unverhofft
durch Nachträge und Einrückungen. Es entstehen Hybridi-
sierungen, die ein anderes, befremdliches Rahmenfeld eröffnen; und zwar so lange, bis ein drittes, abermals anders
geartetes Feld sichtbar wird: wobei der Erzähler – oft un-
unterscheidbar – bald als Ermöglicher, bald auch als Stör-
faktor solcher Erzähl-Synapsen fungiert. Dabei ist gerade
im *Zweikampf* besonders auffällig, wie einzelne Elemente
aus dem ›ersten‹ Rahmen plötzlich in Bestandteile des
›zweiten‹ gleichsam umgesetzt und hierauf im neuen Feld
auch gänzlich neu funktionalisiert werden. So spielt in der
Mordgeschichte des Herzogs von Breysach der Kämmerer
Friedrich von Trota eine gänzlich untergeordnete und mar-
ginale Rolle. In der hieran sich anschließenden Liebesgeschichte, die Littegarde in den Mittelpunkt stellt, erscheint
er plötzlich als Haupt- und Zentralfigur, die mit dem vor-
hergegangenen Mordverfahren gar nichts mehr zu tun hat
und es beinahe vergißt, selbst aber dagegen ein Verfahren
um Ehre und Ehrverletzung in Gang bringt. In der durch
Gerichtsermittlung schließlich zutage kommenden Betrugs-
und Verführungsgeschichte der Kammerzofe Rosalie wird
diese, die in der Littegarde-Geschichte nur eine namenlose
Randfigur war, zur Hauptperson; nicht genug damit: Sie
wird buchstäblich zu einem Simulakrum Littegardes und
›springt‹ als solches gleichsam in die Verführungsgeschichte
mit dem Rotbart um. Man könnte sich fragen, ob nicht in
den ›letzten Worten‹ des Grafen von Breysach, die nicht zu
entschlüsseln waren, noch eine weitere, ›ganz andere‹ Geschichte eines fremden und ›unbekannten Dritten‹ schlum-
mert, die die Novelle dann nicht mehr erzählt, aber sehr
wohl entfalten könnte – in eben jener Art, wie das Schluß-
tableau des *Erdbebens in Chili* in den Beginn der ›ganz
anderen‹ Geschichte vom *Findling* umschlägt; so als würde das adoptierte Kind der ersten unvermittelt und in anderem Experimentierrahmen zum Protagonisten der zweiten
Novelle.

Der ›Erzähler‹ des Zweikampfs macht es sich zur Aufgabe, die Grundaporie modernen Erzählens zu inszenieren, das es prinzipiell mit nicht mehr aufeinander abstimmbaren Erzähleinheiten zu tun hat, zugleich aber mit der Zweifelhaftigkeit ihrer Instanzierung: der Instanzierung des erzählten Schicksalsmusters durch ›Gott‹, der Instanzierung des Erzählmusters selber durch den ›Autor‹. Das Gelenk zwischen beiden Instanzen bildet die Formel vom ›unerforschlichen Ratschluß Gottes‹,[30] die, von der Schicksalssemantik her gesehen, in dem Einschub »wenn es Gottes Wille ist«, von der Erzählstrategie her aufgefaßt, in der Einrückung des Satzes »Nun muß man wissen . . .« Gestalt annimmt. Was in traditionellen Erzähltexten sich als Schicksalsmuster zu erkennen gibt, wird von Kleist zugleich in eine Erzählstrategie umgewendet. Er macht den Topos von der Unerforschlichkeit zum Leitmuster seiner Narration. Damit camoufliert aber der Erzähler zugleich seine Willkür, indem er sich hinter der Instanz des Schicksalsmusters, das ›Gott‹ heißt, verbirgt.[31] Der so zu bestimmende ›implizite‹ Erzähler instanziert die Spannung zwischen bedrohter Ordnung des Erzählten und bedrohter Ordnung des Erzählens, indem er eine Interferenz zwischen dem Text der Welt und dem Text der Erzählung simuliert. Die beiden Texte konvergieren dabei in der Struktur der Rahmenüberschreitung, der ungeregelten Verknüpfung amorpher Systemteile. Nur ein impliziter Erzähler kann diesen Vorgang des Extrapolierens von Wahrnehmungsaporien zum Erzählprinzip machen: indem er simuliert, in die erzählten Ereignisse impliziert zu sein und aus dieser Implikation zugleich sein Erzählprinzip abzuleiten, aus ihm heraus den Erzählakt in Szene zu setzen und damit noch einmal ›Mimesis‹ zu praktizieren. Damit erweist sich aber, daß Wirklichkeit ›konstruiert‹ ist, daß sie sich als eine durch widersprüchliche

30 Zu deren historischer Funktion vgl. Frick (Anm. 27), S. 1–24.
31 In der Anekdote *Der Griffel Gottes* hat Kleist diesen Zusammenhang geradezu emblematisch ins Werk gesetzt (58 f.).

Deutungen ›hergestellte‹ Wirklichkeit zu erkennen gibt. Aus eben dieser Einsicht läßt sich das parergonale – also Rahmen überschreitende – Erzählen des impliziten Erzählers ableiten; ein Erzählen, das es mit nicht integrierbaren Erzählfeldern und mit den Aporien der Deutung von ›Realitätstexten‹ zu tun hat.

Kleists Zweikampf erfindet einen Erzähler, der einerseits fingiert, ›objektive‹ Realität und ihre Deutungsaporien vor Augen zu rücken, mithin historisch und chronikalisch zu verfahren[32] – hier hat der Bezug auf das Faktische der Froissart-Anekdote seinen Platz; der andererseits aber sich als ›Autor‹ präsentiert, der ›einrückend‹ erzählt, also ein Erzählverfahren praktiziert und ausbildet, das den nicht mehr deutbaren Ereignissen, den nicht mehr zu einem Ganzen integrierbaren Erzählfeldern und ihren Synapsen entspricht; mithin also die Varianten-Struktur des fingierten Wirklichen wiedergibt und förmlich nach-konstruiert. Vermittelnde Instanz beider Aspekte, des Erzählers als Komplizen des berichteten Wirklichen, und des Erzählers als Autor einer gespaltenen Erzählstruktur ist die vielberufene Ironie Kleists, die partielle Komplizität mit den geschilderten Ereignissen und zugleich partielle Distanziertheit von dem Erzählten praktiziert.[33] Mit dieser Einsicht wird etwas ins Licht gerückt, was sich immer wieder als dringliche Frage beim Verstehen Kleistscher Texte erwiesen hatte: die Frage nach dem Ort nämlich, nach der Funktion und nach der Teilnahme des Erzählers: der Art seiner Distanz zum Erzählten. Im Zweikampf ist nicht zu übersehen, daß man es bei Kleist mit einer zersplitterten Erzählinstanz zu tun hat. Der Erzähler im *Zweikampf* gebärdet sich bald aukto-

32 Kleist spielt mit einem kulturkritischen Vergleich zwischen mittelalterlicher und moderner Heilkunst: »Aber auch dies, als eine Radikalkur gepriesene Heilmittel vergrößerte nur, wie man heutzutage leicht eingesehen haben würde, statt ihm abzuhelfen, das Übel [. . .]« (34,4–7).

33 Zur Ironie in der Erzählung *Der Zweikampf* siehe Wolfgang Wittkowski, »Die heilige Cäcilie und Der Zweikampf. Kleists Legenden und die romantische Ironie«, in: *Colloquia Germanica* 5 (1972) S. 17–58.

rial, denn er zögert nicht, mit der Formel »Nun muß man wissen ...« willkürlich wie unverhofft fremde Erzählensembles in den Berichtfluß einzuschalten; er erweist sich des weiteren als implizit, wenn er, in eine Art von Empathie mit dem kämpfenden Trota schlüpfend, folgenden Satz in die Beschreibung des Zweikampfes einrückt: »Aber schon in den ersten Momenten dieses dergestalt veränderten Kampfs, hatte Herr Friedrich ein Unglück, das die Anwesenheit höherer, über den Kampf waltender Mächte nicht eben anzudeuten schien; er stürzte, den Fußtritt in seinen Sporen verwickelnd, stolpernd abwärts [...]« (22,35–24,4); und er erweist sich zuletzt nicht selten als komplizit, wenn er das Strukturmuster der vom Kaiser in der Erzählung praktizierten »Einrückung« auf seine eigene Erzählpraxis überträgt. Diese durch den Text gleitende und wechselnde Positionen einnehmende Erzählinstanz gibt Kleist die Möglichkeit, die Realitätsaporie, die aus dem im Text erzählten Geschehen sich artikuliert, zu simulieren und zugleich als Erzählmuster zu inszenieren; und zwar in einem Text, der selbst seine eigene Undeutbarkeit ›in sich eingerückt‹ hat.

Wenn Kleist seine Novelle aus Froissarts Anekdote, der er den Ehrentitel der ›Tatsache‹ verleiht, als ›Fiktion‹ sich entwickeln läßt, so kommt es ihm dabei gerade auf die Unterlaufung herkömmlicher, durch tradierte Ordnungsmodelle fixierter Stimmigkeitsmuster an. Kleists Text ist von der Einsicht geleitet, daß sich bei zunehmender Aufklärung durch Entdeckung neuer Wahrheiten auch die Dunkelstellen vermehren: Die den ganzen Text durchziehende Licht-, Dämmerungs-, Nacht- und Aufhellungsmetaphorik in all ihren gleitenden Übergängen legt hiervon deutliches Zeugnis ab. Dabei kommt es nicht zuletzt auf die Stelle an, die der Einzelne im Licht der Öffentlichkeit einnimmt und behauptet. Es geht Kleist um den Versuch, die Erosion des Auskunftsmittels der Ehre in der preußischen Gesellschaft, des Duells, mit der Erosion der Providenz-Dramaturgie der herkömmlichen Literatur engzuführen. An die Stelle der

Entscheidung und Urteilsfindung durch das soziale Ritual tritt hier die Prozessualisierung des *point d'honneur*, das verschleppte Verfahren eines unabschließbaren hermeneutischen, detektorischen oder improvisatorischen Prozesses.[34] Gerade der schräge Durchgang durch alle konventionellen Ordnungsfloskeln, Ordnungserwartungen und Ordnungsmuster, jener »heillose Fehltritt« (27,8) im Ordnungsgefüge muß daher notwendig und von der Grundkonzeption des Konflikts zwischen Schicksalsmuster und Erzählmuster her Ziel des Kleistschen Erzählens sein: Dessen wesentliche Struktur besteht gerade in diesem subversiven, ›durchquerenden‹ Verfahren. Um so unverständlicher ist es, daß so gut wie alle Interpreten, die sich des *Zweikampfs* angenommen haben, sich daran machten, die von Kleist verantworteten Unstimmigkeiten in den Ermittlungsarbeiten in der Novelle, in den Argumentationen des Gerichts und der Protagonisten über den Zweikampf herauszupräparieren und zunächst einmal allen Ehrgeiz darein setzen, im Nachweisen von Denk- und Konstruktionsfehlern Kleists ihre Vorgänger noch zu übertreffen.[35] Man braucht aber nur einen Blick auf die von Kleist erzählte Vorlage, die Anekdote Froissarts, zu werfen, um zu bemerken, daß Kleist hier alle Stimmigkeit schon hätte vorfinden können, die er in seiner eigenen Version des ›Zweikampfs‹ so planvoll zerstört: und zwar, indem er sie im *Zweikampf* in aller künstlerischen Bewußtheit zu einem komplexen Webmuster von Unstimmigkeiten macht.

Wenn ›interaktives Lesen‹, also das durch sogenannte *online*-Dienste dem Benutzer angebotene gemeinsame Erfin-

---

34 Ist dies der Grund, warum Kafka Kleist als seinen »Blutsverwandten« in der Literatur begriff? Franz Kafka, *Briefe an Felice*, hrsg. von Erich Heller und Jürgen Born, Frankfurt a. M. 1967, S. 460.

35 Was nicht einfach ist; denn schon Heinrich Meyer, der am Anfang dieser Reihe zu stehen scheint, hat deren ziemlich viele entdeckt. Heinrich Meyer, »Kleists Novelle *Der Zweikampf*«, in: *Jahrbuch der Kleist-Gesellschaft* 17 (1933/37) S. 136–169. Der akribischen Lust am Fehlernachweis erliegt auch noch Roland Reuß 1994 (Anm. 3).

den von Geschichten zusammen mit dem auf dem Bildschirm vorgegebenen Text von den Kunden solcher Dienste oft gerade darum abgelehnt wird, weil es dabei um Entscheidungen geht, die der ›erfindende‹ Einzelne im Grunde seines Herzens doch um keinen Preis übernehmen will; und zwar mit dem Argument, daß dieser ja gar nicht eigenständig ›fingieren‹ möchte, sondern vielmehr genau und gerade vom ›anderen‹ zu wissen begehrt, was ›wirklich‹ geschieht und was der Held ›wirklich‹ tut,³⁶ so scheint Kleists Erzählen genau auf dieser so scharf markierten Grenze zwischen Mimesis und Simulation sich aufzuhalten und der implizite Erzähler, zwischen Auktorialität und Komplizität lavierend, genau in diesem Feld sein Spiel zu spielen. Denn dieser Erzähler ›spielt‹ mit der unübersichtlichen ›Realität‹ faktischer Geschehnisse, um desto entschiedener seine Absicht des unwahrscheinlichen Fingierens verwirklichen zu können. Es ist der nicht aufhebbare Konflikt zwischen der dringenden Frage ›Wie war es wirklich‹, als der puren Lust, als der hemmungslosen Hingabe an die schon erzählten Geschichten, und dem Erfindungsprinzip »Nun muß man wissen . . .« des impliziten Erzählers, das, in einem auktorialen Gestus, eine neue und ›ganz andere‹ Geschichte zu erzählen beginnt.

36 Slavoj Zizek, »Virtualization of the Master«, in: *Being On Line. Net Subjectivity* 8 (1996) S. 178–188.

Literaturhinweise

Heinrich von Kleist: Der Zweikampf. In: Erzählungen. Von Heinrich von Kleist. Zweiter Theil. Berlin: Realschulbuchhandlung, 1811. S. 163–240.

Belhalfaoui, Barbara: *Der Zweikampf* von Heinrich von Kleist oder die Dialektik von Absolutheit und ihrer Trübung. In: Études Germaniques 36 (1981) S. 22–42.

Conrady, Karl Otto: *Der Zweikampf*. Zur Aussageweise Heinrich von Kleists. In: Der Deutschunterricht (1951) Heft 6. S. 85–96.

Crosby, Donald H.: Heinrich von Kleist's *Der Zweikampf*. In: Monatshefte für deutschen Unterricht, deutsche Sprache und Literatur 56 (1964) S. 191–201.

Demeritt, Linda: The Role of Reason in Kleist's *Der Zweikampf*. In: Colloquia Germanica 20 (1987) S. 38–52.

Ellis, John M.: Kleist's *Der Zweikampf*. In: Monatshefte für deutschen Unterricht, deutsche Sprache und Literatur 65 (1973) S. 48–60.

Fischer, Bernd: Der Ernst des Scheins in der Prosa Heinrich von Kleists: Am Beispiel des *Zweikampfs*. In: Zeitschrift für deutsche Philologie 105 (1986) S. 213–234.

Grawe, Christian: Zur Deutung von Kleists Novelle *Der Zweikampf*. In: Germanisch-Romanische Monatsschrift 27 (1977) S. 416–425.

Landwehr, Margarete: Reading strategies for the deciphering of persuasive texts: Heinrich von Kleist's *Der Zweikampf*. In: Die Unterrichtspraxis 27 (1994) N. 2, S. 7–14.

Loukopoulos, Wassili: Heinrich von Kleist. *Der Zweikampf*. Eine Strukturanalyse der Syntax unter dem Aspekt des Subjektgebrauchs. Stuttgart 1978.

McGlathery, James: Kleist's *Der Zweikampf* as Comedy. In: Alexej Ugrinsky: Heinrich von Kleist-Studien. Berlin 1980.

Mehigan, Timothy J.: Text as contract. The nature and function of narrative discourse in the *Erzählungen* of Heinrich von Kleist. Frankfurt a. M. / Bern [u. a.] 1988.

Müller-Salget, Klaus: Das Prinzip der Doppeldeutigkeit in Kleists Erzählungen. In: Zeitschrift für deutsche Philologie 92 (1973) S. 161–184.

Müller-Seidel, Walter: Versehen und Erkennen. Eine Studie über Heinrich von Kleist. Köln/Graz 1967.

Müller, Joachim: Literarische Analogien in Heinrich von Kleists Novelle *Der Zweikampf*. In: Sitzungsberichte der Sächsischen Akademie der Wissenschaften zu Leipzig. Phil.-hist. Klasse 114 (1969) S. 37–89.

Reuß, Roland: »Mit gebrochenen Worten«: zu Kleists Erzählung *Der Zweikampf*. In: Brandenburger Kleist-Blätter (1994) Nr. 7. S. 3–41.

Schulte, Bettina: Unmittelbarkeit und Vermittlung im Werk Heinrich von Kleists. Göttingen/Zürich 1988.

Stephens, Anthony: Heinrich von Kleist. The Dramas and Stories. Oxford/Providence 1994.

Wittkowski, Wolfgang: *Die heilige Cäcilie* und *Der Zweikampf*. Kleists Legenden und die romantische Ironie. In: Colloquia Germanica 5 (1972) S. 17–58.

Bibliographische Hinweise

1. Werkausgaben

Heinrich von Kleists gesammelte Schriften. Hrsg. von Ludwig Tieck. 3 Tle. Berlin: Reimer, 1826.

Heinrich von Kleists sämtliche Werke. Hrsg. von Theophil Zolling. Tl. 1–4. Berlin/Stuttgart: Spemann, 1884/85. (Deutsche National-Litteratur. Hrsg. von Joseph Kürschner. Bd. 149,1.2 und Bd. 150,1.2.)

H. v. Kleists Werke. Im Verein mit Georg Minde-Pouet und Reinhold Steig hrsg. von Erich Schmidt. Krit. durchges. und erl. Gesamtausg. 5 Bde. Leipzig/Wien: Bibliographisches Institut, [1904–06].

Heinrich von Kleists Werke. Nach der von Georg [!] Schmidt, Reinhold Steig und Minde-Pouet bes. Ausg. neu durchges. und erw. von Georg Minde-Pouet. 7 Bde. [mehr nicht ersch.]. Leipzig: Bibliographisches Institut, [1936–38].

Sämtliche Werke und Briefe. Hrsg. von Helmut Sembdner. 2 Bde. 9., verm. und rev. Aufl. München: Hanser, 1993. [Zuerst 1952.] [Zit. mit Band, Seite als: SW.]

Werke und Briefe. Hrsg. von Siegfried Streller in Zsarb. mit Peter Goldammer, Wolfgang Barthel, Anita Golz, Rudolf Loch. 4 Bde. 3., erg. Aufl. Berlin/Weimar: Aufbau-Verlag, 1993. [Zuerst 1978.]

Sämtliche Werke und Briefe in vier Bänden. Hrsg. von Ilse-Marie Barth, Klaus Müller-Salget, Stefan Ormans und Hinrich C. Seeba. Bd. 1–4. Frankfurt a. M.: Deutscher Klassiker Verlag, 1987–97.

Sämtliche Werke. Brandenburger [1988–91: Berliner] Ausgabe. Hrsg. von Roland Reuß, Peter Staengle und [ab 1992] Ingeborg Harms. Basel/Frankfurt a. M.: Stroemfeld/Roter Stern, 1988 ff. [Bisher 9 Bde.]

2. Ausgewählte Bibliographien

Minde-Pouet, Georg: Kleist-Bibliographie 1914–1921. In: Jahrbuch der Kleist-Gesellschaft 1921. S. 89–169. [Nachträge und Ergänzungen in den Jahrgängen 1922 (S. 112–163), 1923/24 (S. 181–230), 1929/30 (S. 60–193), 1933/37 (S. 186–263).]

Rothe, Eva: Kleist-Bibliographie 1945–1960. In: Jahrbuch der Deutschen Schillergesellschaft 5 (1961) S. 414–547.
Sembdner, Helmut: Kleist-Bibliographie 1803–1862. Heinrich von Kleists Schriften in frühen Drucken und Erstveröffentlichungen. Stuttgart 1966.

3. Wörterbücher, Dokumentationen, Erläuterungen

Schanze, Helmut: Wörterbuch zu Heinrich von Kleist. Sämtliche Dramen und Dramenvarianten. Nendeln 1978.
– Wörterbuch zu Heinrich von Kleist. Sämtliche Erzählungen, Anekdoten und kleine Schriften. Tübingen 1989.
Goldammer, Peter (Hrsg.): Schriftsteller über Kleist. Eine Dokumentation. Berlin/Weimar 1976.
Sembdner, Helmut (Hrsg.): Heinrich von Kleists Lebensspuren. Dokumente und Berichte der Zeitgenossen. Erw. Neuausg. Frankfurt a. M. / Leipzig 1992. [Zuerst 1957.]
– Heinrich von Kleists Nachruhm. Eine Wirkungsgeschichte in Dokumentation. 5., rev. und erw. Aufl. Frankfurt a. M. 1984. [Zuerst 1957.]
– Dichter über ihre Dichtungen. Heinrich von Kleist. München 1969.
– Erläuterungen und Dokumente: Heinrich von Kleist: Michael Kohlhaas. Hrsg. von Günter Hagedorn. Stuttgart 1970 [u. ö.]. (Reclams Universal-Bibliothek. 8106.)
– Erläuterungen und Dokumente: Heinrich von Kleist: *Das Erdbeben in Chili*. Hrsg. von Hedwig Appelt und Dirk Grathoff. Stuttgart 1986 [u. ö.]. (Reclams Universal-Bibliothek. 8175.)
– Erläuterungen und Dokumente: Heinrich von Kleist: *Die Marquise von O. . .* Hrsg. von Sabine Doering. Stuttgart 1993 [u. ö.]. (Reclams Universal-Bibliothek. 8196.)

4. Darstellungen von Leben und Werk

Braig, Friedrich: Heinrich von Kleist. München 1925.
Ellis, John M.: Heinrich von Kleist. Studies in the Character and Meaning of his Writings. Chapel Hill 1979.
Fricke, Gerhard: Gefühl und Schicksal bei Heinrich von Kleist. Studien über den inneren Vorgang im Leben und Schaffen des

Dichters. Berlin 1929. Unveränd. fotomech. Nachdr. Darmstadt 1963.

Graham, Ilse: Heinrich von Kleist. Word into Flesh. A Poet's Quest for the Symbol. Berlin 1977.

Grathoff, Dirk: Kleists Geheimnisse. Unbekannte Seiten einer Biographie. Opladen 1993.

Gerlach, Kurt: Heinrich von Kleist. Sein Leben und Schaffen in neuer Sicht. Dortmund 1971.

Hohoff, Curt: Heinrich von Kleist. In Selbstzeugnissen und Bilddokumenten. Hamburg 1948.

Kreutzer, Hans Joachim: Die dichterische Entwicklung Heinrich von Kleists. Untersuchungen zu seinen Briefen und zu Chronologie und Aufbau seiner Werke. Berlin 1968.

Maass, Joachim: Kleist. Die Fackel Preußens. 1957. Vollst. überarb. Neuausg. u. d. T.: Kleist. Die Geschichte seines Lebens. München 1977.

Martini, Fritz: Heinrich von Kleist und die geschichtliche Welt. Berlin 1940.

Mayer, Hans: Heinrich von Kleist. Der geschichtliche Augenblick. Pfullingen 1962.

McGlathery, James M.: Desire's Sway. The Plays and Stories of Heinrich von Kleist. Detroit 1983.

Mommsen, Katharina: Kleists Kampf mit Goethe. 2., erw. Aufl. Frankfurt a. M. 1979. [Zuerst 1974.]

Moysich, Helmut: Die Selbst-Bildung und der Exzeß des Blicks. Zum Werk Heinrich von Kleists. Frankfurt a. M. 1988.

Müller-Seidel, Walter: Versehen und Erkennen. Eine Studie über Heinrich von Kleist. Köln 1961.

Muschg, Walter: Kleist. Zürich 1923.

Reske, Hermann: Heinrich von Kleist in Thun. Die Geburt des Genius. Bern/Stuttgart 1972.

Samuel, Richard H. / Brown, Hilda M.: Kleist's lost Year and the Quest for Robert Guiskard. Leamington Spa 1981.

Schmidt, Jochen: Heinrich von Kleist. Studien zu seiner poetischen Verfahrensweise. Tübingen 1974.

Siebert, Eberhard: Heinrich von Kleist. Leben und Werk im Bild. Frankfurt a. M. 1980.

Silz, Walter: Heinrich von Kleist. Studies in his Works and his Literary Character. Philadelphia 1961.

Stephens, Anthony: Heinrich von Kleist. The Dramas and Stories. Oxford/Providence 1994.

Weiss, Hermann F.: Funde und Studien zu Heinrich von Kleist. Tübingen 1984.

Wichmann, Thomas: Heinrich von Kleist. Stuttgart 1988. (Sammlung Metzler. 240.)

Wolff, Hans M.: Heinrich von Kleist. Die Geschichte seines Schaffens. Bern 1954.

Zimmermann, Hans Dieter: Heinrich von Kleist. Eine Biographie. Reinbek bei Hamburg 1991.

– Kleist, die Liebe und der Tod. Frankfurt a. M. 1989.

5. Forschungsliteratur

Apel, Friedmar (Hrsg.): Kleists Kohlhaas. Ein deutscher Traum vom Recht auf Mordbrennerei. Berlin 1987.

Arnold, Heinz Ludwig (Hrsg.): Heinrich von Kleist. München 1993. (Text + Kritik, Sonderbd.)

Beckmann, Beat: Kleists Bewußtseinskritik. Eine Untersuchung der Erzählformen seiner Novellen. Bern [u. a.] 1978.

Buch, Hans-Christoph: Die Scheidung von San Domingo. Wie die Negersklaven von Haiti Robespierre beim Wort nahmen. Berlin 1967.

Conrady, Karl Otto: Die Erzählweise Heinrich von Kleists. Untersuchungen und Interpretationen. Diss. Münster 1953. [Masch.]

Dietrick, Linda: Prisons and Idylls. Frankfurt a. M. / Bern 1985.

Dyer, Denis: The Stories of Kleist. A Critical Study. London 1977.

Fischer, Bernd: Ironische Metaphysik. Die Erzählungen Heinrich von Kleists. München 1988.

Gallas, Helga: Das Textbegehren des *Michael Kohlhaas*. Die Sprache des Unbewußten und der Sinn der Literatur. Reinbek bei Hamburg 1983.

Glenny, Robert E.: The Manipulation of Reality in Works by Heinrich von Kleist. New York / Bern [u. a.] 1987.

Gönner, Gerhard: Von »zerspaltenen Herzen« und der »gebrechlichen Einrichtung der Welt«. Versuch einer Phänomenologie der Gewalt bei Kleist. Stuttgart 1989.

Göttler, Fritz: Handlungssysteme in Heinrich von Kleists *Der Findling*. Diskussion und Anwendung narrativer Kategorien und Analyseverfahren. Frankfurt a. M. 1983.

Grathoff, Dirk (Hrsg.): Heinrich von Kleist. Studien zu Werk und Wirkung. Opladen 1988.

Groß, Thomas: »... grade wie im Gespräch ...«. Die Selbstreferentialität der Texte Heinrich von Kleists. Würzburg 1995.

Heinritz, Reinhard: Kleists Erzähltexte. Interpretation nach formalistischen Theorieansätzen. Erlangen 1983.

Holz, Hans Heinz: Macht und Ohnmacht der Sprache. Untersuchungen zu Sprachverständnis und Stil Heinrich von Kleists. Frankfurt a. M. / Bonn 1962.

Horn, Peter: Heinrich von Kleists Erzählungen. Eine Einführung. Königstein i. Ts. 1978.

Hoverland, Lilian: Heinrich von Kleist und das Prinzip der Gestaltung. Königstein i. Ts. 1978.

Koch, Friedrich: Heinrich von Kleist. Bewußtsein und Wirklichkeit. Stuttgart 1958.

Kommerell, Max: Geist und Buchstabe der Dichtung. Frankfurt a. M. ³1944.

Konersmann, Ralf: Spiegel und Bild. Zur Metaphorik neuzeitlicher Subjektivität. Würzburg 1988.

Kraft, Helga: Erhörtes und Unerhörtes. Die Welt des Klanges bei Heinrich von Kleist. München 1976.

Leistner, Bernd: Spielraum des Poetischen. Goethe. Schiller. Kleist. Heine. Berlin/Weimar 1985.

Lubkoll, Christine: Mythos Musik. Poetische Entwürfe des Musikalischen in der Literatur um 1800. Freiburg i. Br. 1995.

Marx, Stefanie: Beispiele des Beispiellosen. Heinrich von Kleists Erzählungen ohne Moral. Würzburg 1994.

Mehigan, Timothy J.: Text as Contract. The Nature and Function of Narrative Discourse in the Erzählungen of Heinrich von Kleist. Frankfurt a. M. [u. a.] 1988.

Moering, Michael: Witz und Ironie in der Prosa Heinrich von Kleists. München 1972.

Moser, Christian: Verfehlte Gefühle. Wissen – Begehren – Darstellen bei Kleist und Rousseau. Würzburg 1993.

Müller, Gernot: »Man müsste auf dem Gemälde selbst stehen«. Kleist und die bildende Kunst. Tübingen/Basel 1995.

Müller-Seidel, Walter (Hrsg.): Heinrich von Kleist. Aufsätze und Essays. Darmstadt 1980.

– Kleists Aktualität. Neue Aufsätze und Essays 1966–1978. Darmstadt 1981.

Neumann, Gerhard (Hrsg.): Heinrich von Kleist. Kriegsfall – Rechtsfall – Sündenfall. Freiburg i. Br. 1994.

Pfeiffer, Joachim: Die zerbrochenen Bilder. Gestörte Ordnungen im Werk Heinrich von Kleists. Würzburg 1989.

Puschmann, Rosemarie: Heinrich von Kleists Cäcilien-Erzählung. Kunst- und literaturhistorische Recherchen. Bielefeld 1988.

Rieger, Bernhard: Geschlechterrollen und Familienstrukturen in den Erzählungen Heinrich von Kleists. Frankfurt a. M. [u. a.] 1985.

Röper, Hella: Grazie und Bewußtsein bei Heinrich von Kleist. *Über das Marionettentheater.* Versuch einer komplexen Analyse. Aachen 1990.

Scheffels, Klaus-Christoph: Rückzug. Zur Negierung von Raum- und Körperordnungen im Werk Heinrich von Kleists. Frankfurt a. M. [u. a.] 1986.

Schulte, Bettina: Unmittelbarkeit und Vermittlung im Werk Heinrich von Kleists. Göttingen/Zürich 1988.

Sembdner, Helmut (Hrsg.): Kleists Aufsatz über das Marionettentheater. Studien und Interpretationen. Berlin 1967.

Sendler, Horst: Über Michael Kohlhaas – damals und heute. Berlin / New York 1985.

Theisen, Bianca: Bogenschluß. Kleists Formalisierung des Lesens. Freiburg i. Br. 1996.

Ugrinsky, Alexej (Hrsg.): Heinrich von Kleist-Studien. Berlin 1981.

Wellbery, David E. (Hrsg.): Positionen der Literaturwissenschaft. Acht Modellanalysen am Beispiel von Kleists *Das Erdbeben in Chili.* München 1985.

Wirth, Michael: Heinrich von Kleist. Die Abkehr vom Ursprung. Studien zu einer Poetik der verweigerten Kausalität. Bern [u. a.] 1992.

Die Autoren der Beiträge

DIRK GRATHOFF

Geboren 1946. Studium der Germanistik und Philosophie an der FU Berlin und der Indiana University (USA). Ph. D. (Indiana), Dr. phil. habil. (Gießen). Professor für Neuere deutsche Literaturgeschichte an der Carl von Ossietzky-Universität Oldenburg.

Publikationen: Die Zensurkonflikte der Berliner Abendblätter. 1972. – Erläuterungen und Dokumente: Heinrich von Kleist, *Das Käthchen von Heilbronn.* 1977. ³1994. – (Mitverf.) Erläuterungen und Dokumente: Heinrich von Kleist, *Das Erdbeben in Chili.* 1986. ²1990. – Kleists Geheimnisse. 1993. – Kleist: Geschichte, Politik, Sprache ... 1998. – (Mithrsg.) Gießener Arbeiten zur Neueren deutschen Literatur. 1982 ff. (18 Bde.). – (Hrsg.) Studien zur Ästhetik und Literaturgeschichte der Kunstperiode. 1985. – (Hrsg.) Heinrich von Kleist. Studien zu Werk und Wirkung. 1988. ²1990. – (Mithrsg.) Kulturwissenschaftliche Studien zur deutschen Literatur. 1989 ff. (17 Bde.). – (Mithrsg.) Carl von Ossietzky-Lesebuch. 1989. ²1994. – (Mithrsg.) Carl von Ossietzky und die politische Kultur der Weimarer Republik. 1991. – (Mithrsg.) Schiller. 1991. – (Mithrsg.) Oldenburg literarisch. 1992. – (Mithrsg.) Carl von Ossietzky: Sämtliche Schriften (8 Bde.). 1994. – (Hrsg.) Litera-Tour Nord: Preis-Lesungen und Laudationes. 1994 ff. (5 Bde.). – (Mithrsg.) Kurt Tucholsky: Gesamtausgabe. 1996 ff. [Bisher 6 Bde. ersch.]. – Aufsätze zu J. M. R. Lenz, Lichtenberg, Goethe, Schiller, Kleist, Romantische Schule, Hegel, Fontane, Tucholsky, Ossietzky, Brecht, Rudolf Arnheim, Peter Suhrkamp, Grass, H. J. Syberberg.

HANS PETER HERRMANN

Geboren 1929. Studium der Pädagogik, Geschichte und Deutschen Literaturgeschichte in Göttingen, der Deutschen Literaturgeschichte, Geschichte und Philosophie in Freiburg i. Br. Dr. phil. Em. Professor für Neuere deutsche Literaturgeschichte in Freiburg i. Br.

Publikationen: Stilstudien zur dramatischen Zeit und Sprache Georg Büchners. Diss. 1955. – Naturnachahmung und Einbildungskraft. Zur Entwicklung der deutschen Poetik von 1670–1740. 1970. – (Mitverf.) Friedrich Schiller: *Kabale und Liebe.* Frankfurt a. M.

1985. ²1997. – (Mitverf.) Friedrich Schiller: *Maria Stuart*. Frankfurt a. M. 1989. ²1992. – (Mitverf.) Literatur und Phantasie. Schöpferischer Umgang mit Kafka-Texten in Schule und Universität. 1990. – (Mitverf.) Machtphantasie Deutschland: Nationalismus, Fremdenhaß und Patriarchalismus im Vaterlandsdiskurs deutscher Schriftsteller des 18. Jahrhunderts. 1996. – (Hrsg.) Goethes Werther. Kritik und Forschung. 1994. – Aufsätze zu Goethe, Schiller, Kleist, Büchner, Brecht, Peter Weiss sowie zur Geschichte, gegenwärtigen Situation und Methodologie der Deutschen Literaturwissenschaft.

WALTER HINDERER

Geboren 1934. Studium der Germanistik, Philosophie, Anglistik und Geschichte in Tübingen und München. Dr. phil. Professor für Neuere deutsche Literatur an der Princeton University, USA.

Publikationen: Die »Todeserkenntnis« in Hermann Brochs *Tod des Vergil*. 1961. – Elemente der Literaturkritik. 1976. – Büchner-Kommentar zum dichterischen Werk. 1977. – Der Mensch in der Geschichte. Ein Versuch über Schillers *Wallenstein*. 1980. – Über deutsche Literatur und Rede. Historische Interpretationen. 1981. – Arbeit an der Gegenwart. Zur deutschen Literatur nach 1945. 1994. – Von der Idee des Menschen. Über Friedrich Schiller. 1998. – (Hrsg.) Ludwig Börne: *Menzel der Franzosenfresser* und andere Schriften. 1969. – (Hrsg.) Christoph Martin Wieland: *Hann und Gulpenheb. Schach Lolo*. 1970. – (Hrsg., mit Joseph Strelka) Moderne amerikanische Literaturtheorien. 1970. – (Hrsg.) Deutsche Reden. 1973 [u. ö.]. – (Hrsg.) Die Sickingen-Debatte. 1974. – (Hrsg.) Geschichte der politischen Lyrik in Deutschland. 1978. – (Hrsg.) Kleists Dramen. Neue Interpretationen. 1981. – (Hrsg.) Heinrich von Kleist. Plays. 1982. – (Hrsg.) Literarische Profile. Deutsche Dichter von Grimmelshausen bis Brecht. 1982 [u. ö.]. – (Hrsg.) Friedrich Schiller. Plays. 1983. – (Hrsg.) Geschichte der deutschen Lyrik vom Mittelalter bis zur Gegenwart. 1983. – (Hrsg., mit Henry Schmidt) Georg Büchner. Complete Works and Letters. 1986. – (Hrsg.) Friedrich Schiller: *Wallenstein* and *Maria Stuart*. 1991. – (Hrsg.) Interpretationen: Goethes Dramen. 1992. – (Hrsg.) Interpretationen: Schillers Dramen. 1992. – (Hrsg., mit D. O. Dahlstrom) Friedrich Schiller: Essays. 1993. – (Hrsg.) Interpretationen: Brechts Dramen. 1995. – (Hrsg.) Codierungen von Liebe in der Kunstperiode. 1997. –

(Hrsg.) Interpretationen: Kleists Dramen. 1997. – Zahlreiche Aufsätze und Essays zu Drama, Lyrik, Roman, Prosa, Literaturtheorie, Literaturkritik, Ästhetik, Rhetorik und Mentalitätsgeschichte des 18., 19. und 20. Jahrhunderts.

ULRIKE LANDFESTER

Geboren 1962. Studium der Germanistik, Mediävistik und Anglistik in Freiburg i. Br. und München. Dr. phil. Mitarbeiterin an der *Edition Rahel Levin Varnhagen*, Universität Hamburg.

Publikationen: Der Dichtung Schleier. Zur poetischen Funktion von Kleidung in Goethes Frühwerk. 1995. – (Mithrsg.): Bettine von Arnim, Werke und Briefe in vier Bänden. Bd. 3: Politische Schriften. 1993. – (Hrsg.) Hugo von Hofmannsthal – Clemens von Franckenstein. Briefwechsel 1894 bis 1928. 1997. – Aufsätze zu Ludwig Tieck, Bettine von Arnim, Sten Nadolny, Literatur des Expressionismus und Kriminalliteratur.

GERHARD NEUMANN

Geboren 1934. Studium der Germanistik und Romanistik in Freiburg i. Br., Wien und Paris. Professuren an den Universitäten Bonn, Erlangen, Freiburg i. Br. Ordinarius für Neuere deutsche Literaturwissenschaft an der Universität München. Mitglied der Bayerischen Akademie der Wissenschaften.

Publikationen: Konfiguration. Studien zu Goethes *Torquato Tasso*. 1965. – (Mitverf.) Der Nachlaß Arthur Schnitzlers. Verzeichnis des im Schnitzler-Archiv der Universität Freiburg i. Br. befindlichen Materials. 1969. – Deutsche Epigramme. 1969. – *Ideenparadiese*. Untersuchungen zur Aphoristik von Lichtenberg, Novalis, Friedrich Schlegel und Goethe. 1976. – Franz Kafka. Das Urteil. Text, Materialien, Kommentar. 1981. – (Mithrsg.) Friedrich Dürrenmatt: Dramaturgie der Panne. 1969. – (Hrsg.) Der Aphorismus. Zur Geschichte, zu den Formen und Möglichkeiten einer literarischen Gattung. 1976. – (Mithrsg.) Johann Wolfgang Goethe. *Wilhelm Meisters Wanderjahre*. 1989. – (Mithrsg.) Franz Kafka. Schriftverkehr. 1990. – (Mithrsg.) Kulturthema Essen. Ansichten und Problemfelder. 1993. – (Hrsg.) Heinrich von Kleist. Kriegsfall – Rechtsfall – Sündenfall. 1994. – (Mithrsg.) Franz Grillparzer. Historie und Gegenwärtigkeit. 1994. – (Mithrsg.) Franz Kafka: Drucke zu Lebzeiten. 1994. – (Hrsg.) Romantisches Erzählen. 1995. – (Mithrsg.) Rudolf Borchardt: Über den Dichter und das Dichterische. Drei Reden von 1920 und 1923. 1995. – (Hrsg.) Canetti als Leser. 1996. – (Mithrsg.) Essen und kulturelle Identität. Europäische Perspektiven. 1997. – (Mithrsg.) Harry Graf Kessler. Ein Wegbereiter der Moderne. 1997. – (Hrsg.) Poststrukturalismus. Herausforderung an die Literaturwissenschaft. DFG-Symposion 1995. 1997. – (Mithrsg.) Pygmalion. Die Belebung des Mythos in der abendländischen Literatur. 1997. – Mitherausgeber der Kritischen Kafka-Ausgabe und des Hofmannsthal Jahrbuchs. – Aufsätze zur Literatur des 18. bis 20. Jahrhunderts, zur vergleichenden Literaturwissenschaft, Gattungspoetik, Editionswissenschaft, Kulturwissenschaft.

Norbert Oellers

Geboren 1936. Studium der Germanistik, Geschichte und Philosophie in Köln, München und Bonn. Dr. phil. Professor für Neuere deutsche Literaturgeschichte an der Rheinischen Friedrich-Wilhelms-Universität Bonn.

Publikationen: Schiller. Geschichte seiner Wirkung bis zu Goethes Tod (1805 bis 1832). 1967. – (Mitverf.) Einführung in die neuere deutsche Literaturwissenschaft. Ein Arbeitsbuch. 1976. ⁶1989. – Schiller. 1993. – Friedrich Schiller. Zur Modernität eines Klassikers. 1996. – (Hrsg.) Theodor Echtermeyer und Arnold Ruge: Der Protestantismus und die Romantik. Zur Verständigung über die Zeit und ihre Gegensätze. 1972. – (Mithrsg.) Zeitschrift für deutsche Philologie. 1990 ff. – (Mithrsg.) Zeitschrift für Germanistik. Neue Folge. 1991 ff. – Aufsätze zur Literatur des 18., 19. und 20. Jahrhunderts; zu Problemen der Wirkungsgeschichte; zur Editionswissenschaft. – Herausgeber der Schiller-Nationalausgabe, Mitherausgeber der hist.-krit. Lenau-Ausgabe und der krit. Else Lasker-Schüler-Ausgabe.

Günter Oesterle

Geboren 1941. Studium der Germanistik, Geschichte und Philosophie in Tübingen, Freiburg, Gießen und Würzburg. Dr. phil. Professor für Neuere deutsche Literatur an der Justus-Liebig-Universität Gießen.

Publikationen: Integration und Konflikt. Die Prosa Heinrich Heines im Kontext oppositioneller Literatur der Restaurationsepoche. 1972. – (Hrsg.) Jugend. Ein romantisches Konzept? 1997. – (Mithrsg.) Zweites internationales Büchner-Symposium 1987. – (Mithrsg.) Ehrenpromotion Peter Rühmkorf. 1991. – (Mithrsg.) Athenäum. Jahrbuch für Romantik. 1991 ff. – (Mithrsg.) Italien in Aneignung und Widerspruch. 1996. – (Mithrsg.) Vormärzliteratur in europäischer Perspektive II. Ästhetische, industrielle und politische Revolution. 1997. – Aufsätze zu den ›Nicht mehr schönen Künsten‹, zu Klassizismus, Romantik und Vormärz, zur Schrift-Bild-Problematik und den deutsch-französischen Kulturbeziehungen.

JOCHEN SCHMIDT

Geboren 1938. Professor für Neuere deutsche Literatur an der Universität Freiburg i. Br. Mitglied der Heidelberger Akademie der Wissenschaften.

Publikationen: Hölderlins Elegie *Brod und Wein.* 1968. – Hölderlins letzte Hymnen *Andenken* und *Mnemosyne.* 1970. – Heinrich von Kleist, Studien zu seiner poetischen Verfahrensweise. 1974. – Ohne Eigenschaften. Eine Erläuterung zu Musils Grundbegriff. 1975. – Hölderlins später Widerruf. 1978. – Die Geschichte des Geniegedankens in der deutschen Literatur, Philosophie und Politik 1750–1945. 2 Bde. 1985, ²1988. – Hölderlins geschichtsphilosophische Hymnen *Friedensfeier, Der Einzige, Patmos.* 1990. – (Hrsg.) Aufklärung und Gegenaufklärung in der europäischen Literatur, Philosophie und Politik von der Antike bis zur Gegenwart. 1989. – (Hrsg., mit Komm.) Friedrich Hölderlin, Sämtliche Werke und Briefe. 3 Bde. 1992–94. – (Hrsg.) Hölderlin, *Hyperion.* ¹⁰1995. – (Hrsg.) Deutsche Künstlernovellen des 19. Jahrhunderts. 1982. – (Hrsg.) E. T. A. Hoffmann, *Der goldne Topf.* ⁶1995. – (Hrsg.) E. T. A. Hoffmann, *Das Fräulein von Scuderi.* ⁷1996. – (Hrsg.) E. T. A. Hoffmann, *Der Sandmann.* ⁶1996. – (Hrsg.) Kleist, *Michael Kohlhaas.* ²1996. – (Hrsg.) Goethes schönste Gedichte. ⁹1996. – (Hrsg.) Hölderlins schönste Gedichte. ³1998. – Aufsätze von der Antike bis zur Moderne, insbesondere zur Literatur der Goethezeit.

Kurt Wölfel

Geboren 1927. Studium der Germanistik, Geschichte und Philosophie in Würzburg. Dr. phil. Em. Prof. für Neuere deutsche Literaturgeschichte an der Universität Bonn.

Publikationen: Jean Paul-Studien. 1989. – (Hrsg.) Bertolt Brecht: Selected Poems. 1965. – (Hrsg.) Lessing: Werke. 3 Bde. 1967. – (Mithrsg.) Fragen. Kritische Texte für den Deutschunterricht. 1969. – (Hrsg.) Christian Garve: Popularphilosophische Schriften. 2 Bde. 1974. – (Hrsg.) Christian Garve: Gesammelte Werke. 14 Bde. 1985. – (Mithrsg.) Jean Paul: Ideen-Gewimmel. 1996. – (Hrsg.) Jahrbuch der Jean Paul-Gesellschaft 1 (1966) bis 33 (1998). – Abhandlungen über deutsche Literatur und über Dichtungstheorie vom Barock bis zur Gegenwart.

Interpretationen

IN RECLAMS UNIVERSAL- BIBLIOTHEK

Romane des 19. Jahrhunderts

Tieck, *Franz Sternbalds Wanderungen* – Hölderlin, *Hyperion* – Schlegel, *Lucinde* – Novalis, *Heinrich von Ofterdingen* – Jean Paul, *Flegeljahre* – Eichendorff, *Ahnung und Gegenwart* – Hoffmann, *Kater Murr* – Mörike, *Maler Nolten* – Keller, *Der grüne Heinrich* – Stifter, *Der Nachsommer* – Raabe, *Stopfkuchen* – Fontane, *Effi Briest*. 423 S. UB 8418

Georg Büchner

Dantons Tod – *Lenz* – *Leonce und Lena* – *Woyzeck*. 218 S. UB 8415

Fontanes Novellen und Romane

Vor dem Sturm – *Grete Minde* – *L'Adultera* – *Schach von Wuthenow* – *Unterm Birnbaum* – *Irrungen, Wirrungen* – *Quitt* – *Effi Briest* – *Frau Jenny Treibel* – *Der Stechlin* – *Mathilde Möhring*. 304 S. UB 8416

Dramen des Naturalismus

Hauptmann, *Vor Sonnenaufgang* – Sudermann, *Die Ehre* – Holz / Schlaf, *Die Familie Selicke* – Hauptmann, *Die Weber* – Schlaf, *Meister Oelze* – Hauptmann, *Der Biberpelz* – Halbe, *Der Strom* – Hauptmann, *Die Ratten*. 216 S. UB 8412

Brechts Dramen

Grundzüge der Brechtschen Dramen- und Theatertheorie – *Baal* – *Leben des Galilei* – *Mutter Courage und ihre Kinder* – *Der gute Mensch von Sezuan* – *Der kaukasische Kreidekreis*. 188 S. UB 8813

Romane des 20. Jahrhunderts. Band 1

H. Mann, *Der Untertan* – Th. Mann, *Der Zauberberg* – Kafka, *Der Proceß* – Hesse, *Der Steppenwolf* – Döblin,

Berlin Alexanderplatz – Musil, *Der Mann ohne Eigenschaften* – Kästner, *Fabian* – Broch, *Die Schlafwandler* – Roth, *Radetzkymarsch* – Seghers, *Das siebte Kreuz* – Jahnn, *Fluß ohne Ufer.* 400 S. UB 8808

Romane des 20. Jahrhunderts. Band 2

Doderer, *Die Strudlhofstiege* – Koeppen, *Tauben im Gras* – Andersch, *Sansibar oder der letzte Grund* – Frisch, *Homo faber* – Grass, *Die Blechtrommel* – Johnson, *Mutmassungen über Jakob* – Böll, *Ansichten eines Clowns* – S. Lenz, *Deutschstunde* – Schmidt, *Zettels Traum* – Handke, *Der kurze Brief zum langen Abschied.* 301 S. UB 8809

Thomas Mann, Romane und Erzählungen

Buddenbrooks – *Tristan* – *Tonio Kröger* – *Der Tod in Venedig* – *Der Zauberberg* – *Mario und der Zauberer* – *Joseph und seine Brüder* – *Lotte in Weimar* – *Das Gesetz* – *Doktor Faustus* – *Bekenntnisse des Hochstaplers Felix Krull.* 360 S. UB 8810

Franz Kafka, Romane und Erzählungen

Das Urteil – *Die Verwandlung* – *Der Verschollene* – *Der Proceß* – *Vor dem Gesetz* – *In der Strafkolonie* – *Ein Bericht für eine Akademie* – *Ein Landarzt* – *Auf der Galerie* – *Der Kübelreiter* – *Das Schloß* – *Ein Hungerkünstler.* 320 S. UB 8811

Hermann Hesse, Romane

Unterm Rad – *Demian* – *Siddhartha* – *Der Steppenwolf* – *Narziß und Goldmund* – *Das Glasperlenspiel.* 175 S. UB 8812

Philipp Reclam jun. Stuttgart

Erzählungen und Romane
der deutschen Romantik

IN RECLAMS UNIVERSAL-BIBLIOTHEK

Philipp Reclam jun. Stuttgart